M A S T E R I N G

FRENCH

HEAR IT · SPEAK IT · WRITE IT · READ IT

LEVEL TWO

Developed for the
FOREIGN SERVICE INSTITUTE,
DEPARTMENT OF STATE
by Monique Cossard and Robert Salazar

BARRON'S

Cover design by Milton Glaser, Inc.

All inquiries should be addressed to
Barron's Educational Series, Inc.
250 Wireless Boulevard
Hauppauge, New York 11788
Paper Edition
International Standard Book No. 0-8120-1358-1

A large portion of the text of this book is recorded on the accompanying tapes as follows:

Unit 7	Tapes 1-A, 1-B, 2-A, 2-B, 3-A, 3-B
Unit 8	Tapes 3-B, 4-A, 4-B, 5-A, 5-B
Unit 9	Tapes 6-A, 6-B, 7-A, 7-B, 8-A
Unit 10	Tapes 8-B, 9-A, 9-B, 10-A, 10-B
Unit 11	Tapes 10-B, 11-A, 11-B, 12-A, 12-B

On the tapes, selected statements about life and customs in France are adapted from:
French at a Glance by Gail Stein

PRINTED IN THE UNITED STATES OF AMERICA
5678   800   987

FRENCH

Foreword

Planned in two volumes, French Basic Course (Revised) has been designed to help students reach a level of proficiency which will enable them to participate effectively in most formal and informal conversations. The dialogues, drills, situations and narrations have been tape-recorded unless otherwise indicated in the text.

For beginning students, the twenty-four units are designed for a six-month intensive training program of six hours of class per day, plus outside preparation. Each unit presents a situational topic introduced in a dialogue, and usually five grammar points. Each grammar point is preceded by grammar notes which generally are expressed in non-technical terms.

Other units include materials of the following kinds.

1. A dialogue to provide a body of natural French conversation as a source for subsequent drills and exercises. (At FSI these dialogues are commonly memorized.)

2. Useful words to supplement the vocabulary with a limited number of additional words, usually related to the topic of the dialogue.

3. Vocabulary awareness to enable the student to better identify the elements of the utterances he learned as a whole and to regroup and review vocabulary.

4. Drills of six different kinds, each type designed for a specific purpose.

   a. Lexical drills to manipulate already acquired vocabulary and improve fluency.

   b. Learning drills to introduce new grammar points (with reference to the corresponding grammar notes).

   c. Practice drills to give the student an opportunity to illustrate in sentences the grammar point he just covered.

   d. Question
   e. Answer ⟩ drills to prepare the student for normal conversation.
   f. Review drills

      (Drills preceded by an (*) are not recorded but have been included for additional practice.

5. Situations to improve comprehension and serve as a basis for questions and elementary conversation. (not recorded)

6. Narrations to provide reading material and introduce a very limited number of vocabulary items. (not recorded)

7. Written exercises to offer to the student opportunity to relate the spoken language to the writing system. (not recorded)

FRENCH

TABLE OF CONTENTS
Units 7-12

FRENCH

Unit 7

DIALOGUE

<u>Prenons rendez-vous</u>

    prendre (prenons)
    rendez-vous (m)

Deux jeunes étudiants, Pierre et
Roger, doivent dîner avec leur amie
Christiane. Roger va lui téléphoner
pour savoir à quelle heure la rencon-
trer.

    PIERRE

Où retrouvons-nous
Christiane,
ce soir?

    retrouver

    ROGER

Je ne sais pas.
Si je
lui téléphonais?

    lui
    téléphoner
    (je téléphonais)

    PIERRE

C'est ça.
Et pendant que vous l'appelez,
je vais à la poste.

    pendant
    poste (f)

    ROGER

Vous avez
son numéro?

    numéro (m)

    PIERRE

Je vais regarder.
C'est Danton
79-
67.

    regarder

<u>Let's make a date</u>

    to take (let's take)
    date, appointment

Two young students, Pierre and Roger, are
to have dinner with their friend
Christiane. Roger is going to phone her
to find out what time to meet her.

Where are we meeting Christiane this
evening?

    to find again

I don't know. Suppose I phone her?

    to her, to him
    to telephone
    (I telephoned)

Fine. And while you call her, I'm going
to the post office.

    while, during
    post office

You have her number?

    number

I'll go look. It's Danton 79-67.

    to look

(Pierre s'en va)

    s'en aller (s'en va)

   ROGER

Allô?
Je voudrais
parler à
Mademoiselle Mercier.

   LA BONNE

Bien, Monsieur.
C'est de la part de qui?

    part (f)

   ROGER

Roger Dumont.

   LA BONNE

Ne quittez pas,
Monsieur.
Je vais voir
si elle est là.

    quitter

   CHRISTIANE

Allô, Roger?

   ROGER

Bonjour, Christiane.
J'avais peur de
ne pas vous trouver.

    peur (f)
    avoir peur (j'avais peur)

Où
nous retrouvons-nous
ce soir?

    se retrouver
    (nous retrouvons-nous)

   CHRISTIANE

Voulez-vous venir
me chercher
vers sept heures?

    venir

(Pierre leaves)

    to leave (leaves)

Hello. I'd like to talk to Miss Mercier.

   THE MAID

Yes, Sir. Who's calling?

    behalf

Roger Dumont.

Hold the line, Sir. I'll go see if she's
here.

    to leave

Hello. Roger?

Hi, Christiane. I was afraid I wouldn't
reach you.

    fear
    to be afraid (I was afraid)

Where are we meeting this evening?

    to meet one another
    (do we meet)

Would you come by and pick me up around
seven?

    to come

chercher	to look for
vers	toward, around

ROGER

D'accord. A tout à l'heure.	OK. See you later.
d'accord	agreed
tout à l'heure	in a little while, later (but the same day)

(Pierre est à la poste)   (Pierre is at the post office)

PIERRE

Où puis-je envoyer une lettre par avion?	Where can I send an air mail letter?
envoyer	to send
lettre (f)	letter
avion (m)	airplane

L'EMPLOYEE

Ici même, Monsieur. Je vais la peser.	Right here, Sir. I'll weigh it.
même	same
peser	to weigh

PIERRE

Et pour les paquets recommandés?	And for registered packages?
paquet (m)	package
recommandé	registered

L'EMPLOYEE

C'est au guichet douze.	That's at window 12.

PIERRE

Je voulais aussi envoyer un télégramme.	I also wanted to send a telegram.
télégramme (m)	telegram
Mais il y a trop de monde au guichet.	But there are too many people at the window.
monde (m)	world

L'EMPLOYEE

Pourquoi ne l'envoyez-vous pas de chez vous?	Why don't you send it from home?

PIERRE

Je ne savais pas qu'on pouvait le faire de chez soi.	I didn't know you could do that from home.
savoir (je savais)	to know (I knew)
pouvoir (on pouvait)	to be able (one could)
chez soi	at one's home

L'EMPLOYEE

Si, vous pouvez téléphoner le texte.	Yes, you can phone in the text.

DIALOGUE NOTES

French telephone numbers are read as follows: 326-79.67 or 21.35.68
The French postal system includes the telephone and telegraph facilities as
well as the mail service. One may make a phone call or send a telegram from
any post office in metropolitan France.

USEFUL WORDS

1.	Je reçois quelquefois des mandats.	I receive money orders now and then.
2.	Je reçois quelquefois des colis.	I receive parcels now and then.
3.	Je reçois quelquefois des timbres.	I receive stamps now and then.
4.	Je reçois quelquefois des revues.	I receive magazines now and then.
5.	Je reçois quelquefois des cartes postales.	I receive postcards now and then.
6.	Je reçois quelquefois du courrier.	I receive mail now and then.
7.	Je reçois quelquefois des journaux.	I receive newspapers now and then.

1.	Est-ce qu'on met le courrier ici?	Do you put the mail here?
2.	Est-ce qu'on met les journaux ici?	Do you put the newspapers here?

3. Est-ce qu'on met <u>les cartes postales</u> ici? — Do you put the postcards here?

4. Est-ce qu'on met <u>les timbres</u> ici? — Do you put the stamps here?

5. Est-ce qu'on met les <u>paquets</u> ici? — Do you put the parcels here?

1. Où est la boîte aux lettres? — Where is the mailbox?
2. Où est <u>la carte postale</u>? — Where is the postcard?
3. Où est <u>le facteur</u>? — Where is the mailman?
4. Où est <u>le courrier</u>? — Where is the mail?
5. Où est <u>la revue</u>? — Where is the magazine?
6. Où est <u>le mandat</u>? — Where is the money order?
7. Où est <u>le colis</u>? — Where is the parcel?

1. Vous devez décrocher le récepteur. — You must take the receiver off the hook.
2. Vous devez <u>raccrocher le récepteur</u>. — You must hang up the receiver.
3. Vous devez <u>composer le numéro</u>. — You must dial the number.
4. Vous devez <u>envoyer un télégramme</u>. — You must send a telegram.
5. Vous devez <u>téléphoner le texte</u>. — You must phone in the text.

1. Il y a trois levées par jour. — There are three mail collections a day.
2. Il y a <u>trois distributions</u> par jour. — There are three mail distributions a day.
3. Il y a <u>six départs</u> par jour. — There are six departures a day.
4. Il y a <u>plusieurs levées</u> par jour. — There are several mail collections a day.
5. Il y a <u>deux arrivées</u> par jour. — There are two arrivals a day.

Vocabulary Awareness (not recorded)

Suppose I phone her?	Si je lui téléphonais?
Suppose I talk to her?	Si je lui parlais?
Suppose I send her this letter?	Si je lui envoyais cette lettre?
Suppose I ask her some information?	Si je lui demandais un renseignement?
around seven	vers sept heures
around noon	vers midi
later	tout à l'heure
a little later	un peu plus tard
too many people	trop de monde
many people	beaucoup de monde
everybody	tout le monde
by air	par avion/en avion
by train	par le train/en train
by car	en auto

from one's place	de chez soi
from your place	de chez vous
from our place	de chez nous
from my place	de chez moi
from Janine's place	de chez Janine
from the pharmacist's	de chez le pharmacien

right here	ici-même
right in Paris	à Paris même
right in the post office	à la poste même
right at the ticket window	au guichet même

Who's calling?	C'est de la part de qui?
It's on behalf of Janine.	C'est de la part de Janine.
It's on behalf of the manager.	C'est de la part du gérant.
It's on behalf of your friend.	C'est de la part de votre ami.
It's on his behalf.	C'est de sa part.

See you later.	A tout à l'heure.
See you soon.	A bientôt.
See you this evening.	A ce soir.
See you tomorrow.	A demain.
See you Monday.	A lundi.
See you next week.	A la semaine prochaine.

Lexical Drills

Lexical A-1

1. Où retrouvons-nous Christiane ce soir?
2. Où retrouvons-nous Christiane à midi?
3. Où retrouvons-nous Christiane à deux heures?
4. Où retrouvons-nous Christiane cet après-midi?
5. Où retrouvons-nous Christiane demain?
6. Où retrouvons-nous Christiane vendredi soir?
7. Où retrouvons-nous Christiane ce matin?
8. Où retrouvons-nous Christiane à une heure?
9. Où retrouvons-nous Christiane ce soir?

Lexical A-2

1. Pendant que vous l'appelez, je vais à la poste.
2. Pendant que vous déjeunez, je vais à la poste.
3. Pendant que vous téléphonez, je vais à la poste.
4. Pendant que vous repassez, je vais à la poste.
5. Pendant qu'il déjeune, je vais à la poste.
6. Pendant qu'elle téléphone, je vais à la poste.
7. Pendant que vous le cherchez, je vais à la poste.
8. Pendant que vous le nettoyez, je vais à la poste.
9. Pendant que vous l'appelez, je vais à la poste.

Lexical A-3

1. Je vais regarder.
2. Je vais essayer.

```
 3.  Je vais déjeuner.
 4.  Je vais téléphoner.
 5.  Je vais travailler.
 6.  Je vais voir.
 7.  Je vais commencer.
 8.  Je vais monter.
 9.  Je vais rentrer.
10.  Je vais regarder.
```

Lexical A-4

```
 1.  Je voudrais parler à Mlle Mercier.
 2.  Je voudrais trouver Mlle Mercier.
 3.  Je voudrais présenter M. Lelong.
 4.  Je voudrais travailler à Paris.
 5.  Je voudrais être dans le Midi.
 6.  Je voudrais faire des courses.
 7.  Je voudrais envoyer un télégramme.
 8.  Je voudrais habiter près d'ici.
 9.  Je voudrais envoyer le courrier.
10.  Je voudrais retrouver mes amis.
11.  Je voudrais avoir du courrier.
12.  Je voudrais réveiller les enfants.
13.  Je voudrais parler à Mlle Mercier.
```

Lexical A-5

```
 1.  Je voudrais parler à Mlle Mercier.
 2.  Il faut parler à Mlle Mercier.
 3.  J'espère parler à Mlle Mercier.
 4.  Je compte parler à Mlle Mercier.
 5.  On voudrait parler à Mlle Mercier.
 6.  Je vais parler à Mlle Mercier.
 7.  Je voulais parler à Mlle Mercier.
 8.  Nous allons parler à Mlle Mercier.
 9.  Vous pouvez parler à Mlle Mercier.
10.  Vous devez parler à Mlle Mercier.
11.  Je voudrais parler à Mlle Mercier.
```

Lexical A-6

```
 1.  Je vais la peser.
 2.  Je vais la trouver.
 3.  Je vais la chercher.
 4.  Je vais la suivre.
 5.  Je vais la quitter.
 6.  Je vais la laver.
 7.  Je vais la réparer.
 8.  Je vais la remercier.
 9.  Je vais la réveiller.
10.  Je vais la monter.
11.  Je vais la peser.
```

Lexical A-7

1. Je voulais aussi envoyer un télégramme.
2. Je voulais aussi envoyer une lettre.
3. Je voulais aussi envoyer un mandat.
4. Je voulais aussi envoyer un colis.
5. Je voulais aussi envoyer un paquet.
6. Je voulais aussi envoyer le courrier.
7. Je voulais aussi envoyer des journaux.
8. Je voulais aussi envoyer des revues.
9. Je voulais aussi envoyer une carte postale.
10. Je voulais aussi envoyer un télégramme.

Lexical A-8

1. Je voulais aussi envoyer un télégramme.
2. Je voulais aussi dire quelque chose.
3. Je voulais aussi retenir mes places.
4. Je voulais aussi retrouver mes amis.
5. Je voulais aussi écouter quelque chose.
6. Je voulais aussi voir le pharmacien.
7. Je voulais aussi fermer les fenêtres.
8. Je voulais aussi aller là-bas.
9. Je voulais aussi acheter de l'aspirine.
10. Je voulais aussi envoyer un télégramme.

Lexical A-9

1. Puis-je envoyer une lettre par avion?
2. Puis-je téléphoner à Paris?
3. Puis-je commencer demain?
4. Puis-je venir maintenant?
5. Puis-je apporter quelque chose?
6. Puis-je changer de date?
7. Puis-je arriver plus tard?
8. Puis-je donner votre numéro de téléphone?
9. Puis-je parler aux employés?
10. Puis-je envoyer une lettre par avion?

Lexical A-10

1. Il y a trop de monde au guichet.
2. Il y a trop de monde à l'enregistrement.
3. Il y a trop de monde sur le quai.
4. Il y a trop de monde dans le train.
5. Il y a trop de monde au bord de la mer.
6. Il y a trop de monde chez le coiffeur.
7. Il y a trop de monde dans mon compartiment.
8. Il y a trop de monde dans les rues.
9. Il y a trop de monde chez l'épicier.
10. Il y a trop de monde dans les grands magasins.
11. Il y a trop de monde au guichet.

Lexical A-11

1. D'accord. A tout à l'heure.
2. D'accord. A demain.
3. D'accord. A ce soir.
4. D'accord. A la semaine prochaine.
5. D'accord. A bientôt.
6. D'accord. A lundi.
7. D'accord. A cet après-midi.
8. D'accord. A mercredi.
9. D'accord. A tout à l'heure.

Lexical A-12

1. Je voulais aussi envoyer un télégramme.
2. Elle voulait aussi envoyer un télégramme.
3. Je compte aussi envoyer un télégramme.
4. Il faut aussi envoyer un télégramme.
5. Nous comptons aussi envoyer un télégramme.
6. Je vais aussi envoyer un télégramme.
7. Ils vont aussi envoyer un télégramme.
8. Vous devez aussi envoyer un télégramme.
9. Vous pouvez aussi envoyer un télégramme.
10. Je voulais aussi envoyer un télégramme.

Lexical A-13

1. J'avais peur de ne pas vous trouver.
2. J'avais peur de ne pas vous voir.
3. J'avais peur de ne pas vous entendre.
4. J'avais peur de ne pas vous comprendre.
5. J'avais peur de ne pas être à l'heure.
6. J'avais peur de ne pas arriver à temps.
7. J'avais peur de ne pas travailler.
8. J'avais peur de ne pas entendre.
9. J'avais peur de ne pas vous trouver.

*Lexical B-1

1. Je voulais aussi envoyer un télégramme.
2. Vous pouvez aussi envoyer un télégramme.
3. Vous pouvez aussi prendre l'avion.
4. Je compte aussi prendre l'avion.
5. Je compte aussi aller dans le Midi.
6. Nous espérons aussi aller dans le Midi.
7. Nous espérons aussi retrouver nos amis.
8. Je voulais aussi retrouver nos amis.
9. Je voulais aussi envoyer un télégramme.

*Lexical B-2

1. Puis-je envoyer une lettre par avion?
2. Puis-je téléphoner à Paris?

3. Faut-il téléphoner à Paris?
4. Faut-il aller en face?
5. Devez-vous aller en face?
6. Devez-vous retenir les places?
7. Désirez-vous retenir les places?
8. Désirez-vous venir plus tard?
9. Comptez-vous venir plus tard?
10. Comptez-vous envoyer une lettre par avion?
11. Puis-je envoyer une lettre par avion?

*Lexical B-3

1. Je vais regarder.
2. Nous allons regarder.
3. Nous allons commencer.
4. Vous devez commencer.
5. Vous devez essayer.
6. Il faut essayer.
7. Il faut travailler.
8. Je n'aime pas travailler.
9. Je n'aime pas exagérer.
10. Ils vont exagérer.
11. Ils vont regarder.
12. Je vais regarder.

*Lexical B-4

1. Je vais la peser.
2. Il faut la peser.
3. Il faut la trouver.
4. Nous espérons la trouver.
5. Nous espérons la réparer.
6. Je dois la réparer.
7. Je dois la changer.
8. Vous pouvez la changer.
9. Vous pouvez la regarder.
10. Il faut la regarder.
11. Il faut la réveiller.
12. Je vais la réveiller.
13. Je vais la peser.

*Lexical B-5

1. Je voudrais parler à Mlle Mercier.
2. Il faut parler à Mlle Mercier.
3. Il faut trouver Mlle Mercier.
4. J'espère trouver Mlle Mercier.
5. J'espère habiter près d'ici.
6. Je compte habiter près d'ici.
7. Je compte être dans le Midi.
8. Nous allons être dans le Midi.
9. Nous allons prendre des vacances.
10. Je voudrais prendre des vacances.
11. Je voudrais parler à Mlle Mercier.

Questions on the Dialogue

1. Roger et Pierre vont-ils retrouver Janine?

    Non, ils vont retrouver Christiane.

2. Quand vont-ils la retrouver?

    Ils vont la retrouver ce soir.

3. Roger sait-il où retrouver Christiane?

    Non, il ne sait pas où retrouver Christiane.

4. Que fait Pierre pendant que Roger téléphone?

    Il va à la poste.

5. Quel est le numéro de Christiane?

    C'est Danton 79-67.

6.	Est-ce que Christiane est là?	Oui, elle est là.
7.	A quelle heure Roger et Pierre vont-ils chercher Christiane?	Ils vont la chercher vers sept heures.
8.	Où est Pierre?	Il est à la poste.
9.	Que veut-il envoyer par avion?	Il veut envoyer une lettre par avion.
10.	Faut-il peser la lettre?	Oui, il faut peser la lettre.
11.	Pierre a-t-il des paquets recommandés?	Oui, il a des paquets recommandés.
12.	A quel guichet va-t-il pour les paquets?	Pour les paquets, il va au guichet 12.
13.	Voudrait-il envoyer autre chose?	Oui, il voudrait aussi envoyer un télégramme.
14.	Pourquoi n'envoie-t-il pas son télégramme?	Parce qu'il y a trop de monde au guichet.
15.	Ne peut-il pas téléphoner le texte?	Si, il peut téléphoner le texte.
16.	Pierre savait-il qu'on pouvait téléphoner le texte?	Non, il ne savait pas qu'on pouvait téléphoner le texte.

Grammar 1: Adjectives

Grammar Note

We call <u>adjectives</u> words that modify nouns or pronouns. (We are only going to study adjectives introduced in the text up to now.)

Part one - Forms

In English, adjectives have only one shape. In French, they usually have four:

Two for the singular (masculine & feminine).
Two for the plural (masculine & feminine).

<u>Number</u>

Plural of most French adjectives is formed by adding an 's' to the singular form.

le petit magasin   les petits magasins
la grande route   les grandes routes

Adjectives ending in 's' or 'x' in the singular do not change in the plural.

le vieux magasin (old)   les vieux magasins
le mauvais hôtel   les mauvais hôtels

Adjectives ending in 'eau' in the masculine singular add an 'x' to form the masculine plural.

le nouveau magasin   les nouveaux magasins
le beau livre   les beaux livres

<u>Gender</u>

Most adjectives have a different form depending on whether they modify a masculine or a feminine noun. In general the feminine form is obtained by adding an 'e' to the masculine form.

un petit paquet	une petite valise
un joli modèle	une jolie route

(If the adjective ends with a vowel in the masculine, the pronunciation is the same for both forms.)

When adjectives end in 'e' in the masculine form, there is no change in the feminine form.

un jeune employé	une jeune employée
un autre boulanger	une autre pâtisserie
un compartiment libre	une place libre
un climat humide	une chambre humide

(Adjectives ending in 'é' follow the general rule and add an 'e' in the feminine form.)

un paquet recommandé	une lettre recommandée

Also included in that category are the ordinal numbers formed by adding 'ième' to the cardinal numbers.

le deuxième jour	la deuxième semaine
le troisième matin	la troisième fois
le quarante-cinquième mot	la quarante-cinquième question

Some adjectives do not fit in the preceding rules or they may present some other peculiarities.

a.   When the masculine form ends in 'x', the feminine form will end in 'se'.

Il est heureux.   Elle est heureuse.
                                                        (see d. for exceptions)

b.   When the masculine form ends in 'er', the feminine form will end in 'ère'.

le premier étage	la première semaine
le dernier jour	la dernière année

c.   When the masculine form ends in 'f', the feminine form will end in 've'.

un manteau neuf (new)   une robe neuve

d.   Some adjectives have two shapes for the masculine singular: one is used before words beginning with a vowel, the other, before words beginning with a consonant.

Masculine			Feminine	
Singular		Plural	Singular	Plural
before a vowel	before a consonant			
vieil	vieux	vieux	vieille	vieilles
bel	beau	beaux	belle	belles
nouvel	nouveau	nouveaux	nouvelle	nouvelles

un vieil ami   un vieux monsieur
un bel hôtel   un beau magasin
un nouvel employé   un nouveau gérant

                         (see L.3,13-Gr.1)

Note the following adjectives:

un costume blanc	une chemise blanche
un temps frais	une soirée fraîche
un climat sec	une saison sèche
un costume marron	une robe marron
un gros livre	une grosse caisse
un ancien hôtel	une ancienne route
un bon pâtissier	une bonne boulangerie

Learning Drills

Learning 1

1. C'est un petit hôtel.
2. C'est un vieil hôtel.
3. C'est un grand hôtel.
4. C'est un bon hôtel.
5. C'est un nouvel hôtel.
6. C'est un bel hôtel.
7. C'est un ancien hôtel.
8. C'est un petit hôtel.

Learning 2

1. C'est un petit magasin.
2. C'est un vieux magasin.
3. C'est un grand magasin.
4. C'est un bon magasin.
5. C'est un nouveau magasin.
6. C'est un beau magasin.
7. C'est un ancien magasin.
8. C'est un petit magasin.

Learning 3

1. C'est un petit hôtel.
2. C'est un petit magasin.
3. C'est un vieil hôtel.
4. C'est un vieux magasin.
5. C'est un bel hôtel.
6. C'est un beau magasin.
7. C'est un bon hôtel.
8. C'est un bon magasin.
9. C'est un grand hôtel.
10. C'est un grand magasin.
11. C'est un nouvel hôtel.
12. C'est un nouveau magasin.
13. C'est un ancien hôtel.
14. C'est un ancien magasin.

Learning 4

1. Voilà de petits hôtels.
2. Voilà de vieux hôtels.
3. Voilà de grands hôtels.
4. Voilà de bons hôtels.
5. Voilà de nouveaux hôtels.
6. Voilà de beaux hôtels.
7. Voilà de mauvais hôtels.
8. Voilà d'autres hôtels.

Learning 5

1. Voilà les petits magasins.
2. Voilà les vieux magasins.
3. Voilà les grands magasins.
4. Voilà les bons magasins.
5. Voilà les nouveaux magasins.

6. Voilà les beaux magasins.
7. Voilà les anciens magasins.
8. Voilà les autres magasins.
9. Voilà les premiers magasins.
10. Voilà les petits magasins.

Learning 6

1. Y a-t-il de bons hôtels?
2. Y a-t-il de bons magasins?
3. Y a-t-il de vieux hôtels?
4. Y a-t-il de vieux magasins?
5. Y a-t-il de grands hôtels?
6. Y a-t-il de grands magasins?
7. Y a-t-il de nouveaux hôtels?
8. Y a-t-il de nouveaux magasins?
9. Y a-t-il de mauvais hôtels?
10. Y a-t-il de mauvais magasins?
11. Y a-t-il d'autres hôtels?
12. Y a-t-il d'autres magasins?

Learning 7

1. Y a-t-il une vieille route?
2. Y a-t-il une grande route?
3. Y a-t-il une nouvelle route?
4. Y a-t-il une ancienne route?
5. Y a-t-il une mauvaise route?
6. Y a-t-il une petite route?
7. Y a-t-il une belle route?
8. Y a-t-il une jolie route?
9. Y a-t-il une vieille route?

Learning 8

1. C'est une vieille auto.
2. C'est une belle auto.
3. C'est une bonne auto.
4. C'est une grosse auto.
5. C'est une petite auto.
6. C'est une mauvaise auto.
7. C'est une jolie auto.
8. C'est une autre auto.
9. C'est une vieille auto.

Learning 9

1. Voilà de vieilles autos.
2. Voilà d'autres autos.
3. Voilà de grosses autos.
4. Voilà de bonnes autos.
5. Voilà de petites autos.
6. Voilà de mauvaises autos.
7. Voilà de jolies autos.
8. Voilà de nouvelles autos.
9. Voilà de vieilles autos.

Learning 10

1. Il n'y a pas de vieilles routes.
2. Il n'y a pas de bonnes routes.
3. Il n'y a pas de grandes routes.
4. Il n'y a pas de petites routes.
5. Il n'y a pas de mauvaises routes.
6. Il n'y a pas de jolies routes.
7. Il n'y a pas de nouvelles routes.
8. Il n'y a pas de belles routes.
9. Il n'y a pas de vieilles routes.

Learning 11

1. C'est une vieille auto.
2. C'est une vieille route.
3. C'est une bonne auto.
4. C'est une bonne route.
5. C'est une petite auto.
6. C'est une petite route.

7. C'est une mauvaise auto.
8. C'est une mauvaise route.
9. C'est une vieille auto.

Learning 12

1. Il n'y a pas de bonnes routes.
2. Il n'y a pas de bonnes épiceries.
3. Il n'y a pas de grandes routes.
4. Il n'y a pas de grandes épiceries.
5. Il n'y a pas de nouvelles routes.
6. Il n'y a pas de nouvelles épiceries.
7. Il n'y a pas de mauvaises routes.
8. Il n'y a pas de mauvaises épiceries.
9. Il n'y a pas de vieilles routes.
10. Il n'y a pas de vieilles épiceries.
11. Il n'y a pas de bonnes routes.

Learning 13

1. C'est une vieille route.
2. C'est un vieux magasin.
3. C'est un vieil avion.
4. C'est une vieille auto.
5. C'est une nouvelle employée.
6. C'est un nouvel employé.
7. C'est un nouveau café.
8. 'est une nouvelle revue.
9. ast un bon climat.
10. (est une bonne région.
11. C'est un bon hôtel.
12. C'est une bonne année.
13. C'est un petit enfant.
14. C'est un petit bureau.
15. C'est une petite villa.

Learning 14

1. Il y a de beaux magasins.
2. Il y a de beaux étés.
3. Il y a de belles autos.
4. Il y a de belles forêts.
5. Il y a de gros avions.
6. Il y a de grosses autos.
7. Il y a de gros livres.
8. Il y a de grosses semelles.
9. Il y a de vieux hôtels.
10. Il y a de vieilles autos.
11. Il y a de vieux modèles.
12. Il y a de bons hôtels.
13. Il y a de bons restaurants.
14. Il y a de bonnes années.
15. Il y a de bonnes pâtisseries.

Practice Drills

Practice A-1

1. C'est un bel hôtel.
2. C'est un grand hôtel.
3. C'est un petit hôtel.
4. C'est un nouvel hôtel.
5. C'est un bon hôtel.
6. C'est un autre hôtel.
7. C'est un joli hôtel.
8. C'est un vieil hôtel.
9. C'est un ancien hôtel.

Practice A-2

1. Voilà un bel enfant.
2. Voilà un beau magasin.
3. Voilà une belle route.
4. Voilà un bel hôtel.
5. Voilà un bel après-midi.
6. Voilà un bel été.
7. Voilà une belle région.
8. Voilà un beau printemps.
9. Voilà un beau costume.
10. Voilà une belle auto.

Practice A-3

1. C'est une vieille pharmacie.
2. C'est un vieil hôtel.
3. C'est un vieux magasin.
4. C'est une vieille route.
5. C'est un vieux costume.
6. C'est une vieille valise.
7. C'est un vieux texte.
8. C'est un vieil avion.
9. C'est un vieux livre.

Practice A-4

1. C'est un bon restaurant.
2. C'est une bonne route.
3. C'est un bon avion.
4. C'est un bon facteur.
5. C'est une bonne saison.
6. C'est un bon été.
7. C'est une bonne année.
8. C'est un bon climat.
9. C'est une bonne question.
10. C'est un bon livre.

Practice A-5

1. C'est un mauvais magasin.
2. C'est un mauvais hôtel.
3. C'est un mauvais restaurant.
4. C'est une mauvaise auto.
5. C'est un mauvais livre.
6. C'est une mauvaise année.
7. C'est un mauvais été.
8. C'est une mauvaise classe.
9. C'est un mauvais lit.
10. C'est une mauvaise nouvelle.

Practice A-6

1. Il y a de beaux magasins.
2. Il y a de belles autos.
3. Il y a de beaux hôtels.
4. Il y a de beaux bijoux.
5. Il y a de belles villas.
6. Il y a de beaux fruits.
7. Il y a de belles rues.
8. Il y a de beaux étés.

Practice A-7

1. Voilà les grands modèles.
2. Voilà les grandes encolures.
3. Voilà les grands hôtels.
4. Voilà les grandes fenêtres.
5. Voilà les grands bureaux.
6. Voilà les grandes épiceries.
7. Voilà les grands magasins.
8. Voilà les grands avions.
9. Voilà les grandes forêts.

Practice A-8

1. Ils ont de gros colis.
2. Ils ont de grosses autos.
3. Ils ont de gros paquets.
4. Ils ont de grosses valises.
5. Ils ont de gros avions.
6. Ils ont de gros livres.
7. Ils ont de grosses boîtes.
8. Ils ont de grosses salades.
9. Ils ont de gros fromages.
10. Ils ont de gros colis.

Practice A-9

1. Les vieux modèles ne sont pas beaux.
2. Les vieilles boîtes ne sont pas belles.
3. Les vieux hôtels ne sont pas beaux.
4. Les vieilles autos ne sont pas belles.
5. Les vieux restaurants ne sont pas beaux.
6. Les vieilles chambres ne sont pas belles.
7. Les vieux bureaux ne sont pas beaux.
8. Les vieux avions ne sont pas beaux.
9. Les vieux timbres ne sont pas beaux.
10. Les vieilles revues ne sont pas belles.

Practice A-10

Tutor   : C'est un nouveau magasin.
Student: C'est un vieux magasin.

1. C'est une bonne route. — C'est une mauvaise route.
2. Ils ont deux petits enfants. — Ils ont deux grands enfants.
3. Voilà un vieil hôtel. — Voilà un nouvel hôtel.
4. J'aime les nouvelles autos. — J'aime les vieilles autos.
5. C'est une petite fille. — C'est une grande fille.
6. C'est un mauvais hôtel. — C'est un bon hôtel.
7. J'aime les grandes autos. — J'aime les petites autos.
8. C'est en face du petit hôtel. — C'est en face du grand hôtel.
9. J'habite à côté d'une vieille épicerie. — J'habite à côté d'une nouvelle épicerie.
10. Où est la grosse malle verte? — Où est la petite malle verte?
11. Il a de bonnes nouvelles. — Il a de mauvaises nouvelles.

*Practice B-1

1. C'est une grande route.
2. C'est un grand magasin.
3. C'est un petit magasin.
4. C'est une petite femme.
5. C'est une jolie femme.
6. C'est un joli livre.
7. C'est un vieux livre.
8. C'est un vieil hôtel.
9. C'est un bon hôtel.
10. C'est une bonne auto.
11. C'est une grosse auto.
12. C'est un gros paquet.
13. C'est un petit paquet.
14. C'est une petite route.
15. C'est une grande route.

*Practice B-2

1. Je n'aime pas les grands magasins.
2. Je n'aime pas les grandes routes.
3. Je n'aime pas les petites routes.
4. Je n'aime pas les petites autos.
5. Je n'aime pas les vieilles autos.
6. Je n'aime pas les vieux avions.
7. Je n'aime pas les gros avions.
8. Je n'aime pas les grosses autos.
9. Je n'aime pas les nouvelles autos.
10. Je n'aime pas les nouveaux magasins.
11. Je n'aime pas les grands magasins.

*Practice B-3

1. J'aime les grands magasins.
2. J'aime les grandes routes.
3. J'aime la nouvelle route.
4. J'aime le nouvel hôtel.
5. J'aime les bons hôtels.
6. J'aime les bonnes autos.
7. J'aime la petite auto.
8. J'aime le petit café.

*Practice B-4

1. Il y a trois bonnes épiceries.
2. Il y a trois bons hôtels.
3. Il y a un bon hôtel.
4. Il y a un grand hôtel.
5. Il y a une grande route.
6. Il y a plusieurs grandes routes.
7. Il y a plusieurs belles routes.
8. Il y a plusieurs beaux magasins.
9. Il y a trois beaux magasins.
10. Il y a trois petits magasins.
11. Il y a trois petites épiceries.
12. Il y a trois bonnes épiceries.

Grammar 2: Object pronouns

Grammar Note

In French, object pronouns precede the verb in affirmative, negative or interrogative sentences.

Elle me convient tout à fait.
Combien vous dois-je?
Je la prends.
Pourquoi ne l'envoyez-vous pas de chez vous?

We will see later, when we study the imperative form, that object pronouns sometimes follow the verb.

In this unit, we will study the following pronouns.

me, m'	me, to me (L.1 & 14-Gr.2)
nous	us, to us (L.6-Gr.2)
vous	you, to you (L.5-Gr.2)
le, l'	him, it (L.2,4,8,9,10,13-Gr.2)
la, l'	her, it (L.3,4,8,9,10,13-Gr.2)
les	them (L.3,11,12,13-Gr.2)

(French equivalent for 'to him', 'to her', 'to them' will be studied in unit 8, grammar 2.)

Learning Drills

Learning 1

1. Il me réveille.
2. Il me demande.
3. Il me cherche.
4. Il me parle.
5. Il me regarde.
6. Il me dérange.
7. Il me téléphone.
8. Il me remercie.
9. Il me va.

Learning 2

1. Nous le lavons tout de suite.
2. Nous le donnons tout de suite.
3. Nous le pesons tout de suite.
4. Nous le quittons tout de suite.
5. Nous le réveillons tout de suite.
6. Nous le réparons tout de suite.
7. Nous le demandons tout de suite.
8. Nous le faisons tout de suite.
9. Nous le montons tout de suite.

Learning 3

1. Je les pèse tout de suite.
2. Je la pèse tout de suite.
3. Je la réveille tout de suite.
4. Je les réveille tout de suite.
5. Je la répare tout de suite.
6. Je les répare tout de suite.
7. Je la demande tout de suite.
8. Je les demande tout de suite.
9. Je la fais tout de suite.
10. Je les fais tout de suite.
11. Je la monte tout de suite.

12. <u>Je les monte</u> tout de suite.
13. <u>Je la change</u> tout de suite.
14. <u>Je les change</u> tout de suite.

Learning 4

1. Nous le faisons tout de suite.
2. <u>Nous la faisons</u> tout de suite.
3. <u>Nous le réparons</u> tout de suite.
4. <u>Nous la réparons</u> tout de suite.
5. <u>Nous le changeons</u> tout de suite.
6. <u>Nous la changeons</u> tout de suite.
7. <u>Nous le montons</u> tout de suite.
8. <u>Nous la montons</u> tout de suite.
9. <u>Nous le pesons</u> tout de suite.
10. <u>Nous la pesons</u> tout de suite.
11. <u>Nous le réveillons</u> tout de suite.
12. <u>Nous la réveillons</u> tout de suite.

Learning 5

1. On vous cherche.
2. On vous <u>demande</u>.
3. On vous <u>dérange</u>.
4. On vous <u>quitte</u>.
5. On vous <u>téléphone</u>.
6. On vous <u>remercie</u>.
7. On vous <u>regarde</u>.
8. On vous <u>présente</u>.
9. On vous <u>cherche</u>.

Learning 6

1. On nous demande.
2. On nous <u>dérange</u>.
3. On nous <u>cherche</u>.
4. On nous <u>présente</u>.
5. On nous <u>remercie</u>.
6. On nous <u>quitte</u>.
7. On nous <u>regarde</u>.
8. On nous <u>téléphone</u>.
9. On nous <u>demande</u>.

Learning 7

1. On nous dépose en ville.
2. <u>On les dépose</u> en ville.
3. <u>On le dépose</u> en ville.
4. <u>On vous dépose</u> en ville.
5. <u>On la dépose</u> en ville.
6. <u>On me dépose</u> en ville.
7. <u>On nous dépose</u> en ville.

Learning 8

1. Je l'écoute.
2. Je l'apporte.
3. Je l'achète.
4. Je l'assure.
5. Je l'accepte.
6. Je l'aime.
7. Je l'appelle.
8. Je l'envoie.
9. Je l'essaie.
10. Je l'enregistre.
11. Je l'ai.

Learning 9

1. Il ne l'écoute pas.
2. Il ne l'apporte pas.
3. Il ne l'achète pas.
4. Il ne l'assure pas.
5. Il ne l'accepte pas.
6. Il ne l'aime pas.
7. Il ne l'a pas.
8. Il ne l'envoie pas.
9. Il ne l'enregistre pas.
10. Il ne l'appelle pas.

Learning 10

1. Je ne l'écoute pas.
2. Je ne l'apporte pas.
3. Je ne l'achète pas.
4. Je ne l'assure pas.
5. Je ne l'accepte pas.
6. Je ne l'aime pas.

7. Je ne l'ai pas.
8. Je ne l'envoie pas.
9. Je ne l'enregistre pas.
10. Je ne l'appelle pas.

Learning 11

1. Nous les écoutons.
2. Nous les apportons.
3. Nous les avons.
4. Nous les aimons.
5. Nous les envoyons.
6. Nous les essayons.
7. Nous les appelons.
8. Nous les assurons.
9. Nous les enregistrons.
10. Nous les achetons.

Learning 12

1. On les apporte.
2. On les demande.
3. On les a.
4. On les veut.
5. On les aime.
6. On les cherche.
7. On les achète.
8. On les donne.
9. On les essaie.
10. On les dérange.
11. On les écoute.
12. On les loue.

Learning 13

1. Je les écoute.
2. Je l'écoute.
3. Je les envoie.
4. Je l'envoie.
5. Je les aime.
6. Je l'aime.
7. Je les ai.
8. Je l'ai.
9. Je les excuse.
10. Je l'excuse.
11. Je les achète.
12. Je l'achète.

Learning 14

1. Il me dérange.
2. Il m'écoute.
3. Il me cherche.
4. Il m'appelle.
5. Il me demande.
6. Il m'aime.
7. Il me remercie.
8. Il m'excuse.
9. Il me parle.

Learning 15

1. On les achète.
2. On l'envoie.
3. On nous écoute.
4. On m'appelle.
5. On l'achète.
6. On le cherche.
7. On vous cherche.
8. On vous appelle.
9. On la dérange.
10. On l'aime.
11. On l'a.
12. On les a.

Practice Drills

Practice A-1

1. Je la cherche.
2. Je l'écoute.
3. Je la remercie.
4. Je l'apporte.
5. Je la répare.
6. Je l'essaie.
7. Je la loue.
8. Je l'envoie.
9. Je la quitte.
10. Je l'aime.

Practice A-2

1. Nous les cherchons.
2. Nous les essayons.
3. Nous les remercions.
4. Nous les apportons.
5. Nous les réparons.
6. Nous les aimons.
7. Nous les quittons.
8. Nous les avons.
9. Nous les faisons.
10. Nous les appelons.

Practice A-3

1. Elle me demande.
2. Elle m'appelle.
3. Elle me cherche.
4. Elle m'écoute.
5. Elle me dérange.
6. Elle m'aime.
7. Elle me quitte.
8. Elle me regarde.
9. Elle m'excuse.
10. Elle me critique.

Practice A-4

1. Elle vous cherche.
2. Elle vous demande.
3. Elle vous aime.
4. Elle vous regarde.
5. Elle vous excuse.
6. Elle vous critique.
7. Elle vous écoute.
8. Elle vous quitte.
9. Elle vous appelle.
10. Elle vous remercie.

Practice A-5

Tutor : Vous nous quittez?
Student: Oui, je vous quitte.

Tutor : Vous me quittez?
Student: Oui, je vous quitte.

1. Vous me demandez?
2. Vous nous demandez?
3. Vous me cherchez?
4. Vous nous cherchez?
5. Vous me quittez?
6. Vous nous quittez?
7. Vous me téléphonez?
8. Vous nous téléphonez?
9. Vous me déposez en ville?
10. Vous nous déposez en ville?

Oui, je vous demande.
Oui, je vous demande.
Oui, je vous cherche.
Oui, je vous cherche.
Oui, je vous quitte.
Oui, je vous quitte.
Oui, je vous téléphone.
Oui, je vous téléphone.
Oui, je vous dépose en ville.
Oui, je vous dépose en ville.

Practice A-6

Tutor : On me demande?
Student: Oui, on vous demande.

Tutor : On m'accepte?
Student: Oui, on vous accepte.

1. On me demande?
2. On m'écoute?
3. On me réveille?
4. On m'entend?
5. On me cherche?

Oui, on vous demande.
Oui, on vous écoute.
Oui, on vous réveille.
Oui, on vous entend.
Oui, on vous cherche.

6. On m'écoute?   Oui, on vous écoute.
7. On me regarde?   Oui, on vous regarde.
8. On m'accepte?   Oui, on vous accepte.
9. On me critique?   Oui, on vous critique.
10. On m'appelle?   Oui, on vous appelle.

Practice A-7

1. Voilà Janine. Vous la cherchez?
2. Voilà le gérant. Vous le cherchez?
3. Voilà mes amis. Vous les cherchez?
4. Voilà mon frère. Vous le cherchez?
5. Voilà les fiches. Vous les cherchez?
6. Voilà l'épicier. Vous le cherchez?
7. Voilà l'hôtel. Vous le cherchez?
8. Voilà Christiane. Vous la cherchez?
9. Voilà votre auto. Vous la cherchez?
10. Voilà votre livre. Vous le cherchez?
11. Voilà vos livres. Vous les cherchez?

Practice A-8

1. Me voilà. Vous me cherchez?
2. Le voilà. Vous le cherchez?
3. Voilà votre fille. Vous la cherchez?
4. Nous voilà. Vous nous cherchez?
5. Les voilà. Vous les cherchez?
6. Voilà votre place. Vous la cherchez?
7. Voilà vos livres. Vous les cherchez?
8. Voilà vos places. Vous les cherchez?
9. La voilà. Vous la cherchez?
10. Voilà votre frère. Vous le cherchez?

Practice A-9

1. Je cherche mon billet. L'avez-vous?
2. Je cherche mes billets. Les avez-vous?
3. Je cherche la fiche. L'avez-vous?
4. Je cherche ma fiche. L'avez-vous?
5. Je cherche les timbres. Les avez-vous?
6. Je cherche la lettre. L'avez-vous?
7. Je cherche nos livres. Les avez-vous?
8. Je cherche le numéro. L'avez-vous?

Practice A-10

1. Nous n'aimons pas la chaleur; l'aimez-vous?
2. Nous n'avons pas les billets; les avez-vous?
3. Nous n'avons pas la valise; l'avez-vous?
4. Nous ne fermons pas les fenêtres; les fermez-vous?
5. Nous ne pesons pas les paquets; les pesez-vous?
6. Nous ne faisons pas les bagages; les faites-vous?
7. Nous ne lavons pas l'auto; la lavez-vous?

8. <u>Nous ne cherchons pas l'hôtel</u>; le cherchez-vous?
9. <u>Nous n'apportons pas nos livres</u>; les apportez-vous?
10. <u>Nous ne traversons pas la ville</u>; la traversez-vous?
11. <u>Nous ne comptons pas la monnaie</u>; la comptez-vous?
12. <u>Nous n'avons pas le numéro</u>; l'avez-vous?

Practice A-11

Tutor   : Est-ce que je vous dérange?
Student: Non, vous ne me dérangez pas.

1. Est-ce que les enfants vous dérangent?	Non, ils ne me dérangent pas.
2. Est-ce que je dérange vos amis?	Non, vous ne les dérangez pas.
3. Est-ce qu'on vous écoute?	Non, on ne m'écoute pas.
4. Est-ce qu'on m'appelle?	Non, on ne vous appelle pas.
5. Est-ce que vous me quittez?	Non, je ne vous quitte pas.
6. Est-ce que Janine vous aime?	Non, elle ne m'aime pas.
7. Est-ce que vous aimez Janine?	Non, je ne l'aime pas.
8. Est-ce qu'on me demande?	Non, on ne vous demande pas.
9. Est-ce qu'on me critique?	Non, on ne vous critique pas.
10. Est-ce qu'on vous parle?	Non, on ne me parle pas.

Practice A-12

Tutor   : Où me retrouvez-vous?
Student: Je vous retrouve à la gare.

1. Où me déposez-vous?	Je vous dépose à la gare.
2. Où pèse-t-on les colis?	On les pèse à la gare.
3. Où apportez-vous la valise?	Je l'apporte à la gare.
4. Où déposez-vous les malles?	Je les dépose à la gare.
5. Où retrouvez-vous votre frère?	Je le retrouve à la gare.
6. Où achète-t-on les billets?	On les achète à la gare.
7. Où votre frère vous retrouve-t-il?	Il me retrouve à la gare.
8. Où prend-on les tickets de quai?	On les prend à la gare.
9. Où retrouve-t-on vos amis?	On les retrouve à la gare.
10. Où déposez-vous vos amis?	Je les dépose à la gare.
11. Où apportez-vous les bagages?	Je les apporte à la gare.
12. Où votre amie vous retrouve-t-elle?	Elle me retrouve à la gare.
13. Où me quittez-vous?	Je vous quitte à la gare.
14. Où retrouvez-vous vos amis?	Je les retrouve à la gare.
15. Où assure-t-on les bagages?	On les assure à la gare.

Practice A-13

Tutor   : A quelle heure nous réveillez-vous?
Student: Je vous réveille à 8 heures.

1. A quelle heure réveillez-vous les enfants?	Je les réveille à 8 heures.

2. A quelle heure vous réveille-t-on? — On me réveille à 8 heures.
3. A quelle heure quittez-vous vos amis? — Je les quitte à 8 heures.
4. A quelle heure me retrouvez-vous? — Je vous retrouve à 8 heures.
5. A quelle heure vos amis vous réveillent-ils? — Ils me réveillent à 8 heures.
6. A quelle heure monte-t-on le courrier? — On le monte à 8 heures.
7. A quelle heure me téléphonez-vous? — Je vous téléphone à 8 heures.
8. A quelle heure me quittez-vous? — Je vous quitte à 8 heures.
9. A quelle heure retrouvez-vous vos amis? — Je les retrouve à 8 heures.
10. A quelle heure ferme-t-on le magasin? — On le ferme à 8 heures.
11. A quelle heure prend-on le train? — On le prend à 8 heures.

Practice A-14

Tutor : Je remercie nos amis.
Student: Je les remercie.

1. Je remercie votre soeur. — Je la remercie.
2. Je répare mes chaussures. — Je les répare.
3. Je répare mon auto. — Je la répare.
4. J'essaie le costume. — Je l'essaie.
5. J'envoie le paquet. — Je l'envoie.
6. J'envoie mon ami. — Je l'envoie.
7. Je pèse vos bagages. — Je les pèse.
8. Je traverse la ville. — Je la traverse.
9. Je prends l'avion. — Je le prends.
10. J'aime la pluie. — Je l'aime.
11. J'aime le marron. — Je l'aime.
12. Je cherche le numéro. — Je le cherche.

Practice A-15

Tutor : Je n'ai pas les bagages.
Student: Je ne les ai pas.

1. Je n'aime pas la chaleur. — Je ne l'aime pas.
2. Nous n'avons pas la monnaie. — Nous ne l'avons pas.
3. Nous ne comptons pas la monnaie. — Nous ne la comptons pas.
4. Je ne quitte pas la ville. — Je ne la quitte pas.
5. Je n'ai pas les bagages. — Je ne les ai pas.
6. Nous ne louons pas la villa. — Nous ne la louons pas.
7. Je ne lave pas l'auto. — Je ne la lave pas.
8. Je n'ai pas l'auto. — Je ne l'ai pas.
9. Ils n'ont pas le numéro. — Ils ne l'ont pas.
10. Je ne fais pas mes valises. — Je ne les fais pas.

11. Nous n'avons pas le numéro.	Nous ne l'avons pas.
12. Je ne sais pas la date.	Je ne la sais pas.
13. Je ne ferme pas la porte.	Je ne la ferme pas.
14. Je ne trouve pas les billets.	Je ne les trouve pas.
15. Nous n'aimons pas la route.	Nous ne l'aimons pas.
16. Elle n'essaie pas sa robe.	Elle ne l'essaie pas.
17. Elle ne sait pas sa leçon.	Elle ne la sait pas.
18. Je ne dérange pas mes amis.	Je ne les dérange pas.

* Practice A-16

Tutor : Avez-vous le billet?
Student: Oui, je l'ai.

1. Avez-vous vos billets?	Oui, je les ai.
2. Votre ami a-t-il mon numéro?	Oui, il l'a.
3. Savez-vous la leçon?	Oui, je la sais.
4. Pèse-t-on les paquets?	Oui, on les pèse.
5. Avez-vous le numéro?	Oui, je l'ai.
6. Avez-vous les billets?	Oui, je les ai.
7. Avez-vous la date?	Oui, je l'ai.
8. Fermez-vous la valise?	Oui, je la ferme.
9. Votre chambre vous convient-elle?	Oui, elle me convient.
10. Apporte-t-on les colis?	Oui, on les apporte.
11. Avez-vous la monnaie de cent francs.	Oui, je l'ai.
12. Savez-vous la date du départ?	Oui, je la sais.
13. Me cherche-t-on?	Oui, on vous cherche.
14. M'écoutez-vous?	Oui, je vous écoute.

* Practice A-17

Tutor : Réveillez-vous les enfants à 7 heures?
Student: Oui, je les réveille à 7 heures.

1. Déposez-vous vos amis à la gare?	Oui, je les dépose à la gare.
2. Votre amie vous téléphone-t-elle?	Oui, elle me téléphone.
3. Montez-vous les bagages dans la chambre?	Oui, je les monte dans la chambre.
4. Vos amis vous déposent-ils à l'hôtel?	Oui, ils me déposent à l'hôtel.
5. Votre ami vous retrouve-t-il ici?	Oui, il me retrouve ici.
6. Achète-t-on le billet à la gare?	Oui, on l'achète à la gare.
7. Retrouvez-vous vos amis au café?	Oui, je les retrouve au café.
8. Monte-t-on le courrier à 11 h.?	Oui, on le monte à 11 heures.
9. Donnez-vous la lettre au facteur?	Oui, je la donne au facteur.

10. Met-on les lettres dans la   Oui, on les met dans la boîte aux
     boîte aux lettres?   lettres.
11. Quittez-vous vos amis à Paris?   Oui, je les quitte à Paris.
12. Apportez-vous votre livre en   Oui, je l'apporte en classe.
     classe?
13. Envoie-t-on vos amis à Paris?   Oui, on les envoie à Paris.
14. Demande-t-on les renseigne-   Oui, on les demande à l'employé.
     ments à l'employé?

* Practice A-18

Tutor : Avez-vous mon numéro de téléphone?
Student: Non, je ne l'ai pas.

Tutor : Fait-il froid le soir?
Student: Non, il ne fait pas froid le soir.

1. Les enfants vous dérangent-ils?   Non, ils ne me dérangent pas.
2. Aimez-vous les chaussures à   Non, je ne les aime pas.
     grosses semelles?
3. Travaillez-vous le samedi?   Non, je ne travaille pas le samedi.
4. Faites-vous les bagages ce soir? Non, je ne les fais pas.
5. Votre ami rentre-t-il samedi?   Non, il ne rentre pas samedi.
6. Avez-vous les heures de départ? Non, je ne les ai pas.
7. Repassez-vous le dimanche?   Non, je ne repasse pas le dimanche.
8. Fait-il chaud le matin?   Non, il ne fait pas chaud le matin.
9. Travaille-t-on le soir?   Non, on ne travaille pas le soir.
10. Fermez-vous la fenêtre?   Non, je ne la ferme pas.
11. Aimez-vous le lait froid?   Non, je ne l'aime pas.

Grammar 3: Subject Pronoun ce

Grammar Note

    Ce: subject pronoun occurs only as a <u>third person</u> subject of the verb 'être' and can be translated by 'it', 'he', 'she', 'they', 'that'.

    Ce is used instead of 'il, elle, etc.' if the verb 'être' is followed by either:

1. A noun marker (le, mon, etc.):

     C'est le numéro 19.
     C'est un très bon restaurant.
     C'est ma femme.   (see L.2, 3, 4, 5, 6,7-Gr.3)

(Notice the plural form 'ce sont' (L.8-Gr.3), the interrogative form in the singular 'est-ce', in the plural 'est-ce que ce sont')

2. A pronoun:

     C'est ça.
     C'est tout ce qui reste.

3. A clause:

C'est exactement ce qu'il me faut.

In the three cases below, 'il' or 'elle' is the subject if the **referent** (the word to which it refers) has gender and number, i.e., il or elle replaces a subject. Otherwise the subject is ce. These cases are:

1. Before an adjective:

Elle n'est pas mauvaise.	'It's not bad.' or 'She's not bad.'
Il n'est pas mauvais.	'It's not bad.' or 'He's not bad.'
Ce n'est pas mauvais.	'It's not bad.' or 'That's not bad.'

In the first utterance, the speaker is signalling that what he is talking about is feminine and singular and in the second, masculine and singular. He is referring to a noun previously mentioned or pointed out. In the third sample, he is not giving that information. Similarly,

2. Before an adverb:

Il est ici.	'It's here.' or 'He's here.'
C'est ici.	'It's here.'

3. Before a prepositional phrase:

Il est à Lyon.	'It's in Lyon.' or 'He's in Lyon.'
C'est à Lyon.	'It's in Lyon.'

Compare these two frames, both of which refer to a person's nationality, profession, religion, etc.

'He's French.'	C'est un Français. Il est français.
'She's French.'	C'est une Française. Elle est française.

Notice that, in some cases, only 'ce' can be used. (see Pr.A-14). The use of 'c'est' versus 'il est' will be discussed in a later unit.

Learning Drills

Learning 1

1. Il est facteur.
2. Il est anglais.
3. Il est boulanger.
4. Il est boucher.
5. Il est crémier.
6. Il est pharmacien.
7. Il est épicier.
8. Il est cordonnier.
9. Il est blanchisseur.

10. Il est bijoutier.
11. Il est pâtissier.
12. Il est teinturier.
13. Il est français.

Learning 2

1. C'est un Français.
2. C'est un teinturier.
3. C'est un pâtissier.
4. C'est un bijoutier.
5. C'est un blanchisseur.
6. C'est un cordonnier.
7. C'est un épicier.
8. C'est un pharmacien.
9. C'est un crémier.
10. C'est un boucher.
11. C'est un boulanger.
12. C'est un employé.
13. C'est un Anglais.

Learning 3

1. Est-ce le gérant?
2. Est-ce le cordonnier?
3. Est-ce le crémier?
4. Est-ce le pharmacien?
5. Est-ce le pâtissier?
6. Est-ce le teinturier?
7. Est-ce le bijoutier?
8. Est-ce le blanchisseur?
9. Est-ce l'épicier?
10. Est-ce la vendeuse?
11. Est-ce le boulanger?
12. Est-ce la femme de chambre?
13. Est-ce le facteur?

Learning 4

1. Ce n'est pas mon frère.
2. Ce n'est pas leur ami.
3. Ce n'est pas un pharmacien.
4. Ce n'est pas votre employé.
5. Ce n'est pas cet enfant.
6. Ce n'est pas ce monsieur.
7. Ce n'est pas mon père.
8. Ce n'est pas notre ami.
9. Ce n'est pas leur fille.
10. Ce n'est pas une employée.
11. Ce n'est pas ma soeur.
12. Ce n'est pas cette vendeuse.

End of tape 7.6

Learning 5

1. C'est un bon employé.
2. C'est un bon cordonnier.
3. C'est une bonne employée.
4. C'est un bon pharmacien.
5. C'est un bon boulanger.
6. C'est une bonne vendeuse.
7. C'est un bon teinturier.
8. C'est une bonne femme de chambre.
9. C'est un bon pâtissier.
10. C'est un bon teinturier.

Learning 6

1. C'est un nouveau restaurant, mais il n'est pas très bon.
2. C'est un nouvel hôtel, mais il n'est pas très bon.
3. C'est un nouveau bijoutier, mais il n'est pas très bon.
4. C'est un nouveau pâtissier, mais il n'est pas très bon.
5. C'est un nouveau cordonnier, mais il n'est pas très bon.
6. C'est un nouveau café, mais il n'est pas très bon.
7. C'est un nouveau teinturier, mais il n'est pas très bon.
8. C'est un nouveau magasin, mais il n'est pas très bon.
9. C'est un nouvel épicier, mais il n'est pas très bon.
10. C'est un nouveau blanchisseur, mais il n'est pas très bon.
11. C'est un nouveau boulanger, mais il n'est pas très bon.
12. C'est un nouveau boucher, mais il n'est pas très bon.

Learning 7

1. C'est une nouvelle employée.
2. C'est une nouvelle épicerie.
3. C'est une nouvelle femme de chambre.
4. C'est une nouvelle pâtisserie.
5. C'est une nouvelle auto.
6. C'est une nouvelle revue.
7. C'est une nouvelle route.
8. C'est une nouvelle vendeuse.
9. C'est une nouvelle boulangerie.
10. C'est une nouvelle teinturerie.

Learning 8

1. Ce sont mes amis.
2. Ce sont nos enfants.
3. Ce sont les employés.
4. Ce sont leurs amis.
5. Ce sont les vendeuses.
6. Ce sont des enfants.
7. Ce sont vos employés.
8. Ce sont mes soeurs.
9. Ce sont leurs employés.
10. Ce sont nos billets.
11. Ce sont vos fiches.
12. Ce sont des Anglais.
13. Ce sont les Français.

Practice Drills

Practice A-1

Tutor : Il est facteur.
Student: C'est un facteur.

1. Il est français.	C'est un français.
2. Il est pharmacien.	C'est un pharmacien.
3. Il est teinturier.	C'est un teinturier.
4. Il est anglais.	C'est un Anglais.
5. Elle est vendeuse.	C'est une vendeuse.
6. Il est boulanger.	C'est un boulanger.
7. Il est cordonnier.	C'est un cordonnier.
8. Elle est femme de chambre.	C'est une femme de chambre.
9. Il est pâtissier.	C'est un pâtissier.
10. Il est boucher.	C'est un boucher.
11. Il est facteur.	C'est un facteur.

Practice A-2

Tutor : C'est un facteur.
Student: Il est facteur.

1. C'est un Français.	Il est français.
2. C'est un pharmacien.	Il est pharmacien.

3. C'est un teinturier.	Il est teinturier.
4. C'est un Anglais.	Il est anglais.
5. C'est une vendeuse.	Elle est vendeuse.
6. C'est un boulanger.	Il est boulanger.
7. C'est un cordonnier.	Il est cordonnier.
8. C'est une femme de chambre.	Elle est femme de chambre.
9. C'est un pâtissier.	Il est pâtissier.
10. C'est un boucher.	Il est boucher.
11. C'est un facteur.	Il est facteur.

Practice A-3

Tutor   : Voilà le pharmacien.
Student: Est-ce que c'est un nouveau pharmacien?

1. Voilà le facteur.	Est-ce que c'est un nouveau facteur?
2. Voilà la bonne.	Est-ce que c'est une nouvelle bonne?
3. Voilà le restaurant.	Est-ce que c'est un nouveau restaurant?
4. Voilà l'épicerie.	Est-ce que c'est une nouvelle épicerie?
5. Voilà le gérant.	Est-ce que c'est un nouveau gérant?
6. Voilà la vendeuse.	Est-ce que c'est une nouvelle vendeuse?
7. Voilà le café.	Est-ce que c'est un nouveau café?
8. Voilà la poste.	Est-ce que c'est une nouvelle poste?
9. Voilà l'épicerie.	Est-ce que c'est une nouvelle épicerie?
10. Voilà la boulangerie.	Est-ce que c'est une nouvelle boulangerie?
11. Voilà la crémerie.	Est-ce que c'est une nouvelle crémerie?
12. Voilà le magasin.	Est-ce que c'est un nouveau magasin?
13. Voilà l'hôtel.	Est-ce que c'est un nouvel hôtel?
14. Voilà le bureau.	Est-ce que c'est un nouveau bureau?
15. Voilà l'auto.	Est-ce que c'est une nouvelle auto?

Practice A-4

1. C'est le boulanger.
2. Il est boulanger.
3. Elle est vendeuse.
4. C'est une vendeuse.
5. C'est un épicier.
6. Il est épicier.
7. Il est pâtissier.
8. C'est un pâtissier.
9. C'est un pharmacien.
10. Il est pharmacien.
11. Il est facteur.
12. C'est un facteur.
13. C'est un boulanger.

Practice A-5

Tutor   : C'est l'épicier?
Student: Non, ce n'est pas l'épicier.

1. C'est votre frère?   Non, ce n'est pas mon frère.

2.	C'est votre soeur?	Non, ce n'est pas ma soeur.
3.	Ce sont vos soeurs?	Non, ce ne sont pas mes soeurs.
4.	C'est un pharmacien?	Non, ce n'est pas un pharmacien.
5.	Ce sont des Français?	Non, ce ne sont pas des Français.
6.	C'est votre boulanger?	Non, ce n'est pas mon boulanger.
7.	Ce sont vos amis?	Non, ce ne sont pas mes amis.
8.	C'est leur enfant?	Non, ce n'est pas leur enfant.
9.	Ce sont leurs enfants?	Non, ce ne sont pas leurs enfants.
10.	C'est votre ami?	Non, ce n'est pas mon ami.
11.	C'est du vin français?	Non, ce n'est pas du vin français.
12.	Ce sont des vêtements chers?	Non, ce ne sont pas des vêtements chers.
13.	C'est une grande épicerie?	Non, ce n'est pas une grande épicerie.
14.	Ce sont des chambres communicantes?	Non, ce ne sont pas des chambres communicantes.

Practice A-6

Tutor : Il est grand, cet hôtel?
Student: Oui, c'est un grand hôtel.

1.	Il est bon, ce cordonnier?	Oui, c'est un bon cordonnier.
2.	Elle est grande, cette pharmacie?	Oui, c'est une grande pharmacie.
3.	Il est nouveau, cet employé?	Oui, c'est un nouvel employé.
4.	Elle est grande, cette classe?	Oui, c'est une grande classe.
5.	Elle est mauvaise, cette route?	Oui, c'est une mauvaise route.
6.	Elle est bonne, cette auto?	Oui, c'est une bonne auto.
7.	Il est grand, ce bureau?	Oui, c'est un grand bureau.
8.	Il est bon, ce boulanger?	Oui, c'est un bon boulanger.
9.	Elle est grosse, cette valise?	Oui, c'est une grosse valise.
10.	Il est beau, ce manteau?	Oui, c'est un beau manteau.

Practice A-7

Tutor : La route est-elle belle?
Student: Oui, c'est une belle route.

1.	L'épicier est-il nouveau?	Oui, c'est un nouvel épicier.
2.	Le climat est-il mauvais?	Oui, c'est un mauvais climat.
3.	La route est-elle mauvaise?	Oui, c'est une mauvaise route.
4.	Le magasin est-il beau?	Oui, c'est un beau magasin.
5.	La vendeuse est-elle jolie?	Oui, c'est une jolie vendeuse.
6.	Le magasin est-il nouveau?	Oui, c'est un nouveau magasin.
7.	La pâtisserie est-elle nouvelle?	Oui, c'est une nouvelle pâtisserie.
8.	Le pâtissier est-il bon?	Oui, c'est un bon pâtissier.
9.	L'employée est-elle bonne?	Oui, c'est une bonne employée.
10.	l'hôtel est-il beau?	Oui, c'est un bel hôtel.

Practice A-8

Tutor : Elle n'est pas vendeuse.
Student: Ce n'est pas une vendeuse.

Tutor : Ils sont français.
Student: Ce sont des Français.

1.	Ils sont étudiants.	Ce sont des étudiants.
2.	Elle est vendeuse.	C'est une vendeuse.
3.	Il n'est pas français.	Ce n'est pas un Français.
4.	Ils sont anglais.	Ce sont des Anglais.
5.	Ils ne sont pas français.	Ce ne sont pas des Français.
6.	Elles ne sont pas vendeuses.	Ce ne sont pas des vendeuses.
7.	Il est pharmacien.	C'est un pharmacien.
8.	Elle n'est pas femme de chambre.	Ce n'est pas une femme de chambre.
9.	Il est anglais.	C'est un Anglais.
10.	Il n'est pas pâtissier.	Ce n'est pas un pâtissier.
11.	Il sont français.	Ce sont des Français.

Practice A-9

Tutor   : Je reçois une nouvelle revue.
Student: Est-ce que c'est une bonne revue?

1.	Mon ami est pharmacien.	Est-ce que c'est un bon pharmacien?
2.	Janine est vendeuse.	Est-ce que c'est une bonne vendeuse?
3.	J'aime bien l'Hôtel de Versailles.	Est-ce que c'est un bon hôtel?
4.	Nous avons une nouvelle classe.	Est-ce que c'est une bonne classe?
5.	Je vais à l'autre magasin.	Est-ce que c'est un bon magasin?
6.	Il y a une belle pâtisserie près de chez vous.	Est-ce que c'est une bonne pâtisserie?
7.	Elle a une auto anglaise.	Est-ce que c'est une bonne auto?
8.	J'ai la chambre 42.	Est-ce que c'est une bonne chambre?
9.	Je vais prendre l'autre route.	Est-ce que c'est une bonne route?
10.	Mes amis vont chez l'autre cordonnier.	Est-ce que c'est un bon cordonnier?
11.	Il y a un nouveau boucher dans cette rue.	Est-ce que c'est un bon boucher?
12.	J'ai un employé.	Est-ce que c'est un bon employé?

Practice A-10

Tutor   : Y a-t-il un restaurant près de chez vous?
Student: Oui, mais il est très cher.

1.	Est-ce un bon bijoutier?	Oui, mais il est très cher.
2.	C'est un nouveau magasin?	Oui, mais il est très cher.
3.	Y a-t-il un bon restaurant près d'ici?	Oui, mais il est très cher.
4.	C'est une épicerie anglaise?	Oui, mais elle est très chère.
5.	Est-ce que votre hôtel vous convient?	Oui, mais il est très cher.
6.	Est-ce que vous aimez le nouveau restaurant?	Oui, mais il est très cher.
7.	L'auto de votre ami est-elle bonne?	Oui, mais elle est très chère.
8.	Votre chambre vous convient -elle?	Oui, mais elle est très chère.

Practice A-11

Tutor   : Ce Monsieur est pharmacien.
Student: Il est pharmacien.
         C'est un pharmacien.

Tutor   : La route est bonne.
Student: Elle est bonne.
         C'est une bonne route.

1. Mon ami est boulanger.   Il est boulanger.
                               C'est un boulanger.

2. Janine est vendeuse.   Elle est vendeuse.
                               C'est une vendeuse.

3. L'hôtel est beau.   Il est beau.
                               C'est un bel hôtel.

4. Cette femme est jolie.   Elle est jolie.
                               C'est une jolie femme.

5. M. Durand est bijoutier.   Il est bijoutier.
                               C'est un bijoutier.

6. Cet avion est vieux.   Il est vieux.
                               C'est un vieil avion.

7. Le médicament est bon.   Il est bon.
                               C'est un bon médicament.

8. Cette femme est très belle.   Elle est très belle.
                               C'est une très belle femme.

9. Ce timbre est beau.   Il est beau.
                               C'est un beau timbre.

10. Cette femme est anglaise.   Elle est anglaise.
                               C'est une Anglaise.

11. L'auto de Roger est vieille. Elle est vieille.
                               C'est une vieille auto.

12. Cette route est mauvaise.   Elle est mauvaise.
                               C'est une mauvaise route.

*Practice A-12

Tutor   : Ce costume est cher.
Student: Oui, mais un bon costume, c'est toujours cher.

1. Cette robe est chère.   Oui, mais une bonne robe, c'est
                               toujours cher.

2. Ce manteau est cher.   Oui, mais un bon manteau, c'est toujours
                               cher.

3. Cet hôtel est cher.   Oui, mais un bon hôtel, c'est toujours
                               cher.

4. Ce livre est cher.   Oui, mais un bon livre, c'est toujours
                               cher.

5. Cette auto est chère.   Oui, mais une bonne auto, c'est toujours
                               cher.

6. Ce magasin est cher.   Oui, mais un bon magasin, c'est toujours
                               cher.

7. Ce restaurant est cher.   Oui, mais un bon restaurant, c'est
                               toujours cher.

8.	Ce costume est cher.	Oui, mais un bon costume, c'est toujours cher.
9.	Cette revue est chère.	Oui, mais une bonne revue, c'est toujours cher.
10.	Cette chambre est chère.	Oui, mais une bonne chambre, c'est toujours cher.

* Practice A-13

Tutor : Mon cordonnier travaille très bien.
Student: C'est un bon cordonnier.

Tutor : Mon cordonnier ne travaille pas bien.
Student: C'est un mauvais cordonnier.

1.	La femme de chambre travaille bien.	C'est une bonne femme de chambre.
2.	Mon teinturier nettoie bien les vêtements.	C'est un bon teinturier.
3.	Cet étudiant ne travaille pas bien.	C'est un mauvais étudiant.
4.	Cet hôtel ne me convient pas.	C'est un mauvais hôtel.
5.	Je n'aime pas le restaurant d'en face.	C'est un mauvais restaurant.
6.	Le blanchisseur ne lave pas bien le linge.	C'est un mauvais blanchisseur.
7.	Mon cordonnier répare mal les chaussures.	C'est un mauvais cordonnier.
8.	Je n'aime pas du tout le climat.	C'est un mauvais climat.
9.	J'aime beaucoup ce livre.	C'est un bon livre.
10.	Mon pâtissier fait de bons gâteaux.	C'est un bon pâtissier.
11.	La nouvelle route est très glissante.	C'est une mauvaise route.
12.	Je suis très satisfait de mon blanchisseur.	C'est un bon blanchisseur.
13.	La nouvelle employée ne travaille pas bien.	C'est une mauvaise employée.
14.	J'aime beaucoup la nouvelle route.	C'est une bonne route.

* Practice A-14

Tutor : Allez-vous en vacances dans le Midi?
Student: Non, c'est trop cher.

Tutor : Allez-vous acheter ce costume?
Student: Non, il est trop cher.

1.	Allez-vous acheter l'auto de Roger?	Non, elle est trop chère.
2.	Téléphonez-vous souvent en France?	Non, c'est trop cher.
3.	Avez-vous une villa?	Non, c'est trop cher.

4.	Voulez-vous cette chemise?	Non, elle est trop chère.
5.	Envoyez-vous beaucoup de télégrammes?	Non, c'est trop cher.
6.	Votre ami prend-il un taxi tous les jours?	Non, c'est trop cher.
7.	Avez-vous une bonne?	Non, c'est trop cher.
8.	Envoyez-vous vos colis par avion?	Non, c'est trop cher.
9.	Vous voulez le modèle en marron?	Non, il est trop cher.
10.	Vous allez dans le Midi?	Non, c'est trop cher.
11.	Vous voulez acheter ma villa?	Non, elle est trop chère.

Grammar 4: Question-words

Grammar Note

Comment allez-vous?
Quelle heure est-il?
Où allons-nous déjeuner?
Combien font deux et deux?
Qu'avez-vous fait pendant le week-end?
Pourquoi ne l'envoyez-vous pas de chez vous?

The question-words which are used at the beginning of a question and also after a preposition are the following:

'who?'		qui?
'what?'		qu', que?
'where?'		où?
'when?'		quand?
'why?'		pourquoi?
'how?'		comment?
'how much, how many?'		combien?
'which, what?'	S	quel, quelle?
	P	quels, quelles?
		(see L.1 through 7-Gr.4)

The question-words are followed by subject-verb inversion, whether the subject is a noun or a pronoun:

Comment va votre frère?	Q + Verb + Noun
Comment va-t-il?	Q + Verb + SP

The question-word <u>combien</u> may occur before a noun; in this position it has the form <u>combien de</u>:

Combien vous dois-je?
Combien de malles avez-vous?

The question-words <u>quel</u>, <u>quelle</u>, etc.. may occur before a noun; in this position it is a noun-marker and has the shapes described in Unit 5, Grammar Note 1.

Pour quelle date?
Par quel train partez-vous?

Quel may also occur before third-person forms of the one verb être:

> Quelle est votre pointure?
> Quelles sont les heures d'arrivée?

Questions containing question-words may have the same intonation as statements:

> Où est le restaurant?   C'est le restaurant.

Learning Drills

Learning 1

1. Quand part-il?
2. Quel jour part-il?
3. Avec qui part-il?
4. Comment part-il?
5. Pourquoi part-il?
6. A quelle heure part-il?
7. Quand part-il?

Learning 2

1. Quand fermez-vous le magasin?
2. Quand quittez-vous la ville?
3. Quand faites-vous les bagages?
4. Quand achetez-vous les billets?
5. Quand montez-vous le courrier?
6. Quand pesez-vous les valises?
7. Quand lavez-vous l'auto?
8. Quand réveillez-vous les enfants?
9. Quand allez-vous en vacances?
10. Quand êtes-vous au bureau?

Learning 3

1. Où allez-vous?
2. Où habitez-vous?
3. Où déjeune-t-on?
4. Où déjeune-t-elle?
5. Où travaillez-vous?
6. Où va-t-il?
7. Où vont-ils?
8. Où neige-t-il?
9. Où fait-il chaud?
10. Où changez-vous de train?

Learning 4

1. Pourquoi êtes-vous en retard?
2. Pourquoi ont-ils peur?
3. Pourquoi ferme-t-on?
4. Pourquoi restez-vous?
5. Pourquoi téléphonez-vous?
6. Pourquoi rentre-t-on?
7. Pourquoi avez-vous peur?
8. Pourquoi restons-nous?
9. Pourquoi partez-vous?
10. Pourquoi raccrochez-vous?

Learning 5

1. Que faites-vous?
2. Que voulez-vous?
3. Que regarde-t-on?
4. Que dit-on?
5. Que pesez-vous?
6. Que sait-elle?
7. Que veut-il?
8. Que désire-t-il?
9. Que faisons-nous?
10. Que réparez-vous?

Learning 6

1. Qu'avez-vous?
2. Qu'apportez-vous?
3. Qu'achetez-vous?
4. Qu'aimez-vous?
5. Qu'écoutez-vous?
6. Qu'essaie-t-on?
7. Qu'envoyez-vous?
8. Qu'accepte-t-il?
9. Qu'aime-t-elle?
10. Qu'avez-vous?
11. Qu'espère-t-on?

Learning 7

1. Pourquoi ne téléphonez-vous pas?
2. Pourquoi ne parlez-vous pas?
3. Pourquoi ne rentrez-vous pas?
4. Pourquoi n'écoutez-vous pas?
5. Pourquoi ne déjeunez-vous pas?
6. Pourquoi n'essayez-vous pas?
7. Pourquoi ne restez-vous pas?
8. Pourquoi n'acceptez-vous pas?
9. Pourquoi ne travaillez-vous pas?
10. Pourquoi ne fermez-vous pas?

Practice Drills

Practice A-1

1. Que désirez-vous?
2. Qu'avez-vous?
3. Que faites-vous?
4. Que réparez-vous?
5. Qu'espérez-vous?
6. Que demandez-vous?
7. Que changez-vous?
8. Qu'enregistrez-vous?

Practice A-2

1. Pourquoi ne voulez-vous pas autre chose?
2. Pourquoi n'acceptez-vous pas autre chose?
3. Pourquoi ne demandez-vous pas autre chose?
4. Pourquoi n'essayez-vous pas autre chose?
5. Pourquoi ne montrez-vous pas autre chose?
6. Pourquoi n'achetez-vous pas autre chose?
7. Pourquoi ne commencez-vous pas autre chose?
8. Pourquoi n'écoutez-vous pas autre chose?
9. Pourquoi ne trouvez-vous pas autre chose?
10. Pourquoi n'essayez-vous pas autre chose?
11. Pourquoi ne présentez-vous pas autre chose?

Practice A-3

Tutor   : Je cherche quelque chose.
Student : Que cherchez-vous?

1. On répare quelque chose.   Que répare-t-on?
2. On veut quelque chose.   Que veut-on?
3. Je pèse quelque chose.   Que pesez-vous?
4. J'écoute quelque chose.   Qu'écoutez-vous?
5. Il écoute quelque chose.   Qu'écoute-t-il?
6. Ils achètent quelque chose.   Qu'achètent-ils?
7. J'essaie quelque chose.   Qu'essayez-vous?
8. Je critique quelque chose.   Que critiquez-vous?
9. Je sais quelque chose.   Que savez-vous?
10. J'ai quelque chose.   Qu'avez-vous?

Practice A-4

1. Elles sont en retard; pourquoi ne sont-elles pas à l'heure?
2. Il est en retard; pourquoi n'est-il pas à l'heure?
3. Vous êtes en retard; pourquoi n'êtes-vous pas à l'heure?
4. Elles sont en retard; pourquoi ne sont-elles pas à l'heure?
5. Elle est en retard; pourquoi n'est-elle pas à l'heure?
6. Les employés sont en retard; pourquoi ne sont-ils pas à l'heure?

7. Vous êtes en retard; pourquoi n'êtes-vous pas à l'heure?
8. Ils sont en retard; pourquoi ne sont-ils pas à l'heure?
9. On est en retard; pourquoi n'est-on pas à l'heure?

Practice A-5

Tutor   : Je déjeune à midi.
Student: Pourquoi ne déjeunez-vous pas plus tard?

1. On déjeune à 1 heure.	Pourquoi ne déjeune-t-on pas plus tard?
2. Elle rentre à 4 heures.	Pourquoi ne rentre-t-elle pas plus tard?
3. Il part à 6 heures.	Pourquoi ne part-il pas plus tard?
4. Les magasins ferment à 5 heures.	Pourquoi ne ferment-ils pas plus tard?
5. Je téléphone à 8 heures.	Pourquoi ne téléphonez-vous pas plus tard?
6. On commence à 7 heures.	Pourquoi ne commence-t-on pas plus tard?
7. Ils arrivent à 5 heures.	Pourquoi n'arrivent-ils pas plus tard?
8. Je déjeune à 11 heures.	Pourquoi ne déjeunez-vous pas plus tard?
9. Je pars à 8 heures.	Pourquoi ne partez-vous pas plus tard?
10. Elle téléphone à 5 heures.	Pourquoi ne téléphone-t-elle pas plus tard?
11. J'arrive à 8 heures.	Pourquoi n'arrivez-vous pas plus tard?

Practice A-6

1. S'il n'est pas au bureau, où est-il?
2. S'ils ne vont pas au bureau, où vont-ils?
3. Si elle n'est pas au bureau, où est-elle?
4. Si nous n'allons pas au bureau, où allons-nous?
5. S'ils ne sont pas là-bas, où sont-ils?
6. Si vous n'allez pas au bureau, où allez-vous?
7. Si elle n'habite pas ici, où habite-t-elle?
8. S'il ne travaille pas là-bas, où travaille-t-il?
9. Si on ne déjeune pas au café, où déjeune-t-on?
10. Si nous n'allons pas à Versailles, où allons-nous?

Practice A-7

Tutor   : On cherche votre soeur.
Student: Pourquoi la cherche-t-on?

1. On cherche les bagages.	Pourquoi les cherche-t-on?
2. On assure la valise.	Pourquoi l'assure-t-on?
3. Elle apporte ses bagages.	Pourquoi les apporte-t-elle?
4. Il cherche sa soeur.	Pourquoi la cherche-t-il?
5. Je ferme mes fenêtres.	Pourquoi les fermez-vous?
6. Ils font leurs bagages.	Pourquoi les font-ils?
7. Il critique ses amis.	Pourquoi les critique-t-il?
8. J'appelle Janine.	Pourquoi l'appelez-vous?
9. Il raccroche le récepteur.	Pourquoi le raccroche-t-il?
10. Je loue mes places.	Pourquoi les louez-vous?

Practice A-8

Tutor   : On vous cherche.
Student: Pourquoi me cherche-t-on?

1.	Je vous remercie.	Pourquoi me remerciez-vous?
2.	On vous appelle.	Pourquoi m'appelle-t-on?
3.	On me demande.	Pourquoi vous demande-t-on?
4.	Je l'achète.	Pourquoi l'achetez-vous?
5.	On me cherche.	Pourquoi vous cherche-t-on?
6.	On m'appelle.	Pourquoi vous appelle-t-on?
7.	Je les donne.	Pourquoi les donnez-vous?
8.	On vous téléphone.	Pourquoi me téléphone-t-on?
9.	On me dérange.	Pourquoi vous dérange-t-on?
10.	Je la quitte.	Pourquoi la quittez-vous?

Practice A-9

1. Si vous ne commencez pas maintenant, quand allez-vous commencer?
2. Si je ne déjeune pas maintenant, quand est-ce que je vais déjeuner?
3. Si les vendeuses ne déjeunent pas maintenant, quand vont-elles déjeuner?
4. Si vous ne rentrez pas maintenant, quand allez-vous rentrer?
5. Si nous ne téléphonons pas maintenant, quand allons-nous téléphoner?
6. Si on ne commence pas maintenant, quand va-t-on commencer?
7. Si vous n'essayez pas maintenant, quand allez-vous essayer?
8. Si je ne téléphone pas maintenant, quand est-ce que je vais téléphoner?
9. Si nous ne rentrons pas maintenant, quand allons-nous rentrer?
10. Si vous n'arrivez pas maintenant, quand allez-vous arriver?

Practice A-10

1. Si vous ne déjeunez pas à midi, à quelle heure allez-vous déjeuner?
2. Si vous ne fermez pas à 8 heures, à quelle heure allez-vous fermer?
3. Si les magasins ne ferment pas à 6 heures, à quelle heure vont-ils fermer?
4. Si on ne commence pas à 9 heures, à quelle heure va-t-on commencer?
5. Si le train n'arrive pas à 18 heures, à quelle heure va-t-il arriver?
6. Si vous ne téléphonez pas à 8 heures, à quelle heure allez-vous téléphoner?
7. Si nous ne commençons pas à 2 heures, à quelle heure allons-nous commencer?
8. Si je n'arrive pas à 6 heures, à quelle heure est-ce que je vais arriver?
9. Si nous ne déjeunons pas à midi, à quelle heure allons-nous déjeuner?
10. Si on ne téléphone pas à 7 heures, à quelle heure va-t-on téléphoner?

Grammar 5: Verbs: pouvoir, vouloir, savoir

Grammar Note

Où puis-je retenir mes places?
Je peux vous donner deux coins fenêtres.
Vous pouvez les faire assurer en face.

Voulez-vous aller au café?
Que veut dire ce mot?

Je ne sais pas.
Savez-vous à quelle heure ferment les magasins?

These three verbs occur frequently and have several unpredictable forms:

    <u>pouvoir</u>   'to be able to'

    je peux
    il peut

    ils peuvent
    nous pouvons
    vous pouvez

Special inversion form: Puis-je...?

                                              (L.5,6,9-Gr.5)

    <u>vouloir</u>   'to want'

    je veux
    il veut

    ils veulent
    nous voulons
    vous voulez

No inversion form in the first person, singular: Est-ce que je veux...?

                                              (L.3,4,8-Gr.5)

    <u>savoir</u>   'to know'

    je sais
    il sait

    ils savent
    nous savons
    vous savez

                                              (L.1,2,7-Gr.5)

Learning Drills
Learning 1

1. Je sais où est l'hôtel.
2. <u>Ils savent</u> où est l'hôtel.
3. <u>Vous savez</u> où est l'hôtel.
4. <u>Nous savons</u> où est l'hôtel.
5. <u>Il sait</u> où est l'hôtel.
6. <u>Elles savent</u> où est l'hôtel.
7. <u>On sait</u> où est l'hôtel.
8. <u>Elle sait</u> où est l'hôtel.

Learning 2

1. Savez-vous à quelle heure ferment les magasins?
2. <u>Sait-il</u> à quelle heure ferment les magasins?
3. <u>Savent-ils</u> à quelle heure ferment les magasins?
4. <u>Savez-vous</u> à quelle heure ferment les magasins?
5. <u>Sait-on</u> à quelle heure ferment les magasins?
6. <u>Sait-elle</u> à quelle heure ferment les magasins?
7. <u>Savent-elles</u> à quelle heure ferment les magasins?
8. <u>Savez-vous</u> à quelle heure ferment les magasins?

Learning 3

1. Voulez-vous remplir ces fiches?
2. Veut-il remplir ces fiches?
3. Veulent-elles remplir ces fiches?
4. Veut-on remplir ces fiches?
5. Veut-elle remplir ces fiches?
6. Veulent-ils remplir ces fiches?
7. Voulez-vous remplir ces fiches?

Learning 4

1. Nous voulons déjeuner.
2. Ils veulent déjeuner.
3. Elle veut déjeuner.
4. Elles veulent déjeuner.
5. Il veut déjeuner.
6. Je veux déjeuner.
7. On veut déjeuner.

Learning 5

1. Vous pouvez les faire assurer en face.
2. Il peut les faire assurer en face.
3. Nous pouvons les faire assurer en face.
4. Je peux les faire assurer en face.
5. Elles peuvent les faire assurer en face.
6. Elle peut les faire assurer en face.
7. On peut les faire assurer en face.
8. Ils peuvent les faire assurer en face.

Learning 6

1. Je peux vous donner deux coins fenêtres.
2. Nous pouvons vous donner deux coins fenêtres.
3. Ils peuvent vous donner deux coins fenêtres.
4. On peut vous donner deux coins fenêtres.
5. Elle peut vous donner deux coins fenêtres.
6. Elles peuvent vous donner deux coins fenêtres.
7. Il peut vous donner deux coins fenêtres.
8. Je peux vous donner deux coins fenêtres.

Learning 7

1. Je ne sais pas encore.
2. Ils ne savent pas encore.
3. Nous ne savons pas encore.
4. Elle ne sait pas encore.
5. On ne sait pas encore.
6. Vous ne savez pas encore.
7. Elles ne savent pas encore.
8. Il ne sait pas encore.

Learning 8

1. Voulez-vous les essayer?
2. Veut-il les essayer?
3. Veulent-ils les essayer?
4. Veut-elle les essayer?
5. Veulent-elles les essayer?
6. Veut-on les essayer?
7. Voulez-vous les essayer?

Learning 9

1. Où puis-je envoyer une lettre par avion?
2. Où peut-elle envoyer une lettre par avion?
3. Où peuvent-elles envoyer une lettre par avion?
4. Où peut-il envoyer une lettre par avion?
5. Où pouvons-nous envoyer une lettre par avion?
6. Où peuvent-ils envoyer une lettre par avion?
7. Où peut-on envoyer une lettre par avion?
8. Où puis-je envoyer une lettre par avion?

Practice Drills

Practice A-1

Tutor   : Je veux téléphoner.
Student: Où voulez-vous téléphoner?

1. Elle veut téléphoner.	Où veut-elle téléphoner?
2. On veut téléphoner.	Où veut-on téléphoner?
3. Je veux téléphoner.	Où voulez-vous téléphoner?
4. Ils veulent téléphoner.	Où veulent-ils téléphoner?
5. Elle veut téléphoner.	Où veut-elle téléphoner?
6. Elles veulent téléphoner.	Où veulent-elles téléphoner?
7. Nous voulons téléphoner.	Où voulez-vous téléphoner?

Practice A-2

Tutor   : Savez-vous le numéro?
Student: Non, je ne le sais pas.

1. Sait-elle le numéro?	Non, elle ne le sait pas.
2. A-t-elle le numéro?	Non, elle ne l'a pas.
3. Avez-vous le numéro?	Non, je ne l'ai pas.
4. Savent-ils le numéro?	Non, ils ne le savent pas.
5. Sait-on le numéro?	Non, on ne le sait pas.
6. Ont-ils le numéro?	Non, ils ne l'ont pas.
7. Sait-il le numéro?	Non, il ne le sait pas.
8. Avez-vous le numéro?	Non, je ne l'ai pas.
9. Savez-vous le numéro?	Non, je ne le sais pas.

Practice A-3

1. Je vais en ville; où puis-je prendre un taxi?
2. Il est pressé; où peut-il prendre un taxi?
3. Nous allons en ville; où pouvons-nous prendre un taxi?
4. Elles sont en ville; où peuvent-elles prendre un taxi?
5. Il va en ville; où peut-il prendre un taxi?
6. Je suis pressé; où puis-je prendre un taxi?
7. Elles vont en ville; où peuvent-elles prendre un taxi?
8. Elle va en ville; où peut-elle prendre un taxi?
9. Nous sommes pressés; où pouvons-nous prendre un taxi?
10. Ils sont pressés; où peuvent-ils prendre un taxi?

Practice A-4

1. Je ne sais pas si je peux partir maintenant.
2. Nous ne savons pas si nous pouvons partir maintenant.
3. Il ne sait pas s'il peut partir maintenant.
4. Elles ne savent pas si elles peuvent partir maintenant.
5. On ne sait pas si on peut partir maintenant.
6. Ils ne savent pas s'ils peuvent partir maintenant.
7. Vous ne savez pas si vous pouvez partir maintenant.
8. Je ne sais pas si je peux partir maintenant.

Practice A-5

1. Nous voulons savoir si nous pouvons partir maintenant.
2. Je veux savoir si je peux partir maintenant.
3. Nous voulons savoir si nous pouvons partir maintenant.
4. Elles veulent savoir si elles peuvent partir maintenant.
5. Il veut savoir s'il peut partir maintenant.
6. On veut savoir si on peut partir maintenant.
7. Ils veulent savoir s'ils peuvent partir maintenant.
8. Je veux savoir si je peux partir maintenant.
9. Elle veut savoir si elle peut partir maintenant.

Practice A-6

1. Si elle ne va pas dans le Midi, où est-ce qu'elle peut aller?
2. Si nous n'allons pas dans le Midi, où est-ce que nous pouvons aller?
3. Si je ne vais pas dans le Midi, où est-ce que je peux aller?
4. S'ils ne vont pas dans le Midi, où est-ce qu'ils peuvent aller?
5. Si on ne va pas dans le Midi, où est-ce qu'on peut aller?
6. Si vous n'allez pas dans le Midi, où est-ce que vous pouvez aller?
7. S'il ne va pas dans le Midi, où est-ce qu'il peut aller?
8. Si je ne vais pas dans le Midi, où est-ce que je peux aller?
9. Si elles ne vont pas dans le Midi, où est-ce qu'elles peuvent aller?

Practice A-7

Tutor : Il est pressé.
Student: A quelle heure veut-il partir?

1. Elle est pressée.   A quelle heure veut-elle partir?
2. Je suis pressé.   A quelle heure voulez-vous partir?
3. Ils sont pressés.   A quelle heure veulent-ils partir?
4. Elle est pressée.   A quelle heure veut-elle partir?
5. Je suis pressé.   A quelle heure voulez-vous partir?
6. Elles sont pressées.   A quelle heure veulent-elles partir?
7. Mon ami et moi, nous sommes   A quelle heure voulez-vous partir?
   pressés.

Practice A-8

Tutor : Pouvez-vous sortir?
Student: Non, je ne peux pas sortir.

1. Voulez-vous déjeuner?   Non, je ne veux pas déjeuner.
2. Peuvent-ils partir plus tard?   Non, ils ne peuvent pas partir plus tard.
3. Peut-on réparer l'auto?   Non, on ne peut pas réparer l'auto.
4. Veulent-ils travailler?   Non, ils ne veulent pas travailler.
5. Votre ami veut-il travailler?   Non, il ne veut pas travailler.
6. Votre amie peut-elle travailler? Non, elle ne peut pas travailler.
7. Vos amies peuvent-elles   Non, elles ne peuvent pas travailler.
   travailler?
8. Votre amie veut-elle prendre   Non, elle ne veut pas prendre l'avion.
   l'avion?

9. Veulent-elles prendre l'avion?   Non, elles ne veulent pas prendre l'avion.
10. Voulez-vous changer de chambre?   Non, je ne veux pas changer de chambre.

*Practice B-1

1. Je ne sais pas si je peux réparer l'auto.
2. Nous ne savons pas si nous pouvons réparer l'auto.
3. On ne sait pas si on peut réparer l'auto.
4. Il ne sait pas s'il peut réparer l'auto.
5. Ils ne savent pas s'ils peuvent réparer l'auto.
6. Elle ne sait pas si elle peut réparer l'auto.
7. Je ne sais pas si je peux réparer l'auto.
8. Elles ne savent pas si elles peuvent réparer l'auto.

* Practice B-2

1. Si je suis en retard, je peux toujours prendre un taxi.
2. Si elle est en retard, elle peut toujours prendre un taxi.
3. Si nous sommes en retard, nous pouvons toujours prendre un taxi.
4. Si vous êtes en retard, vous pouvez toujours prendre un taxi.
5. S'ils sont en retard, ils peuvent toujours prendre un taxi.
6. Si on est en retard, on peut toujours prendre un taxi.
7. Si elles sont en retard, elles peuvent toujours prendre un taxi.
8. S'il est en retard, il peut toujours prendre un taxi.
10. Si nous sommes en retard, nous pouvons toujours prendre un taxi.

* SITUATION I

L. Restez-vous ici cet été?

B. Non, il fait trop chaud. Je vais au bord de la mer.

L. Partez-vous en auto?

B. Non, je prends le train. Je dois justement aller retenir ma place.

L. Alors, je vais à la gare avec vous. Je voudrais voir les heures de départ pour Nice.

B. Combien de temps allez-vous rester à Nice?

L. Un mois et demi. Nous rentrons en septembre.

M. Béranger ne reste pas ici cet été, car il fait trop chaud. Il va au bord de la mer. Il doit aller à la gare retenir sa place. M. Latour va à la gare avec M. Béranger, pour voir les heures de départ. Il va rester un mois et demi à Nice.

'because'

* SITUATION II

D. Je voulais aller à la poste, mais je n'ai pas le temps. Il est midi et je dois retrouver Jean en ville à midi et demi.

M. J'ai plusieurs lettres à faire peser à la poste; puis-je faire quelque chose pour vous?

M. Delille ne peut pas aller à la poste. Il n'a pas le temps, car il doit retrouver Jean en ville. M. Martin a plusieurs lettres à faire peser à la poste. Il va envoyer la lettre recommandée de M. Delille. Il ne va pas l'envoyer par avion. M. Martin et M. Delille vont se retrouver à deux heures.

D. Volontiers. Pouvez-vous
envoyer cette lettre recommandée?

M. Mais oui. Est-ce que je l'en-   'John'
voie par avion?

D. Non, ce n'est pas la peine.
Alors, je vous retrouve ici à
deux heures?

M. D'accord.

*SITUATION III

L. Allô? Je voudrais parler
M. Sabatier.

S. C'est de la part de qui?

L. M. Raymond Legrand.

S. M. Sabatier n'est pas là.
Il va rentrer dans une demi-
heure.

L. Je dois le voir cet après-midi,
Mademoiselle, mais j'ai peur
d'être en retard. Voulez-vous
dire à M. Sabatier que je
m'excuse?

S. Entendu, Monsieur. A quelle
heure allez-vous venir?

L. Vers cinq heures, j'espère.

M. Raymond Legrand <u>téléphone</u> à M. Sabatier.
C'est la secrétaire <u>qui est</u> au téléphone.
M. Sabatier n'est pas là. M. Legrand
doit le voir cet après-midi, mais il va
être en retard et il veut <u>s'excuser</u>. Il
va venir vers cinq heures.

'to telephone'
'to apologize'

*Question Drill

1. Peut-on téléphoner de la poste?
2. Y a-t-il beaucoup de bureaux de poste à Paris?
3. Où achète-t-on des timbres?
4. A quelle heure le facteur passe-t-il chez vous?
5. Combien de fois par jour le facteur apporte-t-il le courrier?
6. Y a-t-il une boîte aux lettres près de chez vous?
7. Quel est votre numéro de téléphone?
8. Peut-on envoyer un télégramme de chez soi?
9. Les paquets sont-ils toujours recommandés?
10. Quand vous êtes en vacances, envoyez-vous des lettres ou des cartes
postales?
11. Où met-on les lettres si on ne va pas à la poste?
12. Comment peut-on téléphoner si on n'a pas le téléphone?
13. Quand faites-vous votre courrier?
14. Avez-vous beaucoup de courrier?
15. Envoie-t-on les mandats de la poste?
16. Combien de levées y a-t-il dans votre ville?
17. Combien de distributions?
18. En général, le facteur apporte le courrier le soir ou le matin?
19. Aimez-vous aller à la poste?
20. Achetez-vous les journaux à la poste?
21. Comment envoyez-vous vos lettres? Par avion?

22. A quelle heure ferme la poste?
23. Y a-t-il un guichet ou plusieurs guichets à la poste?
24. Pèse-t-on les lettres par avion?
25. Vos amis vous téléphonent-ils souvent au bureau?

* Response Drill

1. Demandez le numéro de téléphone de .....
2. Demandez à ..... s'il a votre numéro de téléphone.
3. Dites-moi que vous ne savez pas le numéro de .....
4. Dites à ..... que vous le retrouverez ici à 2 heures.
5. Demandez à ..... comment on fait pour envoyer un télégramme.
6. Dites que vous n'avez pas de timbres.
7. Demandez à ..... s'il peut venir vers 7 heures demain matin.
8. Demandez à ..... s'il sait où est la poste.
9. Demandez à ..... pourquoi il ne veut pas téléphoner.
10. Dites que vous ne savez pas à quelle heure ferme la poste.
11. Demandez à ..... pourquoi il n'envoie pas sa lettre.
12. Demandez à ..... s'il veut des timbres.
13. Demandez à ..... s'il a un paquet recommandé pour vous.
14. Demandez à ..... s'il sait à quelle heure arrive le courrier.
15. Demandez à ..... à quelle heure arrive le courrier.
16. Demandez à ..... si ses amis arrivent par l'avion de 7 heures.
17. Demandez à ..... s'il habite à côté de la poste.
18. Demandez à ..... s'il a des nouvelles de votre ami.
19. Dites que vous devez aller à la poste parce que vous n'avez pas de timbres.
20. Demandez à ..... s'il va à la poste pendant le déjeuner.

* Review Drills (not recorded)
Review 1

1. Je suis chez le gérant; je ne veux pas qu'on me dérange.
2. Elle est chez le gérant; elle ne veut pas qu'on la dérange.
3. Ils sont chez le gérant; ils ne veulent pas qu'on les dérange.
4. Nous sommes chez le gérant; nous ne voulons pas qu'on nous dérange.
5. Il est chez le gérant; il ne veut pas qu'on le dérange.
6. Elles sont chez le gérant; elles ne veulent pas qu'on les dérange.
7. Je suis chez le gérant; je ne veux pas qu'on me dérange.

Review 2

Tutor   : Savez-vous à quelle heure ferment les magasins?
Student: Non, je ne sais pas à quelle heure ils ferment.

1. Savez-vous à quelle heure j'arrive?

   Non, je ne sais pas à quelle heure vous arrivez.

2. Sait-on à quelle heure part le train?

   Non, on ne sait pas à quelle heure il part.

3. Votre ami sait-il pourquoi je suis ici?

   Non, il ne sait pas pourquoi vous êtes ici.

4. Savez-vous où je peux prendre un taxi?

   Non, je ne sais pas où vous pouvez prendre un taxi.

5. Votre amie sait-elle à quelle   Non, elle ne sait pas à quelle heure il
    heure part son train?   part.
6. Savez-vous où j'habite?   Non, je ne sais pas où vous habitez.
7. Les employées savent-elles à   Non, elles ne savent pas à quelle heure
    quelle heure elles commencent?   elles commencent.
8. Sait-on où elles habitent?   Non, on ne sait pas où elles habitent.
9. Sait-on où vous allez?   Non, on ne sait pas où je vais.
10. Savez-vous à quelle heure   Non, je ne sais pas à quelle heure elle
    commence la classe?   commence.

Review 3

1. Si on me cherche, je suis à côté.
2. Si on la cherche, elle est à côté.
3. Si on les cherche, ils sont à côté.
4. Si on nous cherche, nous sommes à côté.
5. Si on les cherche, elles sont à côté.
6. Si on me cherche, je suis à côté.
7. Si on le cherche, il est à côté.
8. Si on nous cherche, nous sommes à côté.

Review 4

Tutor   : Vous avez le numéro?
Student: Oui, je l'ai.

1. Vous cherchez le gérant?   Oui, je le cherche.
2. Vous me cherchez?   Oui, je vous cherche.
3. Vous avez les billets?   Oui, je les ai.
4. Vous essayez le costume   Oui, je l'essaie.
    (la robe)?
5. Vous me retrouvez à la gare?   Oui, je vous retrouve à la gare.
6. Vous louez votre villa?   Oui, je la loue.
7. Vous savez la date?   Oui, je la sais.
8. Vous avez le numéro?   Oui, je l'ai.
9. Vous apportez les fiches?   Oui, je les apporte.
10. Vous raccrochez le récepteur?   Oui, je le raccroche.
11. Vous montez les bagages?   Oui, je les monte.
12. Vous réveillez vos amis?   Oui, je les réveille.
13. Vous voulez le numéro?   Oui, je le veux.
14. Vous lavez l'auto?   Oui, je la lave.

Review 5

Tutor   : L'heure ne me convient pas.
Student: Pourquoi ne vous convient-elle pas?

Tutor   : Je n'aime pas le climat.
Student: Pourquoi ne l'aimez-vous pas?

1. Je n'essaie pas le costume.   Pourquoi ne l'essayez-vous pas?
2. Je ne sais pas la leçon.   Pourquoi ne la savez-vous pas?
3. La chambre ne me convient pas.   Pourquoi ne vous convient-elle pas?
4. Je ne veux pas la chambre 13.   Pourquoi ne la voulez-vous pas?

5. Je n'aime pas téléphoner.   Pourquoi n'aimez-vous pas téléphoner?
6. Je ne vous écoute pas.   Pourquoi ne m'écoutez-vous pas?
7. On ne pèse pas les colis.   Pourquoi ne les pèse-t-on pas?
8. Ma femme n'aime pas le climat.   Pourquoi ne l'aime-t-elle pas?
9. Je ne lave pas mes chemises.   Pourquoi ne les lavez-vous pas?
10. Je ne veux pas changer de   Pourquoi ne voulez-vous pas changer de
    chambre.   chambre?
11. On n'assure pas les valises.   Pourquoi ne les assure-t-on pas?
12. Je ne fais pas mes bagages.   Pourquoi ne les faites-vous pas?
13. Je ne compte pas la monnaie.   Pourquoi ne la comptez-vous pas?
14. On ne ferme pas les fenêtres.   Pourquoi ne les ferme-t-on pas?

* Narration: <u>Un dîner manqué.</u>

M. Meunier raccroche le récepteur. Il n'est pas <u>content</u>. Il voulait <u>dîner</u>
en ville avec sa femme et des amis, mais le gérant veut le voir pour parler des
nouveaux bureaux. M. Meunier doit aller les voir cet après-midi pour dire au
gérant s'ils sont <u>assez</u> grands.

M. Meunier ne comprend pas pourquoi le gérant lui demande toujours de venir
à sept heures. Il <u>ne</u> reçoit <u>personne</u> après quatre heures, et il a encore deux
heures pour parler du travail avec ses employés; mais non, c'est toujours la
même chose; le gérant dérange tout le monde <u>sous prétexte</u> qu'il a autre chose
à faire pendant les heures de bureau.

Il faut que M. Meunier téléphone à sa femme pour lui demander de <u>prévenir</u>
leurs amis. Il va lui dire d'aller dîner sans <u>l'attendre</u>; il <u>pourra</u> peut-être
les retrouver vers neuf heures.

Sa femme vient le chercher tous les jours à six heures, mais aujourd'hui
il n'a pas d'auto et on ne trouve pas <u>facilement</u> de taxis le soir dans ce
<u>quartier</u>.

M. Meunier appelle un employé pour répondre au téléphone pendant qu'il va
voir les bureaux, mais l'employé n'est pas encore rentré. M. Meunier l'avait
<u>envoyé</u> à la poste, et il y a toujours beaucoup de monde à cette heure-ci.

content	'pleased'
dîner	'to have dinner', 'dinner'
assez	'enough'
ne ... personne	'no one'
sous prétexte	'with the excuse that'
prévenir	'to inform, to warn'
attendre	'to wait'
pourra (il)	'will be able to' (he)
facilement	'easily'
quartier	'district'
avait envoyé	'had sent'

Written Exercises (not recorded)

Exercise 1

Transform the following sentences.

Example: C'est un paquet recommandé. C'est une lettre recommandée.

1. Ce costume n'est pas cher.   Cette robe _____
2. C'est un climat humide.   C'est une saison _____
3. Voilà le nouveau magasin.   _____ route.
4. Il est libre le premier jour.   _____ semaine.
5. Elle a un manteau neuf.   Elle a une robe _____
6. Il est heureux de partir.   Elle est _____
7. C'est un vieil avion.   _____ auto.
8. Ils ont deux petits enfants.   _____ filles.
9. C'est un bel hôtel.   _____ chambre.
10. Voilà le dernier numéro.   _____ revue.

Exercise 2

Answer the following questions.

1. Vous critique-t-on souvent?   _____
2. Est-ce que Pierre me cherche?   _____
3. Essaie-t-il le costume?   _____
4. Repasse-t-il ses chemises?   _____
5. Le vendeur montre-t-il la paire
   de chaussures marron?   _____
6. N'aimez-vous pas ces gâteaux?   _____
7. Est-ce que vous avez la fiche?   _____
8. Me retrouve-t-il à cinq heures?   _____
9. Prend-il l'avion?   _____
10. Voulez-vous les chambres 13 et
    14?   _____

Exercise 3

Fill in the blanks.

Example: Il est pharmacien.   C'est un pharmacien.

1. _____ est boulanger.
2. _____ est une bonne auto.
3. _____ est anglaise.
4. _____ est vous.
5. _____ est une très belle ville.
6. _____ est exactement ce qu'il dit.
7. _____ est en vacances.

8. _____ est mauvaise.

9. _____ est une vieille amie.

10. _____ est une mauvaise route.

Exercise 4

Make up questions which could be answered by the following sentences.

Example: Il est une heure.   Quelle heure est-il?

1. _____? Il est ici.

2. _____? Elle va bien.

3. _____? Ils arrivent ce soir.

4. _____? Pierre est le frère de Janine.

5. _____? Ils ont 3 enfants.

6. _____? Il est 6 heures.

7. _____? Le restaurant est près d'ici.

8. _____? Parce qu'il aime la Normandie.

9. _____? Ils ferment à 9 heures.

10. _____? Il va téléphoner demain.

Exercise 5

Answer the following questions, using object pronouns 'le', 'la' or 'les'.

Example: Où retrouvez-vous vos amis? Je _les_ retrouve à la gare.

1. Pourquoi ne faites-vous pas
   cette course aujourd'hui?   _____

2. Qui nettoie vos vêtements?   _____

3. A quelle heure retrouvez-vous
   votre ami?   _____

4. Envoyez-vous votre lettre par
   avion?   _____

5. Achetez-vous le journal le
   matin?   _____

6. Qui repasse vos chemises?   _____

7. Quand le facteur apporte-t-il
   le courrier?   _____

8. Etudiez-vous toujours vos
   leçons?   _____

9. Monte-t-il la valise?   _____

10. Aimez-vous les fruits secs?   _____

Exercise 6

Translate into French.

1. We can give you his number.
   _____
2. They want to have lunch together.
   _____
3. We don't know.
   _____
4. You can send them air mail.
   _____
5. I want them right away.
   _____
6. We do not want to bother you.
   _____
7. Do you know what he wants?
   _____
8. They can leave now if they want to.
   _____
9. I know it is near by.
   _____
10. Can I buy the tickets?
    _____

(Answers on page 273)

Unit 8

DIALOGUE

Chez le coiffeur	At the barber's
M. Perrier est chez son coiffeur habituel. Il est pressé car il va ensuite assister à un match de football.	Mr. Perrier is at his regular barbershop. He is in a hurry because he is going to a soccer game.

LE COIFFEUR

On ne vous a pas vu depuis longtemps, Monsieur.

We haven't seen you for a long time, Sir.

> voir (on a vu)
> depuis
> longtemps

> to see (one has seen)
> since
> long time

M. PERRIER

Je me suis absenté pour une affaire de transports.

I was away on business.

> s'absenter (je me suis absenté)
> affaire (f)
> transport (m)

> to be absent (I was absent)
> business
> transportation

Et je viens seulement de rentrer.

And I've just come back.

> venir de (je viens de)

> to have just (I have just)

LE COIFFEUR

Mme Perrier était-elle avec vous?

Was Mrs. Perrier with you?

> être (était-elle)

> to be (was she)

M. PERRIER

Non, elle a dû rester à cause des enfants.

No, she had to stay here because of the children.

> devoir (elle a dû)
> à cause des

> must (she had to)
> because of

LE COIFFEUR

C'est vrai, je n'y pensais pas.

That's right. I wasn't thinking of that.

vrai	true
penser (je pensais)	to think (I thought)

Et que vous fait-on aujourd'hui?

And what can I do for you today?

M. PERRIER

Une coupe de cheveux, rien de plus.

A hair cut, nothing more.

coupe (f)	cut
cheveux (m)	hair
rien	nothing

LE COIFFEUR

Aussi courts que d'habitude?

As short as usual?

court	short
d'habitude	usually

M. PERRIER

Oui, vous savez qu'ils poussent très vite.

Yes, you know it grows very fast.

pousser (ils poussent)	to grow (they grow)
vite	fast

LE COIFFEUR

Avez-vous lu le discours du Président?

Have you read the President's speech?

discours (m)	speech
lire (avez-vous lu)	to read (did you read)

M. PERRIER

Non, je n'ai lu que la rubrique sportive.

No, I read only the sports section.

ne ... que	only
rubrique (f)	column

LE COIFFEUR

Et voilà! C'est assez court comme ça?

There you are. Is it short enough?

assez	enough

M. PERRIER

C'est très bien.
Maintenant je me dépêche.

    se dépêcher (je me dépêche)

LE COIFFEUR

Vous allez au
Parc des Princes?

M. PERRIER

Oui, c'est
le dernier match de
la saison.

LE COIFFEUR

Partez vite alors,
vous paierez
la prochaine fois.

    payer (vous paierez)

(M. Perrier attend un taxi)

M. PERRIER

Au Parc des Princes.
A toute vitesse.

    à toute vitesse (f)

LE CHAUFFEUR

Oh!
Je ne vais pas risquer
d'accident
pour vous.

    risquer
    accident (m)

Il fallait
partir plus tôt.

    falloir (il fallait)
    tôt

M. PERRIER

Allons,
faites un effort.

Vous ne
voudriez pas me

That's fine.
Now I've got to hurry.

    to hurry (I am hurrying)

You're going to the Parc des Princes?

Yes, it's the last game of the season.

Go ahead, then. You can pay next time.

    to pay (you will pay)

(Mr. Perrier waits for a taxi in the
  street)

To the Parc des Princes. As fast as you
can go.

    at full speed

I'm not going to risk an accident for you.

    to run the risk
    accident

You should have started earlier.

    to be necessary (it was necessary)
    early

Come on. Make an effort.

You wouldn't want to make me miss this
soccer game.

faire manquer ce
match de football.

    vouloir (vous voudriez)   to want (you would want)
    manquer   to miss

    LE CHAUFFEUR

Tous les clients   They all say the same thing.
disent
la même chose.

    client (m)   client, customer
    dire (disent)   to say (say)
    chose (f)   thing

Enfin,   Anyway, here we are.
nous y voilà.

    enfin   at last

DIALOGUE NOTES

The Parc des Princes is a Paris sports stadium.
French football corresponds more exactly to US soccer.

USEFUL WORDS

1. Avez-vous besoin du rasoir?   Do you need the razor?
2. Avez-vous besoin de la lame?   Do you need the blade?
3. Avez-vous besoin du savon?   Do you need the soap?
4. Avez-vous besoin du peigne?   Do you need the comb?
5. Avez-vous besoin de la brosse?   Do you need the brush?

1. Je n'ai pas besoin du rasoir.   I don't need the razor.
2. Je n'ai pas besoin de la lame   I don't need the razor blade.
de rasoir.
3. Je n'ai pas besoin du savon.   I don't need the soap.
4. Je n'ai pas besoin du peigne.   I don't need the comb.
5. Je n'ai pas besoin de la   I don't need the brush.
brosse.

1. Il a les cheveux bruns.   He has brown hair.
2. Il a les cheveux blonds.   He has blond hair.
3. Il a les cheveux noirs.   He has black hair.
4. Il a les cheveux roux.   He has red hair.
5. Il a les cheveux courts.   He has short hair.
6. Il a les cheveux longs.   He has long hair.
7. Il a les cheveux blancs.   He has white hair.

1. Elle porte une robe bleue.   She is wearing a blue dress.
2. Elle porte une robe jaune.   She is wearing a yellow dress.
3. Elle porte une robe rouge.   She is wearing a red dress.
4. Elle porte une robe grise.   She is wearing a grey dress.
5. Elle porte une robe bleu clair.   She is wearing a light blue dress.
6. Elle porte une robe rouge foncé.   She is wearing a dark red dress.

7. Elle porte une robe <u>neuve</u>.   She is wearing a new dress.

Vocabulary Awareness (not recorded)

for a long time	depuis longtemps
a long time	longtemps
for 2 days	depuis deux jours
for 1 hour	depuis une heure
since	depuis
since I came back	depuis mon retour
since the last vacation	depuis les dernières vacances
nothing more	rien de plus
nothing	rien
more	plus
nothing else	rien d'autre
nothing vacant	rien de libre
it is short enough	c'est assez court
too much	trop
very	très
much too much	beaucoup trop
I only read the sports section.	Je n'ai lu que la rubrique sportive.
I didn't read the sports section.	Je n'ai pas lu la rubrique sportive.
I only read the first page.	Je n'ai lu que la première page.
I didn't read anything.	Je n'ai rien lu.
It's the last game of the season.	C'est le dernier match de la saison.
It's the first game of the season.	C'est le premier match de la saison.
It's the fifth game of the season.	C'est le cinquième match de la saison.

Lexical Drills
Lexical A-1

1. On ne vous a pas vu depuis longtemps, Monsieur.
2. On ne vous a pas vu <u>depuis deux jours</u>, Monsieur.
3. On ne vous a pas vu <u>depuis une semaine</u>, Monsieur.
4. On ne vous a pas vu <u>depuis le week-end dernier</u>, Monsieur.
5. On ne vous a pas vu <u>depuis plusieurs jours</u>, Monsieur.
6. On ne vous a pas vu <u>depuis le week-end dernier</u>, Monsieur.
7. On ne vous a pas vu <u>depuis le mois dernier</u>, Monsieur.
8. On ne vous a pas vu <u>depuis plusieurs mois</u>, Monsieur.
9. On ne vous a pas vu <u>depuis l'année dernière</u>, Monsieur.
10. On ne vous a pas vu <u>depuis longtemps</u>, Monsieur.

Lexical A-2

1. On ne vous a pas vu depuis longtemps.
2. <u>Elle ne vous a pas vu</u> depuis longtemps.
3. <u>On ne les a pas vus</u> depuis longtemps.
4. <u>Il n'a pas travaillé</u> depuis longtemps.

5. On ne les a pas changés depuis longtemps.
6. Elle ne m'a pas téléphoné depuis longtemps.
7. Il ne vous a pas vu depuis longtemps.
8. On ne vous a pas vu depuis longtemps.

Lexical A-3

1. Je viens de rentrer.
2. Je viens de déjeuner.
3. Je viens de demander.
4. Je viens de téléphoner.
5. Je viens d'accepter.
6. Je viens d'arriver.
7. Je viens de rentrer.

Lexical A-4

1. Madame Perrier était-elle avec vous?
2. Madame Perrier était-elle avec eux?
3. Madame Perrier était-elle avec sa soeur?
4. Madame Perrier était-elle avec les enfants?
5. Madame Perrier était-elle avec nous?
6. Madame Perrier était-elle avec les autres?
7. Madame Perrier était-elle avec sa fille?
8. Madame Perrier était-elle avec vous?

Lexical A-5

1. Elle a dû rester à cause des enfants.
2. Elle a dû rester à cause de la pluie.
3. Elle a dû rester à cause de la chaleur.
4. Elle a dû rester à cause de ses parents.
5. Elle a dû rester à cause du mauvais temps.
6. Elle a dû rester à cause de l'accident.
7. Elle a dû rester à cause des clients.
8. Elle a dû rester à cause du magasin.
9. Elle a dû rester à cause des enfants.

Lexical A-6

1. Elle a dû rester.
2. Elle a dû partir.
3. Elle a dû travailler.
4. Elle a dû rentrer.
5. Elle a dû fermer.
6. Elle a dû payer.
7. Elle a dû essayer.
8. Elle a dû rester.

Lexical A-7

1. Elle a dû rester.
2. Ils ont dû rester.
3. Il a dû rester.
4. J'ai dû rester.
5. On a dû rester.
6. Les employés ont dû rester.
7. Elles ont dû rester.
8. Elle a dû rester.

Lexical A-8

1. Une coupe de cheveux, rien de plus.
2. Des lames de rasoir, rien de plus.
3. Une paire de chaussures, rien de plus.

4. Des légumes verts, rien de plus.
5. Des vêtements chauds, rien de plus.
6. Un souvenir de là-bas, rien de plus.
7. Quelques jours de vacances, rien de plus.
8. Une coupe de cheveux, rien de plus.

Lexical A-9

1. Aussi courts que d'habitude?
2. Aussi bien que d'habitude?
3. Aussi bon que d'habitude?
4. Aussi mauvais que d'habitude?
5. Aussi tôt que d'habitude?
6. Aussi tard que d'habitude?
7. Aussi vite que d'habitude?
8. Aussi courts que d'habitude?

Lexical A-10

1. Vous savez qu'ils poussent très vite.
2. Vous savez qu'il fait très froid.
3. Vous savez qu'elle travaille très bien.
4. Vous savez qu'on peut le faire de chez soi.
5. Vous savez qu'on peut téléphoner le texte.
6. Vous savez que je me suis absenté.
7. Vous savez qu'elle traverse la forêt.
8. Vous savez qu'ils ferment à 6 heures.

Lexical A-11

1. Vous savez qu'ils poussent très vite.
2. Ils savent qu'ils poussent très vite.
3. Je voudrais qu'ils poussent très vite.
4. Je crois qu'ils poussent très vite.
5. On sait qu'ils poussent très vite.
6. Je vois qu'ils poussent très vite.
7. J'espère qu'ils poussent très vite.
8. Vous savez qu'ils poussent très vite.

Lexical A-12

1. Je n'ai lu que la rubrique sportive.
2. Je n'ai lu que quelques cartes postales.
3. Je n'ai lu que les journaux français.
4. Je n'ai lu que le discours du président.
5. Je n'ai lu que deux livres.
6. Je n'ai lu que ma lettre.
7. Je n'ai lu que le courrier d'aujourd'hui.
8. Je n'ai lu que la rubrique sportive.

Lexical A-13

1. Je n'ai lu que la rubrique sportive.
2. Il n'a lu que la rubrique sportive.

3. <u>Nous n'avons lu</u> que la rubrique sportive.
4. <u>Elles n'ont lu</u> que la rubrique sportive.
5. <u>On n'a lu</u> que la rubrique sportive.
6. <u>Ils n'ont lu</u> que la rubrique sportive.
7. <u>Elle n'a lu</u> que la rubrique sportive.
8. <u>Je n'ai lu</u> que la rubrique sportive.

Lexical A-14

1. Et voilà! C'est assez court comme ça?
2. Et voilà! C'est <u>meilleur</u> comme ça?
3. Et voilà! C'est <u>plus joli</u> comme ça?
4. Et voilà! C'est <u>moins cher</u> comme ça?
5. Et voilà! C'est <u>assez bien</u> comme ça?
6. Et voilà! C'est <u>moins mauvais</u> comme ça?
7. Et voilà! C'est <u>assez froid</u> comme ça?
8. Et voilà! C'est <u>assez chaud</u> comme ça?
9. Et voilà! C'est <u>assez court</u> comme ça?

Lexical A-15

1. Vous allez au Parc des Princes?
2. Vous allez <u>à la poste</u>?
3. Vous allez <u>chez le coiffeur</u>?
4. Vous allez <u>au rez-de-chaussée</u>?
5. Vous allez <u>en ville</u>?
6. Vous allez <u>dans la forêt</u>?
7. Vous allez <u>à l'hôtel</u>?
8. Vous allez <u>au Parc des Princes</u>?

Lexical A-16

1. C'est le dernier match de la saison.
2. C'est <u>le premier mois de l'année</u>.
3. C'est <u>le dernier jour de la semaine</u>.
4. C'est <u>la première semaine du mois</u>.
5. C'est <u>le premier train de l'après-midi</u>.
6. C'est <u>la première leçon du livre</u>.
7. C'est <u>le premier mot de l'enfant</u>.
8. C'est <u>le dernier match de la saison</u>.

Lexical A-17

1. Vous paierez la prochaine fois.
2. Vous paierez <u>plus tard</u>.
3. Vous paierez <u>l'année prochaine</u>.
4. Vous paierez <u>le mois prochain</u>.
5. Vous paierez <u>une autre fois</u>.
6. Vous paierez <u>la prochaine fois</u>.
7. Vous paierez <u>demain après-midi</u>.
8. Vous paierez <u>la prochaine fois</u>.

Lexical A-18

1. Je ne vais pas risquer d'accident pour vous.
2. Je ne vais pas risquer d'accident pour vos amis.
3. Je ne vais pas risquer d'accident pour ça.
4. Je ne vais pas risquer d'accident pour un client.
5. Je ne vais pas risquer d'accident pour eux.
6. Je ne vais pas risquer d'accident pour rien.
7. Je ne vais pas risquer d'accident pour vous.

Lexical A-19

1. Il fallait partir plus tôt.
2. Ils veulent partir plus tôt.
3. Je voudrais partir plus tôt.
4. Il faut partir plus tôt.
5. Nous comptons partir plus tôt.
6. Elle a dû partir plus tôt.
7. On pouvait partir plus tôt.
8. Je voulais partir plus tôt.
9. Il fallait partir plus tôt.

Lexical A-20

1. Il fallait partir plus tôt.
2. Il fallait rentrer plus tôt.
3. Il fallait arriver plus tôt.
4. Il fallait téléphoner plus tôt.
5. Il fallait fermer plus tôt.
6. Il fallait déjeuner plus tôt.
7. Il fallait commencer plus tôt.
8. Il fallait partir plus tôt.

Lexical A-21

1. Tous les clients disent la même chose.
2. Tous les clients veulent la même chose.
3. Tous les clients demandent la même chose.
4. Tous les clients achètent la même chose.
5. Tous les clients regardent la même chose.
6. Tous les clients désirent la même chose.
7. Tous les clients font la même chose.
8. Tous les clients disent la même chose.

*Lexical B-1

1. C'est le dernier match de la saison.
2. C'est le dernier match de l'année.
3. C'est le premier jour de l'année.
4. C'est le premier jour des vacances.
5. C'est la dernière semaine des vacances.
6. C'est la dernière semaine du mois.
7. C'est le premier mardi du mois.
8. C'est le premier mardi de l'année.

9. C'est le dernier match de l'année.
10. C'est le dernier match de la saison.

*Lexical B-2

1. Vous savez qu'ils poussent très vite.
2. Je sais qu'ils poussent très vite.
3. Je sais qu'il travaille très bien.
4. Je crois qu'il travaille très bien.
5. Je crois qu'elle part ce soir.
6. Nous savons qu'elle part ce soir.
7. Nous savons que c'est très cher.
8. On dit que c'est très cher.
9. On dit qu'ils poussent très vite.
10. Vous savez qu'ils poussent très vite.

*Lexical B-3

1. Elle a dû rester à cause des enfants.
2. Ils ont dû rentrer à cause des enfants.
3. Ils ont dû rentrer à cause du mauvais temps.
4. Nous avons dû fermer à cause du mauvais temps.
5. Nous avons dû fermer à cause de l'accident.
6. Il a dû partir à cause de l'accident.
7. Il a dû partir à cause de ses affaires.
8. Il a dû rentrer à cause de ses affaires.
9. Il a dû rentrer à cause des enfants.
10. Elle a dû rester à cause des enfants.

*Lexical B-4

1. Il fallait partir plus tôt.
2. Je voudrais partir plus tôt.
3. Je voudrais commencer tout de suite.
4. Elle a dû commencer tout de suite.
5. Elle a dû avoir un accident.
6. Vous ne voudriez pas avoir un accident.
7. Vous ne voudriez pas manquer le match.
8. Nous ne pouvons pas manquer le match.
9. Nous ne pouvons pas partir plus tôt.
10. Il fallait partir plus tôt.

*Lexical B-5

1. Je viens de rentrer.
2. Je viens de commencer.
3. On vient de commencer.
4. On vient de téléphoner.
5. Elle vient de téléphoner.
6. Elle vient d'arriver.
7. Il vient d'arriver.
8. Il vient de rentrer.
9. Je viens de rentrer.

*Lexical B-6

1. Je ne vais pas risquer d'accident pour vous.
2. <u>Nous n'allons pas</u> risquer d'accident pour vous.
3. Nous n'allons pas risquer d'accident <u>pour eux</u>.
4. <u>Elle ne va pas</u> risquer d'accident pour eux.
5. <u>Elle ne va pas</u> risquer d'accident <u>pour moi</u>.
6. <u>Vous ne voudriez pas</u> risquer d'accident pour moi.
7. <u>Vous ne voudriez pas</u> risquer d'accident <u>pour nous</u>.
8. <u>Ils ne vont pas</u> risquer d'accident pour nous.
9. <u>Ils ne vont pas</u> risquer d'accident <u>pour vous</u>.
10. <u>Je ne vais pas</u> risquer d'accident pour vous.

Questions on the Dialogue

1.	Où est M. Perrier?	Il est chez le coiffeur.
2.	Est-il pressé?	Oui, il est pressé.
3.	Pourquoi?	Parce qu'il va assister à un match de football.
4.	Quand est-il rentré?	Il vient seulement de rentrer.
5.	Sa femme était-elle avec lui?	Non, elle n'était pas avec lui. Elle a dû rester à cause des enfants.
6.	Est-elle avec lui chez le coiffeur?	Non, elle n'est pas avec lui.
7.	Savez-vous où elle est?	Non, je ne sais pas où elle est.
8.	Que désire M. Perrier?	Il désire une coupe de cheveux.
9.	Les veut-il longs ou courts?	Aussi courts que d'habitude.
10.	Pourquoi?	Parce qu'ils poussent très vite.
11.	M. Perrier aime-t-il lire les discours?	Non, il n'aime pas lire les discours.
12.	Qu'aime-t-il lire?	Il aime lire la rubrique sportive.
13.	Où M. Perrier veut-il aller?	Il veut aller au Parc des Princes.
14.	Pourquoi?	Parce qu'il veut assister à un match de football.
15.	Est-ce le premier match de la saison?	Non, c'est le dernier.
16.	Pourquoi ne va-t-il pas payer tout de suite?	Parce qu'il est très pressé.
17.	Quand va-t-il payer?	Il va payer la prochaine fois.
18.	Va-t-il au Parc des Princes en auto?	Non, il va prendre un taxi.
19.	Où va-t-il prendre son taxi?	Il va prendre son taxi dans la rue.
20.	Le chauffeur de taxi aime-t-il conduire à toute vitesse?	Non, il n'aime pas conduire à toute vitesse.
21.	Pourquoi?	Parce qu'il ne veut pas risquer d'accident.
22.	Que dit-il à M. Perrier?	Il dit à M. Perrier qu'il fallait partir plus tôt.
23.	Pourquoi faut-il partir plus tôt?	Pour arriver à temps. Pour ne pas risquer d'accident.
24.	Que disent les clients?	Ils disent la même chose.

Grammar 1: Adjectives

Grammar Note

Part two - Position

In English, adjectives precede the nouns they qualify. In French, **some**
adjectives:

> a. follow the noun (post-nominal)
> b. precede the noun (pre-nominal)
> c. may be used in both positions.

a. In French, most adjectives follow the noun. Among those are **adjectives**
indicating color, shape, religion, nationality and past participles used **as**
adjectives.

> une valise verte
> un employé français
> un paquet recommandé

(see L.1 thru 7-Gr.1)

b. Examples of pre-nominal adjectives can be found in Unit 7, L.1 thru 14.
Gr.1. Remember that:

demonstrative adjectives	-	ces enfants
indefinite adjectives	-	plusieurs enfants
interrogative adjectives	-	quelle heure
possessive adjectives	-	ma soeur
numeral adjectives	-	deux enfants
ordinal adjectives	-	premier étage

also precede the nouns.

c. Some adjectives can occasionally change their position **for stylistic**
reasons.

> d'excellentes vacances   'excellent vacation'
> des vacances excellentes 'excellent vacation'

Some adjectives are used in different positions according to the **nouns**
they qualify, although their meaning is exactly the same in both **positions.**

> la prochaine fois   'next time'
> la semaine prochaine 'next week'

We have also met adjectives which have different meanings according **to**
their position:

adjectives	pre-nominal	post-nominal
seul	only one	alone
cher	dear	expensive
ancien	former	old, ancient
vrai	real	true
dernier	last of a series	last, preceding

Learning Drills

Learning 1

1. Ils ont une auto française.
2. Ils ont une auto grise.
3. Ils ont une auto verte.
4. Ils ont une auto anglaise.
5. Ils ont une auto blanche.
6. Ils ont une auto neuve.
7. Ils ont une auto française.

Learning 2

1. C'est un magasin français.
2. C'est un magasin gris.
3. C'est un magasin vert.
4. C'est un magasin anglais.
5. C'est un magasin blanc.
6. C'est un magasin neuf.
7. C'est un magasin français.

Learning 3

1. Voilà une saison sèche.
2. Voilà une saison humide.
3. Voilà une saison froide.
4. Voilà une saison chaude.
5. Voilà une saison courte.
6. Voilà une saison parfaite.
7. Voilà une saison sèche.

Learning 4

1. C'est un vent frais.
2. C'est un vent sec.
3. C'est un vent chaud.
4. C'est un vent froid.
5. C'est un vent fort.
6. C'est un vent frais.

Learning 5

1. Voilà des robes grises.
2. Voilà des robes blanches.
3. Voilà des robes vertes.
4. Voilà des robes longues.
5. Voilà des robes courtes.
6. Voilà des robes chères.
7. Voilà des robes noires.
8. Voilà des robes claires.
9. Voilà des robes foncées.

Learning 6

1. Est-ce que c'est une femme blonde?
2. Est-ce que c'est une femme rousse?
3. Est-ce que c'est une femme sportive?
4. Est-ce que c'est une femme heureuse?
5. Est-ce que c'est une femme brune?
6. Est-ce que c'est une femme blonde?

Learning 7

1. Voilà des enfants parfaits.
2. Voilà des enfants heureux.
3. Voilà des enfants sportifs.
4. Voilà des enfants seuls.
5. Voilà des enfants satisfaits.
6. Voilà des enfants français.
7. Voilà des enfants anglais.
8. Voilà des enfants parfaits.

Practice Drills

Practice A-1

Tutor : Il a une belle auto. (blanche)
Student: Il a une auto blanche.

1. Grande   Il a une grande auto.
2. Noire   Il a une auto noire.

3. Petite	Il a une petite auto.
4. Française	Il a une auto française.
5. Rouge	Il a une auto rouge.
6. Bleue	Il a une auto bleue.
7. Chère	Il a une auto chère.
8. Grosse	Il a une grosse auto.
9. Grise	Il a une auto grise.
10. Belle	Il a une belle auto.

Practice A-2

Tutor   : Je crois que c'est une grande route. (glissante)
Student: Je crois que c'est une route glissante.

1. Belle	Je crois que c'est une belle route.
2. Mauvaise	Je crois que c'est une mauvaise route.
3. Nouvelle	Je crois que c'est une nouvelle route.
4. Glissante	Je crois que c'est une route glissante.
5. Bonne	Je crois que c'est une bonne route.
6. Petite	Je crois que c'est une petite route.
7. Grande	Je crois que c'est une grande route.

Practice A-3

Tutor   : Elle va acheter une belle robe. (petite)
Student: Elle va acheter une petite robe.

1. Courte	Elle va acheter une robe courte.
2. Longue	Elle va acheter une robe longue.
3. Belle	Elle va acheter une belle robe.
4. Blanche	Elle va acheter une robe blanche.
5. Nouvelle	Elle va acheter une nouvelle robe.
6. Chère	Elle va acheter une robe chère.
7. Jolie	Elle va acheter une jolie robe.
8. Jaune	Elle va acheter une robe jaune.
9. Petite	Elle va acheter une petite robe.

Practice A-4

Tutor   : Nous n'avons pas de grandes chambres. (chères)
Student: Nous n'avons pas de chambres chères.

1. Petites	Nous n'avons pas de petites chambres.
2. Communicantes	Nous n'avons pas de chambres communicantes.
3. Libres	Nous n'avons pas de chambres libres.
4. Belles	Nous n'avons pas de belles chambres.
5. Chères	Nous n'avons pas de chambres chères.
6. Grandes	Nous n'avons pas de grandes chambres.
7. Jolies	Nous n'avons pas de jolies chambres.

Practice A-5

Tutor   : Voilà le gros livre. (petit)
Student: Voilà le petit livre.

1. Jaune	Voilà le livre jaune.
2. Beau	Voilà le beau livre.
3. Petit	Voilà le petit livre.
4. Bleu	Voilà le livre bleu.
5. Nouveau	Voilà le nouveau livre.
6. Premier	Voilà le premier livre.
7. Rouge	Voilà le livre rouge.
8. Cher	Voilà le livre cher.
9. Gros	Voilà le gros livre.

Practice A-6

Tutor   : Voilà un bon restaurant. (parfait)
Student: Voilà un restaurant parfait.

1. Petit	Voilà un petit restaurant.
2. Français	Voilà un restaurant français.
3. Cher	Voilà un restaurant cher.
4. Grand	Voilà un grand restaurant.
5. Beau	Voilà un beau restaurant.
6. Parfait	Voilà un restaurant parfait.
7. Mauvais	Voilà un mauvais restaurant.
8. Bon	Voilà un bon restaurant.

Practice A-7

Tutor   : Elle est parfaite.
Student: Il est parfait.

1. Elle est grande.	Il est grand.
2. Elle est courte.	Il est court.
3. Elle est heureuse.	Il est heureux.
4. Elle est bonne.	Il est bon.
5. Elle est sèche.	Il est sec.
6. Elle est mauvaise.	Il est mauvais.
7. Elle est petite.	Il est petit.
8. Elle est forte.	Il est fort.
9. Elle est nouvelle.	Il est nouveau.
10. Elle est fraîche.	Il est frais.
11. Elle est belle.	Il est beau.
12. Elle est froide.	Il est froid.
13. Elle est chaude.	Il est chaud.
14. Elle est sportive.	Il est sportif.
15. Elle est brune.	Il est brun.
16. Elle est blonde.	Il est blond.
17. Elle est rousse.	Il est roux.
18. Elle est blonde.	Il est blond.
19. Elle est verte.	Il est vert.
20. Elle est grise.	Il est gris.
21. Elle est parfaite.	Il est parfait.
22. Elle est satisfaite.	Il est satisfait.
23. Elle est longue.	Il est long.
24. Elle est française.	Il est français.

*Practice A-8

Tutor : Il est grand.
Student: Elle est grande.

1. Il est seul.	Elle est seule.
2. Il est petit.	Elle est petite.
3. Il est libre.	Elle est libre.
4. Il est pressé.	Elle est pressée.
5. Il est heureux.	Elle est heureuse.
6. Il est français.	Elle est française.
7. Il est blanc.	Elle est blanche.
8. Il est grand.	Elle est grande.
9. Il est bleu.	Elle est bleue.
10. Il est marron.	Elle est marron.
11. Il est bon.	Elle est bonne.

*Practice A-9

Tutor : Voilà le premier.
Student: Voilà la première.

1. Voilà le petit.	Voilà la petite.
2. Voilà le bon.	Voilà la bonne.
3. Voilà le grand.	Voilà la grande.
4. Voilà le rouge.	Voilà la rouge.
5. Voilà le gris.	Voilà la grise.
6. Voilà le mauvais.	Voilà la mauvaise.
7. Voilà le nouveau.	Voilà la nouvelle.
8. Voilà le dernier.	Voilà la dernière.
9. Voilà l'ancien.	Voilà l'ancienne.

Grammar 2: Object pronouns: lui, leur.

Grammar Note

lui	'to him, to her'	(L.1,4,6,7-Gr.2)
leur	'to them'	(L.2,5-Gr.2)

Like the other object pronouns studied in the preceding unit, 'lui' and 'leur' precede the verb in affirmative, negative and interrogative sentences:

Si je lui téléphonais?
Je leur téléphone souvent.

We will see later (Unit 8-Gr.4), the position of pronouns in the imperative form:

Transmettez-leur mon meilleur souvenir

Learning Drills

Learning 1

1. Je lui demande le numéro.
2. Je lui donne le numéro.

3. Je lui <u>envoie</u> le numéro.
4. Je lui <u>dis</u> le numéro.
5. Je lui <u>montre</u> le numéro.
6. Je lui <u>répète</u> le numéro.
7. Je lui <u>donne</u> le numéro.
8. Je lui <u>demande</u> le numéro.

Learning 2

1. Je leur apporte quelque chose.
2. Je leur <u>dis</u> quelque chose.
3. Je leur <u>envoie</u> quelque chose.
4. Je leur <u>achète</u> quelque chose.
5. Je leur <u>donne</u> quelque chose.
6. Je leur <u>demande</u> quelque chose.
7. Je leur <u>monte</u> quelque chose.
8. Je leur <u>apporte</u> quelque chose.
9. Je leur <u>dois</u> quelque chose.

Learning 3

1. Nous leur donnons quelque chose.
2. <u>On lui apporte</u> quelque chose.
3. <u>Elle lui achète</u> quelque chose.
4. <u>Nous leur envoyons</u> quelque chose.
5. <u>Il lui dit</u> quelque chose.
6. <u>Je leur demande</u> quelque chose.
7. <u>Nous lui apportons</u> quelque chose.
8. <u>On leur donne</u> quelque chose.
9. <u>Ils lui disent</u> quelque chose.
10. <u>Nous leur donnons</u> quelque chose.

Learning 4

1. Janine est en ville; nous lui téléphonons ce soir.
2. Janine est en ville; <u>on lui téléphone</u> ce soir.
3. Janine est en ville; <u>je lui téléphone</u> ce soir.
4. Janine est en ville; <u>ma soeur lui téléphone</u> ce soir.
5. Janine est en ville; <u>il lui téléphone</u> ce soir.
6. Janine est en ville; <u>vous lui téléphonez</u> ce soir.
7. Janine est en ville; <u>elle lui téléphone</u> ce soir.
8. Janine est en ville; <u>nous lui téléphonons</u> ce soir.

Learning 5

1. Mes parents sont à Paris; ma soeur leur téléphone ce soir.
2. Mes parents sont à Paris; <u>je leur téléphone</u> ce soir.
3. Mes parents sont à Paris; <u>mes soeurs leur téléphonent</u> ce soir.
4. Mes parents sont à Paris; <u>nous leur téléphonons</u> ce soir.
5. Mes parents sont à Paris; <u>vous leur téléphonez</u> ce soir.
6. Mes parents sont à Paris; <u>mon frère leur téléphone</u> ce soir.
7. Mes parents sont à Paris; <u>on leur téléphone</u> ce soir.
8. Mes parents sont à Paris; <u>ma soeur leur téléphone</u> ce soir.

Learning 6

1. C'est Pierre; est-ce que je lui donne le numéro?
2. C'est Pierre; <u>est-ce que vous lui donnez</u> le numéro?
3. C'est Pierre; <u>est-ce qu'on lui donne</u> le numéro?
4. C'est Pierre; <u>est-ce qu'elle lui donne</u> le numéro?
5. C'est Pierre; <u>est-ce que nous lui donnons</u> le numéro?
6. C'est Pierre; <u>est-ce que je lui donne</u> le numéro?

Learning 7

1. Le gérant est dans son bureau; quand lui montez-vous le courrier?
2. Le gérant est dans son bureau; quand lui donne-t-on le courrier?
3. Le gérant est dans son bureau; quand lui montons-nous le courrier?
4. Le gérant est dans son bureau; quand lui apportez-vous le courrier?
5. Le gérant est dans son bureau; quand lui monte-t-elle le courrier?
6. Le gérant est dans son bureau; quand lui donne-t-on le courrier?
7. Le gérant est dans son bureau; quand lui apportez-vous le courrier?
8. Le gérant est dans son bureau; quand lui montez-vous le courrier?

Practice Drills

Practice A-1

1. Nous lui téléphonons.
2. Nous le dérangeons.
3. Nous le cherchons.
4. Nous lui téléphonons.
5. Nous le quittons.
6. Nous lui parlons.
7. Nous le remercions.
8. Nous le réveillons.
9. Nous le cherchons.
10. Nous lui parlons.

Practice A-2

1. Il faut parler aux employés; à quelle heure leur parle-t-on?
2. Il faut téléphoner aux employés; à quelle heure leur téléphone-t-on?
3. Il faut parler à vos amis; à quelle heure leur parle-t-on?
4. Il faut téléphoner à votre soeur; à quelle heure lui téléphone-t-on?
5. Il faut téléphoner à votre frère; à quelle heure lui téléphone-t-on?
6. Il faut parler à tous les clients; à quelle heure leur parle-t-on?
7. Il faut téléphoner à l'employé; à quelle heure lui téléphone-t-on?

Practice A-3

Tutor   : Quand parlez-vous à vos amis?
Student: Je leur parle ce soir.

1. Quand téléphonez-vous à vos   Je leur téléphone ce soir.
   parents?
2. Quand retrouvez-vous vos amis?   Je les retrouve ce soir.
3. Quand téléphonez-vous à vos   Je leur téléphone ce soir.
   amis?
4. Quand téléphonez-vous à votre   Je lui téléphone ce soir.
   ami?
5. Quand retrouvez-vous Christiane? Je la retrouve ce soir.
6. Quand apportez-vous le courrier? Je l'apporte ce soir.
7. Quand parlez-vous à votre ami?   Je lui parle ce soir.
8. Quand achetez-vous les billets? Je les achète ce soir.
9. Quand envoyez-vous les livres?   Je les envoie ce soir.
10. Quand remerciez-vous vos amis? Je les remercie ce soir.

11. Quand téléphonez-vous à   Je lui téléphone ce soir.
    Janine?
12. Quand faites-vous les bagages?   Je les fais ce soir.

Practice A-4

1. J'ai dix francs; c'est tout ce qu'il me reste.
2. Nous avons dix francs; c'est tout ce qu'il nous reste.
3. Ils ont dix francs; c'est tout ce qu'il leur reste.
4. Elle a dix francs; c'est tout ce qu'il lui reste.
5. Vous avez dix francs; c'est tout ce qu'il vous reste.
6. Elles ont dix francs; c'est tout ce qu'il leur reste.
7. Il a dix francs; c'est tout ce qu'il lui reste.
8. J'ai dix francs; c'est tout ce qu'il me reste.

Practice A-5

Tutor : Je dois retrouver Janine.
Student: A quelle heure la retrouvez-vous?

1. Je dois parler aux employés.   A quelle heure leur parlez-vous?
2. Je dois monter le courrier.   A quelle heure le montez-vous?
3. Je dois réveiller les enfants.   A quelle heure les réveillez-vous?
4. Je dois envoyer le télégramme.   A quelle heure l'envoyez-vous?
5. Je dois téléphoner à mes   A quelle heure leur téléphonez-vous?
   parents.
6. Je dois retrouver mes amis.   A quelle heure les retrouvez-vous?
7. Je dois faire mes bagages.   A quelle heure les faites-vous?

Practice A-6

Tutor : A quelle heure me retrouvez-vous?
Student: Je vous retrouve à 8 heures.

1. A quelle heure nous retrouvez-   Je vous retrouve à 8 heures.
   vous?
2. A quelle heure me téléphonez-   Je vous téléphone à 8 heures.
   vous?
3. A quelle heure quittez-vous   Je les quitte à 8 heures.
   vos amis?
4. A quelle heure téléphonez-   Je leur téléphone à 8 heures.
   vous à vos amis?
5. A quelle heure nous téléphonez- Je vous téléphone à 8 heures.
   vous?
6. A quelle heure me réveillez-   Je vous réveille à 8 heures.
   vous?
7. A quelle heure parlez-vous   Je leur parle à 8 heures.
   aux étudiants?
8. A quelle heure me réveillez-   Je vous réveille à 8 heures.
   vous?

Practice A-7

Tutor : A quelle heure Janine vous téléphone-t-elle?
Student: Elle me téléphone à 8 heures.

1. A quelle heure téléphonez-vous à Janine? Je lui téléphone à 8 heures.
2. A quelle heure vos amis vous retrouvent-ils? Ils me retrouvent à 8 heures.
3. A quelle heure vos amies vous retrouvent-elles? Elles me retrouvent à 8 heures.
4. A quelle heure quittez-vous vos amis? Je les quitte à 8 heures.
5. A quelle heure votre amie vous téléphone-t-elle? Elle me téléphone à 8 heures.
6. A quelle heure retrouvez-vous vos amis? Je les retrouve à 8 heures.
7. A quelle heure vous réveille-t-on? On me réveille à 8 heures.
8. A quelle heure téléphonez-vous à vos amis? Je leur téléphone à 8 heures.

Practice A-8

Tutor : Je parle aux étudiants.
Student: Je leur parle.

1. Je cherche mes amis. Je les cherche.
2. Je prends les chaussures. Je les prends.
3. Nous téléphonons à nos parents. Nous leur téléphonons.
4. Elles écoutent le discours. Elles l'écoutent.
5. Il parle à son chauffeur. Il lui parle.
6. Nous apportons le paquet. Nous l'apportons.
7. Ils ont le numéro. Ils l'ont.
8. On téléphone à Christiane. On lui téléphone.

Practice A-9

Tutor : Elle n'aime pas la chaleur.
Student: Elle ne l'aime pas.

1. Je n'aime pas la vitesse. Je ne l'aime pas.
2. On ne trouve pas le numéro. On ne le trouve pas.
3. Je n'entends pas les étudiants. Je ne les entends pas.
4. Ils ne veulent pas la lettre. Ils ne la veulent pas.
5. Je ne parle pas à vos amis. Je ne leur parle pas.
6. Nous ne téléphonons pas à Pierre. Nous ne lui téléphonons pas.
7. Je n'aime pas cette région. Je ne l'aime pas.

Practice A-10

Tutor : Je téléphone à mon ami.
Student: Je lui téléphone.

```
Tutor  :  Je rentre à 4 heures.
Student:  Je rentre à 4 heures.
```

1. Je téléphone à Janine.	Je lui téléphone.
2. Elle téléphone à 2 heures.	Elle téléphone à 2 heures.
3. Nous téléphonons ce soir.	Nous téléphonons ce soir.
4. Nous téléphonons ce télégramme.	Nous le téléphonons.
5. Elle déjeune à 1 heure.	Elle déjeune à 1 heure.
6. Nous arrivons à midi.	Nous arrivons à midi.
7. Je parle à l'étudiant.	Je lui parle.
8. On monte les valises.	On les monte.
9. Je loue la chambre.	Je la loue.
10. Je monte à 6 heures.	Je monte à 6 heures.
11. Nous rentrons demain.	Nous rentrons demain.
12. Il parle aux employés.	Il leur parle.
13. Elle ferme le magasin.	Elle le ferme.
14. J'achète les journaux.	Je les achète.

Grammar 3: Object Pronouns: en, y

Part one: Object Pronoun en

Grammar Note

The object pronoun en is invariable and immediately precedes the verb, (except in the imperative affirmative, see Gr.4-Unit 8). En replaces 'de + noun or pronoun'.

Remember:

    a. The object pronoun en is used instead of le, la, les, if the noun it replaces is used in an indefinite or partitive sense:

Il apporte des bagages.	'He is bringing some luggage.'
Il en apporte.	'He is bringing some.'
Voilà des billets.	'Here are some tickets.'
En voilà.	'Here are some.'
Il achète du pain.	'He is buying some bread.'
Il en achète.	'He is buying some.'

but:

Il apporte les bagages.	'He is bringing the luggage.'
Il les apporte.	'He is bringing them.'
Voilà les billets.	'Here are the tickets.'
Les voilà.	'Here they are.'
Il achète le pain.	'He is buying the bread.'
Il l'achète.	'He is buying it.'

    b. The object pronoun en is also used when the noun is preceded by a number or an adverb of quantity.

Donnez-moi quatre chemises.	'Give me four shirts.'
Donnez-m'en quatre.	'Give me four.'

Nous avons plusieurs chambres libres.   'We have several rooms vacant.'

Nous en avons plusieurs libres.   'We have several vacant.'

c. en can be used for 'de + location', meaning from there.

Il vient du Midi.   He is coming from the south of France.

Il en vient.   He is coming from there.

Il part du bureau à 6 heures.   He leaves the office at 6 o'clock.

Il en part à 6 heures.   He leaves it at 6 o'clock.

d. en is used with verbs followed by de, even if the noun or pronoun is used in a definite way.

Il a besoin de l'auto.   He needs the car.
Il en a besoin.   He needs it.

Il a besoin de celles-ci.   He needs these.
Il en a besoin.   He needs them.

Elle parle du discours.   She's talking about the speech.
Elle en parle.   She's talking about it.

(see L.11,12-Gr.3)

Learning Drills

Learning 1

1. J'en achète.
2. J'en apporte.
3. J'en écoute.
4. J'en ai.
5. J'en assure.
6. J'en envoie.
7. J'en essaie.
8. J'en achète.

Learning 2

1. Ils en assurent.
2. Ils en ont.
3. Ils en essaient.
4. Ils en envoient.
5. Ils en apportent.
6. Ils en achètent.
7. Ils en écoutent.
8. Ils en assurent.

Learning 3

1. Elles en demandent.
2. Elles en comptent.
3. Elles en font.
4. Elles en lavent.
5. Elles en montent.
6. Elles en repassent.
7. Elles en trouvent.
8. Elles en veulent.
9. Elles en demandent.

Learning 4

1. Nous n'en avons pas.
2. Nous n'en achetons pas.
3. Nous n'en assurons pas.
4. Nous n'en acceptons pas.
5. Nous n'en essayons pas.
6. Nous n'en écoutons pas.
7. Nous n'en apportons pas.
8. Nous n'en avons pas.

Learning 5

1. Je n'en écoute pas.
2. Je n'en essaie pas.
3. Je n'en achète pas.
4. Je n'en ai pas.
5. Je n'en assure pas.
6. Je n'en envoie pas.
7. Je n'en apporte pas.
8. Je n'en écoute pas.

Learning 6

1. En avez-vous?
2. En achetez-vous?
3. En assurez-vous?
4. En envoyez-vous?
5. En apportez-vous?
6. En acceptez-vous?
7. En écoutez-vous?
8. En avez-vous?

Learning 7

1. En veulent-ils?
2. En font-elles?
3. En veut-il?
4. En commence-t-on?
5. En faites-vous?
6. En parle-t-on?
7. En louez-vous?
8. En voulez-vous?

Learning 8

1. Voilà du pain; en voulez-vous?
2. Voilà du pain; en veut-elle?
3. Voilà du pain; en ont-ils?
4. Voilà du pain; en avez-vous?
5. Voilà du pain; en achetons-nous?
6. Voilà du pain; en a-t-elle?
7. Voilà du pain; en veulent-ils?
8. Voilà du pain; en voulez-vous?

Learning 9

1. Voilà des fiches; en voulez-vous?
2. Voilà des fiches; en a-t-il?
3. Voilà des fiches; en veut-on?
4. Voilà des fiches; en voulez-vous?
5. Voilà des fiches; en voudriez-vous?
6. Voilà des fiches; en désire-t-elle?
7. Voilà des fiches; en cherchez-vous?
8. Voilà des fiches; en ont-ils?
9. Voilà des fiches; en veulent-elles?

Learning 10

1. Voilà de la salade; en avez-vous?
2. Voilà de la salade; en achète-t-on?
3. Voilà de la salade; en désire-t-il?
4. Voilà de la salade; en a-t-on?
5. Voilà de la salade; en voulez-vous?
6. Voilà de la salade; en achetez-vous?
7. Voilà de la salade; en cherchez-vous?
8. Voilà de la salade; en veulent-ils?
9. Voilà de la salade; en prend-on?

Learning 11

1. Où est l'auto? J'en ai besoin cet après-midi.
2. Où est l'auto? Ils en ont besoin cet après-midi.
3. Où est l'auto? Nous en avons besoin cet après-midi.
4. Où est l'auto? Elle en a besoin cet après-midi.
5. Où est l'auto? On en a besoin cet après-midi.

6. Où est l'auto? <u>Vous en avez besoin</u> cet après-midi.
7. Où est l'auto? <u>Elles en ont besoin</u> cet après-midi.
8. Où est l'auto? <u>Il en a besoin</u> cet après-midi.
9. Où est l'auto? <u>J'en ai besoin</u> cet après-midi.

Learning 12

1. Voilà le bureau; Janine en parle souvent.
2. Voilà le bureau; <u>nous en parlons</u> souvent.
3. Voilà le bureau; <u>ils en parlent</u> souvent.
4. Voilà le bureau; <u>vous en parlez</u> souvent.
5. Voilà le bureau; <u>on en parle</u> souvent.
6. Voilà le bureau; <u>elles en parlent</u> souvent.
7. Voilà le bureau; <u>il en parle</u> souvent.
8. Voilà le bureau; <u>Janine en parle</u> souvent.

Practice Drills

Practice A-1

1. Nous en avons.
2. Nous en <u>faisons</u>.
3. Nous en <u>apportons</u>.
4. Nous en <u>cherchons</u>.
5. Nous en <u>envoyons</u>.
6. Nous en <u>trouvons</u>.
7. Nous en <u>achetons</u>.
8. Nous en <u>voulons</u>.
9. Nous en <u>essayons</u>.
10. Nous en <u>demandons</u>.

Practice A-2

1. Ils en achètent parce qu'ils n'en ont pas.
2. <u>Nous en achetons</u> parce que nous n'en avons pas.
3. <u>Elle en achète</u> parce qu'elle n'en a pas.
4. <u>On en achète</u> parce qu'on n'en a pas.
5. <u>Vous en achetez</u> parce que vous n'en avez pas.
6. <u>Elles en achètent</u> parce qu'elles n'en ont pas.
7. <u>J'en achète</u> parce que je n'en ai pas.
8. <u>Il en achète</u> parce qu'il n'en a pas.

Practice A-3

1. Elles achètent les livres parce qu'elles en ont besoin.
2. <u>Il achète le livre</u> parce qu'il en a besoin.
3. <u>J'achète les livres</u> parce que j'en ai besoin.
4. <u>Nous achetons les livres</u> parce que nous en avons besoin.
5. <u>Ils achètent les livres</u> parce qu'ils en ont besoin.
6. <u>Vous achetez des livres</u> parce que vous en avez besoin.
7. <u>Elle achète le livre</u> parce qu'elle en a besoin.
8. <u>On achète des livres</u> parce qu'on en a besoin.

Practice A-4

1. Je n'ai pas besoin de l'auto; en avez-vous besoin?
2. Il n'achète pas d'aspirine; en achetez-vous?
3. Nous ne voulons pas de fiches; en voulez-vous?
4. Je n'ai pas de frère; en avez-vous?
5. Nous ne réparons pas de chaussures; en réparez-vous?
6. Je n'ai pas besoin du numéro; en avez-vous besoin?
7. Nous ne demandons pas de fruits; en demandez-vous?
8. Je n'ai pas de vacances; en avez-vous?
9. Nous ne louons pas d'auto; en louez-vous?

Practice A-5

1. J'ai du courrier; n'en avez-vous pas?
2. Nous voulons de l'aspirine; n'en voulez-vous pas?
3. Nous parlons des vacances; n'en parlez-vous pas?
4. J'ai des bagages; n'en avez-vous pas?
5. J'achète du pain; n'en achetez-vous pas?
6. Nous avons des vacances; n'en avez-vous pas?
7. Nous avons besoin de vacances; n'en avez-vous pas besoin?
8. J'ai des nouvelles; n'en avez-vous pas?
9. Nous envoyons des cartes postales; n'en envoyez-vous pas?
10. Nous faisons des courses; n'en faites-vous pas?
11. Je voudrais de la crème; n'en voulez-vous pas?

Practice A-6

Tutor : Avez-vous du pain?
Student: Oui, nous en avons.

1. Avez-vous des amis à Paris?	Oui, nous en avons.
2. Avez-vous des chemises en solde?	Oui, nous en avons.
3. Faites-vous du pain?	Oui, nous en faisons.
4. Louez-vous des autos?	Oui, nous en louons.
5. Voulez-vous de la monnaie?	Oui, nous en voulons.
6. Achetez-vous des fruits?	Oui, nous en achetons.
7. Vendez-vous des chemises?	Oui, nous en vendons.
8. Avez-vous des costumes gris?	Oui, nous en avons.

Practice A-7

Tutor : Avez-vous une auto?
Student: Non, je n'en ai pas.

1. Avez-vous des amis?	Non, je n'en ai pas.
2. Achetez-vous des journaux?	Non, je n'en achète pas.
3. Voulez-vous de la monnaie?	Non, je n'en veux pas.
4. Faites-vous des affaires?	Non, je n'en fais pas.
5. Avez-vous une lettre?	Non, je n'en ai pas.
6. Réparez-vous des autos?	Non, je n'en répare pas.
7. Voulez-vous une revue?	Non, je n'en veux pas.
8. Avez-vous des bagages?	Non, je n'en ai pas.

*Practice A-8

Tutor : Etes-vous satisfait de la chambre?
Student: Oui, j'en suis satisfait.

1. Avez-vous besoin de l'auto?   Oui, j'en ai besoin.
2. Avez-vous besoin de la lettre?   Oui, j'en ai besoin.
3. Avez-vous peur de la forêt?   Oui, j'en ai peur.
4. Votre ami est-il satisfait de   Oui, il en est satisfait.
   son auto?
5. Votre amie a-t-elle besoin du   Oui, elle en a besoin.
   texte?
6. Vos amis ont-ils besoin de   Oui, ils en ont besoin.
   l'auto?
7. Les clients sont-ils satisfaits   Oui, ils en sont satisfaits.
   de la chambre?
8. Les enfants ont-ils peur du   Oui, ils en ont peur.
   mauvais temps?

*Practice A-9

Tutor : J'ai des billets.
Student: Combien en avez-vous?

1. Je cherche des places.   Combien en cherchez-vous?
2. Il a des billets.   Combien en a-t-il?
3. Nous avons des amis.   Combien en avez-vous?
4. Elle a des fiches.   Combien en a-t-elle?
5. Il reste des couchettes.   Combien en reste-t-il?
6. Il reste de la viande.   Combien en reste-t-il?
7. Ils ont des places.   Combien en ont-ils?
8. J'achète des journaux.   Combien en achetez-vous?

*Practice A-10

1. Je cherche le client; vous le cherchez aussi?
2. Je fais des courses; vous en faites aussi?
3. J'écoute le discours; vous l'écoutez aussi?
4. Je fais du café; vous en faites aussi?
5. Je cherche les valises; vous les cherchez aussi?
6. Je traverse la forêt; vous la traversez aussi?
7. J'ai besoin de l'auto; vous en avez besoin aussi?
8. J'aime le Midi; vous l'aimez aussi?
9. J'achète des billets; vous en achetez aussi?
10. Je cherche de l'aspirine; vous en cherchez aussi?
11. J'apporte du fromage; vous en apportez aussi?
12. Je cherche le numéro; vous le cherchez aussi?

*Practice A-11

1. Elle ne parle pas de l'affaire; est-ce que j'en parle?
2. Elle n'achète pas de billets; est-ce que j'en achète?
3. Elle ne demande pas de renseignements; est-ce que j'en demande?
4. Il ne pèse pas les lettres; est-ce que je les pèse?

5. <u>Il n'a pas de courrier</u>; est-ce que j'en ai?
6. <u>Il n'apporte pas le livre</u>; est-ce que je l'apporte?
7. <u>Elle ne remercie pas les clients</u>; est-ce que je les remercie?
8. <u>Il ne montre pas le texte</u>; est-ce que je le montre?
9. <u>Il ne prend pas de café</u>; est-ce que j'en prends?
10. <u>Elle ne donne pas de renseignements</u>; est-ce que j'en donne?
11. <u>Il n'apporte pas les bagages</u>; est-ce que je les apporte?

* Practice A-12

Tutor   : Ont-ils des timbres?
Student: Oui, ils en ont.

1. A-t-on les billets?	Oui, on les a.
2. Ont-ils de la monnaie?	Oui, ils en ont.
3. Ont-elles des amis?	Oui, elles en ont.
4. A-t-il du courrier?	Oui, il en a.
5. A-t-il le courrier?	Oui, il l'a.
6. Ont-elles les billets?	Oui, elles les ont.
7. A-t-elle des amis?	Oui, elle en a.
8. Ont-ils le numéro?	Oui, ils l'ont.
9. Ont-elles les places?	Oui, elles les ont.
10. A-t-elle la monnaie?	Oui, elle l'a.

* Practice A-13

Tutor   : Je n'achète pas de billets.
Student: Pourquoi n'en achetez-vous pas?

1. Je n'aime pas les étudiants.	Pourquoi ne les aimez-vous pas?
2. Il ne donne pas de renseigne-ments.	Pourquoi n'en donne-t-il pas?
3. On ne ferme pas les fenêtres.	Pourquoi ne les ferme-t-on pas?
4. Ils ne font pas d'affaires.	Pourquoi n'en font-ils pas?
5. Je n'apporte pas les livres.	Pourquoi ne les apportez-vous pas?
6. Ils ne veulent pas la monnaie.	Pourquoi ne la veulent-ils pas?
7. Je ne veux pas de billets.	Pourquoi n'en voulez-vous pas?
8. Il ne loue pas la chambre.	Pourquoi ne la loue-t-il pas?
9. Elle ne repasse pas les chemises.	Pourquoi ne les repasse-t-elle pas?
10. Il ne répare pas de chaussures.	Pourquoi n'en répare-t-il pas?
11. Je n'ai pas le livre.	Pourquoi ne l'avez-vous pas?
12. Il ne veut pas d'aspirine.	Pourquoi n'en veut-il pas?
13. Je ne sais pas la leçon.	Pourquoi ne la savez-vous pas?
14. Elle n'aime pas les légumes.	Pourquoi ne les aime-t-elle pas?
15. On n'a pas besoin de l'auto.	Pourquoi n'en a-t-on pas besoin?
16. Il ne loue pas de chambre.	Pourquoi n'en loue-t-il pas?
17. Elles n'ont pas de billets.	Pourquoi n'en ont-elles pas?
18. Ils n'ont pas de clients.	Pourquoi n'en ont-ils pas?
19. Il n'y a pas de taxi.	Pourquoi n'y en a-t-il pas?
20. Ils ne veulent pas le taxi.	Pourquoi ne le veulent-ils pas?

Part two: Object Pronoun y

Grammar Note

The object pronoun y is invariable. It precedes the verb, except in the imperative affirmative.

y replaces 'à + noun or pronoun'

Il travaille à la gare.	'He works at the station.'
Il y travaille.	'He works there.'

Est-il au bureau?	'Is he at the office?'
Y est-il?	'Is he there?'

(L.1 thru 5-Gr.3-Part 2)

Notice that in L.6, y could be translated by 'of or about it' or 'of or about them', but should only refer to an animal or an inanimate object.

Nous pensons aux vacances.	'We think about the vacation.'
Nous y pensons.	'We think about it.'

Nous pensons à la neige.	'We're thinking about the snow.'
Nous y pensons.	'We're thinking about it.'

Learning Drills

Learning 1

1. Nous y déjeunons tous les jours.
2. Ils y déjeunent tous les jours.
3. Nous y allons tous les jours.
4. Ils y vont tous les jours.
5. Nous y travaillons tous les jours.
6. Ils y travaillent tous les jours.
7. Nous y restons tous les jours.
8. Ils y restent tous les jours.
9. Nous y déjeunons tous les jours.

Learning 2

1. En général, il y neige.
2. En général, il y gèle.
3. En général, il y fait beau.
4. En général, il y fait du soleil.
5. En général, il y fait froid.
6. En général, il y a du vent.
7. En général, il y fait chaud.
8. En général, il y fait mauvais.
9. En général, il y neige.

Learning 3

1. J'y suis.
2. J'y vais.
3. J'y habite.
4. J'y reste.
5. J'y travaille.
6. J'y déjeune.
7. J'y monte.
8. J'y suis.

Learning 4

1. On y dépose les paquets.
2. On y répare l'auto.
3. On y achète le pain.
4. On y retrouve des amis.

5. On y trouve des vêtements en solde.
6. On y lave le linge.
7. On y envoie les paquets.
8. On y dépose les paquets.

Learning 5

1. Ils sont à Paris; y allez-vous?
2. Nous allons à Lyon; y allez-vous?
3. Elle habite à Lille; y allez-vous?
4. Je vais à la gare; y allez-vous?
5. Ils vont à Versailles; y allez-vous?
6. Elles sont au bord de la mer; y allez-vous?
7. Je vais chez Janine; y allez-vous?
8. Nous allons en ville; y allez-vous?

Learning 6

1. Nous y pensons très souvent.
2. Elle y pense très souvent.
3. On y pense très souvent.
4. J'y pense très souvent.
5. Vous y pensez très souvent.
6. Elles y pensent très souvent.
7. Il y pense très souvent.
8. Ils y pensent très souvent.

Practice Drills

Practice A-1

1. Je ne vais pas à Paris aujourd'hui; j'y vais demain.
2. Il ne va pas à Paris aujourd'hui; il y va demain.
3. Nous n'allons pas à Paris aujourd'hui; nous y allons demain.
4. Ils ne vont pas à Paris aujourd'hui; ils y vont demain.
5. On ne va pas à Paris aujourd'hui; on y va demain.
6. Vous n'allez pas à Paris aujourd'hui; vous y allez demain.
7. Elle ne va pas à Paris aujourd'hui; elle y va demain.
8. Elles ne vont pas à Paris aujourd'hui; elles y vont demain.
9. Je ne vais pas à Paris aujourd'hui; j'y vais demain.

Practice A-2

Tutor : Depuis combien de temps habitez-vous à Paris?
Student: J'y habite depuis deux ans.

1. Depuis combien de temps travaillez-vous à Paris?   J'y travaille depuis deux ans.
2. Depuis combien de temps habitez-vous dans la région?   J'y habite depuis deux ans.
3. Depuis combien de temps vos amis sont-ils à Paris?   Ils y sont depuis deux ans.
4. Depuis combien de temps déjeunez-vous au restaurant?   J'y déjeune depuis deux ans.

5. Depuis combien de temps votre   Elle y habite depuis deux ans.
amie habite-t-elle à Lyon?
6. Depuis combien de temps votre   Il y est depuis deux ans.
ami est-il dans le Midi?
7. Depuis combien de temps   J'y habite depuis deux ans.
habitez-vous à Paris?
8. Depuis combien de temps vos   Elles y sont depuis deux ans.
amies sont-elles à Lille?
9. Depuis combien de temps votre   Il y travaille depuis deux ans.
ami travaille-t-il à Paris?

Practice A-3

Tutor : Vous déjeunez au restaurant?
Student: Oui, j'y déjeune tous les jours.

1. Vous allez en ville   Oui, j'y vais tous les jours.
aujourd'hui?
2. Vous êtes au bureau   Oui, j'y suis tous les jours.
aujourd'hui?
3. Les employés déjeunent-ils au   Oui, ils y déjeunent tous les jours.
restaurant?
4. Vous allez au bureau dimanche?   Oui, j'y vais tous les jours.
5. Votre ami va-t-il en ville   Oui, il y va tous les jours.
aujourd'hui?
6. Vos amies vont-elles au bord   Oui, elles y vont tous les jours.
de la mer?
7. Vous déjeunez au café   Oui, j'y déjeune tous les jours.
aujourd'hui?
8. Votre amie va-t-elle en ville   Oui, elle y va tous les jours.
aujourd'hui?

Practice A-4

1. Ils vont à Paris, mais ils n'y restent pas longtemps.
2. Je vais à Paris, mais je n'y reste pas longtemps.
3. Elle va à Lille, mais elle n'y reste pas longtemps.
4. Elles sont au magasin, mais elles n'y restent pas longtemps.
5. Je suis dans le Midi, mais je n'y reste pas longtemps.
6. Nous allons en ville, mais nous n'y restons pas longtemps.
7. Il va à la campagne, mais il n'y reste pas longtemps.
8. Vous allez au bureau, mais vous n'y restez pas longtemps.

Practice A-5

1. Pierre habite à Paris, mais il n'y est pas souvent.
2. Nous habitons à Paris, mais nous n'y sommes pas souvent.
3. Ils habitent à Paris, mais ils n'y sont pas souvent.
4. Vous habitez à Paris, mais vous n'y êtes pas souvent.
5. Elle habite à Paris, mais elle n'y est pas souvent.
6. J'habite à Paris, mais je n'y suis pas souvent.
7. Elles habitent à Paris, mais elles n'y sont pas souvent.
8. Roger habite à Paris, mais il n'y est pas souvent.

Practice A-6

Tutor : Que dépose-t-on à la gare?
Student: On y dépose les bagages.

1. Qu'assure-t-on au guichet?   On y assure les bagages.
2. Qu'enregistre-t-on au guichet?   On y enregistre les bagages.
3. Qu'apporte-t-on à l'hôtel?   On y apporte les bagages.
4. Que monte-t-on au 2ème étage?   On y monte les bagages.
5. Qu'envoie-t-on à la gare?   On y envoie les bagages.
6. Que pèse-t-on à la gare?   On y pèse les bagages.
7. Que dépose-t-on à la gare?   On y dépose les bagages.

Practice A-7

Tutor : Janine habite dans le Midi.
Student: Depuis quand y habite-t-elle?

1. J'habite à Paris.   Depuis quand y habitez-vous?
2. Les enfants sont à la campagne.   Depuis quand y sont-ils?
3. Ma soeur travaille à Paris.   Depuis quand y travaille-t-elle?
4. Mon frère habite dans le Midi.   Depuis quand y habite-t-il?
5. Janine est au bureau.   Depuis quand y est-elle?
6. Je travaille à Paris.   Depuis quand y travaillez-vous?
7. Les valises sont à la gare.   Depuis quand y sont-elles?
8. Je déjeune au restaurant.   Depuis quand y déjeunez-vous?

Practice A-8

Tutor : Christiane va au bord de la mer.
Student: Y va-t-elle avec ses amis?

1. Je vais au bord de la mer.   Y allez-vous avec vos amis?
2. Christiane est au bord de la   Y est-elle avec ses amis?
   mer.
3. Mes parents sont dans le Midi.   Y sont-ils avec leurs amis?
4. Je déjeune au restaurant.   Y déjeunez-vous avec vos amis?
5. Pierre va dans le Midi.   Y va-t-il avec ses amis?
6. Janine et sa soeur vont à   Y vont-elles avec leurs amis?
   Paris.
7. Roger déjeune au restaurant.   Y déjeune-t-il avec ses amis?

Practice A-9

Tutor : Je vais en ville.
Student: Y déposez-vous vos amis?

1. Janine va en ville.   Y dépose-t-elle ses amis?
2. Mon frère va en ville.   Y dépose-t-il ses amis?
3. Mes parents vont en ville.   Y déposent-ils leurs amis?
4. Je vais en ville.   Y déposez-vous vos amis?
5. Roger et Christiane vont en   Y déposent-ils leurs amis?
   ville.
6. Janine et Christiane vont en   Y déposent-elles leurs amis?
   ville.

7. Mes soeurs vont en ville.   Y déposent-elles leurs amis?
8. Mon frère et moi allons en   Y déposez-vous vos amis?
   ville.

* Practice A-10

Tutor   : Où est le livre? Est-il sur le bureau?
Student: Non, il n'y est pas.

1. Où sont les robes? Sont-elles   Non, elles n'y sont pas.
   dans la valise?
2. Où sont les bagages?   Non, ils n'y sont pas.
   Sont-ils à l'enregistrement?
3. Où sont vos amis? Sont-ils en   Non, ils n'y sont pas.
   ville?
4. Où est Janine? Déjeune-t-elle   Non, elle n'y déjeune pas.
   au restaurant?
5. Où sont vos amis? Vont-ils   Non, ils n'y vont pas.
   en ville?
6. Où va Janine? Va-t-elle au   Non, elle n'y va pas.
   restaurant?
7. Où est la vendeuse? Est-elle   Non, elle n'y est pas.
   à la caisse?
8. Où sont les enfants? Vont-ils   Non, ils n'y vont pas.
   au Parc des Princes?
9. Où va Pierre? Va-t-il au   Non, il n'y va pas.
   bureau?

* Practice A-11

1. Je vais à Paris; y allez-vous aussi?
2. J'aime la chaleur; l'aimez-vous aussi?
3. Je cherche la gare; la cherchez-vous aussi?
4. Je reste au magasin; y restez-vous aussi?
5. Je déjeune au restaurant; y déjeunez-vous aussi?
6. J'habite dans cette rue; y habitez-vous aussi?
7. Je téléphone à Janine; lui téléphonez-vous aussi?
8. J'ai des billets; en avez-vous aussi?
9. Je pense aux vacances; y pensez-vous aussi?

* Practice A-12

Tutor   : Vous pensez à la lettre?
Student: Oui, j'y pense.

1. Vous pensez au rendez-vous?   Oui, j'y pense.
2. Vous pensez à l'affaire de   Oui, j'y pense.
   transport?
3. Les enfants pensent aux   Oui, ils y pensent.
   vacances?
4. On pense au départ?   Oui, on y pense.
5. Votre soeur pense au départ?   Oui, elle y pense.
6. Vos amis pensent-ils au départ? Oui, ils y pensent.

7. Votre·frère pense-t-il au   Oui, il y pense.
   départ?
8. Pensez-vous au départ?   Oui, j'y pense.

*Practice A-13

Tutor   : Vous n'allez pas oublier?
Student: Non, j'y pense.

1. Elle ne va pas oublier?   Non, elle y pense.
2. Ils ne vont pas oublier?   Non, ils y pensent.
3. On ne va pas oublier?   Non, on y pense.
4. Elles ne vont pas oublier?   Non, elles y pensent.
5. Il ne va pas oublier?   Non, il y pense.
6. Vous n'allez pas oublier?   Non, j'y pense.

Practice A-14

1. Nous n'allons pas en ville aujourd'hui; nous y allons demain.
2. Nous n'achetons pas de pain aujourd'hui; nous en achetons demain.
3. Janine n'envoie pas la lettre aujourd'hui; elle l'envoie demain.
4. Janine ne téléphone pas à son frère aujourd'hui; elle lui téléphone demain.
5. Je ne vais pas au bureau aujourd'hui; j'y vais demain.
6. On n'envoie pas les paquets aujourd'hui; on les envoie demain.
7. Je ne téléphone pas à mes amis aujourd'hui; je leur téléphone demain.
8. Nous n'achetons pas les billets aujourd'hui; nous les achetons demain.
9. Pierre n'a pas besoin de l'auto aujourd'hui; il en a besoin demain.
10. Je ne fais pas mes valises aujourd'hui; je les fais demain.
11. Nous ne déjeunons pas au restaurant aujourd'hui; nous y déjeunons demain.

Practice A-15

Tutor   : Allez-vous à la campagne?
Student: Non, je n'y vais pas.

1. Janine est-elle au restaurant?   Non, elle n'y est pas.
2. Le livre est-il dans l'auto?   Non, il n'y est pas.
3. Avez-vous besoin de l'auto?   Non, je n'en ai pas besoin.
4. Pensez-vous au départ?   Non, je n'y pense pas.
5. Reste-t-il du pain?   Non, il n'en reste pas.
6. Envoyez-vous des cartes   Non, je n'en envoie pas.
   postales?
7. Janine a-t-elle des frères?   Non, elle n'en a pas.
8. Avez-vous les billets?   Non, je ne les ai pas.
9. Vos amis vont-ils à Paris?   Non, ils n'y vont pas.
10. La chambre convient-elle aux   Non, elle ne leur convient pas.
    étudiants?

Practice A-16

Tutor   : Quand allez-vous au bord de la mer?
Student: J'y vais samedi.

1. Quand apportez-vous les médi-caments?	Je les apporte samedi.
2. Quand faites-vous les bagages?	Je les fais samedi.
3. Quand avez-vous besoin de l'auto?	J'en ai besoin samedi.
4. Quand lavez-vous l'auto?	Je la lave samedi.
5. Quand téléphonez-vous à vos amis?	Je leur téléphone samedi.
6. Quand déjeunez-vous au restaurant?	J'y déjeune samedi.
7. Quand achetez-vous les billets?	Je les achète samedi.
8. Quand allez-vous à la campagne?	J'y vais samedi.
9. Quand envoyez-vous les paquets?	Je les envoie samedi.
10. Quand achetez-vous du fromage?	J'en achète samedi.

Grammar 4: Imperatives

Grammar Note

Alors, choisissez l'Atlantique.
Partez vite, alors.
Allons, faites un effort.
Permettez-moi de vous présenter Monsieur Lelong.
Transmettez-leur mon meilleur souvenir.
Excusez-moi.
Dites-moi que nous allons au café.
Réveillez-moi à six heures et demie.

Verb forms in 'ez' occurring initially and neither preceded nor followed by the subject pronoun 'vous' are used to indicate a request or a command.

Vous parlez français.	'You're speaking French.'
Parlez français.	'Speak French.'

Such constructions are called imperatives (impératif). Similarly, 'ons' forms in the same frame are regarded as imperatives, with the meaning 'Let's___'.

Parlons français.	'Let's speak French.'
Allons dans le Midi.	'Let's go to the south of France.'

Four verbs have special imperative stems:

avoir	Ayez de la monnaie.	'Have change.'
être	Soyez en avance.	'Be early.'
savoir	Sachez ce que vous voulez.	'Know what you want.'
vouloir	Veuillez me suivre.	'Please follow me.'

Object pronouns follow affirmative imperatives and precede negative imperatives:

Parlez-lui ce soir.	'Speak to him tonight.'
Ne lui parlez pas ce soir.	'Don't speak to him tonight.'

Donnons-lui le numéro.   'Let's give him the number.'
Ne lui donnons pas le numéro.   'Let's not give him the number.'

Learning Drills

Learning 1

1. Allez-y demain.
2. Allons-y demain.
3. Téléphonez-leur demain.
4. Téléphonons-leur demain.
5. Parlez-lui demain.
6. Parlons-lui demain.
7. Faites-le demain.
8. Faisons-le demain.
9. Réparez-le demain.
10. Réparons-le demain.
11. Achetez-en demain.
12. Achetons-en demain.

Learning 2

1. N'y allez pas maintenant.
2. N'y allons pas maintenant.
3. Ne leur téléphonez pas maintenant.
4. Ne leur téléphonons pas maintenant.
5. Ne lui parlez pas maintenant.
6. Ne lui parlons pas maintenant.
7. Ne le faites pas maintenant.
8. Ne le faisons pas maintenant.
9. Ne les réparez pas maintenant.
10. Ne la réparons pas maintenant.
11. N'en achetez pas maintenant.
12. N'en achetons pas maintenant.

Learning 3

1. Montrez-moi quelque chose.
2. Montrez-nous quelque chose.
3. Achetez-moi quelque chose.
4. Apportez-moi quelque chose.
5. Apportez-nous quelque chose.
6. Envoyez-moi quelque chose.
7. Trouvez-nous quelque chose.
8. Donnez-moi quelque chose.
9. Envoyez-nous quelque chose.

Learning 4

1. Téléphonez-nous plus tard.
2. Retrouvez-moi plus tard.
3. Réveillez-les plus tard.
4. Téléphonez-lui plus tard.
5. Faites-en plus tard.
6. Allez-y plus tard.
7. Repassez-la plus tard.
8. Écoutez-le plus tard.

Learning 5

1. Ne les achetez pas aujourd'hui.
2. Ne l'achetez pas aujourd'hui.
3. Ne les envoyez pas aujourd'hui.
4. Ne l'envoyez pas aujourd'hui.
5. Ne les apportez pas aujourd'hui.
6. Ne les essayez pas aujourd'hui.
7. Ne l'essayez pas aujourd'hui.

Learning 6

1. Ne m'envoyez pas de livre.
2. Ne nous envoyez pas de livre.
3. Ne m'achetez pas de livre.
4. Ne nous achetez pas de livre.
5. Ne lui envoyez pas de livre.
6. Ne leur envoyez pas de livre.
7. Ne lui achetez pas de livre.
8. Ne leur achetez pas de livre.

Learning 7

1. N'en parlons pas; c'est trop tard.
2. N'en parlez pas; c'est trop tard.
3. N'y allez pas; c'est trop tard.
4. N'y allons pas; c'est trop tard.
5. N'en envoyons pas; c'est trop tard.
6. N'en achetez pas; c'est trop tard.
7. N'en achetons pas; c'est trop tard.
8. N'y pensez pas; c'est trop tard.

9. N'y pensons pas; c'est trop tard.

Learning 8 (not recorded)

1. Ayez de la monnaie.
2. Ayez le nom du gérant.
3. Ayez la date de son départ.
4. Ayez l'heure d'arrivée à Paris.
5. Ayez la fiche du magasin.
6. Ayez le numéro de l'ambassade.

Learning 9 (not recorded)

1. Sachez ce que vous voulez.
2. Sachez votre leçon.
3. Sachez où il va.
4. Sachez quand il part.
5. Sachez pourquoi il veut me voir.
6. Sachez écouter.

Learning 10 (not recorded)

1. Ne soyez pas toujours en avance.
2. Ne soyez pas toujours satisfait.
3. Ne soyez pas toujours pressé.
4. Ne soyez pas toujours au téléphone.
5. Ne soyez pas toujours en retard.
6. Ne soyez pas toujours ensemble.
7. Ne soyez pas toujours avec eux.

Learning 11 (not recorded)

1. Veuillez me suivre.
2. Veuillez repasser cette chemise.
3. Veuillez remplir cette fiche.
4. Veuillez me réveiller à 7 heures.
5. Veuillez parler plus fort.
6. Veuillez envoyer cette lettre.

Practice Drills

Practice A-1

1. Si vous voulez aller en ville, allez-y.
2. Si vous voulez rester au magasin, restez-y.
3. Si vous voulez téléphoner à Janine, téléphonez-lui.
4. Si vous voulez acheter des gâteaux, achetez-en.
5. Si vous voulez faire les bagages, faites-les.
6. Si vous voulez louer la villa, louez-la.
7. Si vous voulez écouter le discours, écoutez-le.
8. Si vous voulez déjeuner au restaurant, déjeunez-y.
9. Si vous voulez envoyer des cartes postales, envoyez-en.

Practice A-2

1. Si vous pouvez me téléphoner, téléphonez-moi.
2. Si vous pouvez nous téléphoner, téléphonez-nous.
3. Si vous voulez nous quitter, quittez-nous.
4. Si vous voulez me quitter, quittez-moi.
5. Si vous pouvez m'écouter, écoutez-moi.
6. Si vous pouvez nous payer, payez-nous.
7. Si vous pouvez me payer, payez-moi.

8. Si vous pouvez nous trouver, trouvez-nous.
9. Si vous pouvez me trouver, trouvez-moi.

Practice A-3

1. S'il faut faire les bagages, faisons-les tout de suite.
2. S'il faut louer les places, louons-les tout de suite.
3. S'il faut acheter des médicaments, achetons-en tout de suite.
4. S'il faut téléphoner à votre ami, téléphonons-lui tout de suite.
5. S'il faut payer les employés, payons-les tout de suite.
6. S'il faut rester au bureau, restons-y.
7. S'il faut fermer la boîte, fermons-la tout de suite.
8. S'il faut chercher le numéro, cherchons-le tout de suite.
9. S'il faut écouter le président, écoutons-le tout de suite.
10. S'il faut aller au parc, allons-y tout de suite.
11. S'il faut réparer l'auto, réparons-la tout de suite.

Practice A-4

1. J'apporte des journaux; n'en apportez pas.
2. J'apporte les journaux; ne les apportez pas.
3. J'achète du pain; n'en achetez pas.
4. Je téléphone aux employés; ne leur téléphonez pas.
5. J'achète le livre; ne l'achetez pas.
6. Je téléphone à Janine; ne lui téléphonez pas.
7. J'apporte une boîte; n'en apportez pas.

Practice A-5

1. Ce livre est trop cher; ne l'achetez pas.
2. Ce livre n'est pas trop cher; achetez-le.
3. Ce costume est cher; ne l'achetez pas.
4. Ce costume n'est pas cher; achetez-le.
5. Cette robe n'est pas chère; achetez-la.
6. Cette robe est chère; ne l'achetez pas.
7. Ce costume n'est pas cher; achetez-le.
8. Ce costume est cher; ne l'achetez pas.
9. Ces costumes sont chers; ne les achetez pas.
10. Ces costumes ne sont pas chers; achetez-les.
11. Ces chemises ne sont pas chères; achetez-les.
12. Ces chemises sont chères; ne les achetez pas.
13. Cette robe est trop chère; ne l'achetez pas.
14. Cette robe n'est pas trop chère; achetez-la.

Practice A-6

1. Si vous ne pouvez pas téléphoner à votre ami maintenant, téléphonez-lui plus tard.
2. Si vous ne voulez pas acheter l'auto maintenant, achetez-la plus tard.
3. Si vous ne pouvez pas téléphoner à vos amis maintenant, téléphonez-leur plus tard.
4. Si vous ne voulez pas nous payer maintenant, payez-nous plus tard.
5. Si vous ne voulez pas me parler maintenant, parlez-moi plus tard.

6. Si vous ne voulez pas parler à vos amis maintenant, parlez-leur plus tard.
7. Si vous ne voulez pas acheter de pain maintenant, achetez-en plus tard.
8. Si vous ne voulez pas compter la monnaie maintenant, comptez-la plus tard.
9. Si vous ne voulez pas envoyer les paquets maintenant, envoyez-les plus tard.

Practice A-7

1. Si vous voulez acheter l'auto, achetez-la.
2. Si vous ne voulez pas acheter l'auto, ne l'achetez pas.
3. Si vous ne voulez pas écouter les nouvelles, ne les écoutez pas.
4. Si vous ne pouvez pas réparer l'auto, ne la réparez pas.
5. Si vous voulez aller dans le Midi, allez-y.
6. Si vous voulez acheter des revues, achetez-en.
7. Si vous ne voulez pas louer vos places, ne les louez pas.
8. Si vous pouvez fermer la valise, fermez-la.
9. Si vous ne pouvez pas me téléphoner, ne me téléphonez pas.
10. Si vous ne voulez pas m'écouter, ne m'écoutez pas.
11. Si vous voulez parler à vos amis, parlez-leur.
12. Si vous ne pouvez pas parler de l'accident, n'en parlez pas.
13. Si vous voulez rester à Paris, restez-y.
14. Si vous voulez fermer les fenêtres, fermez-les.

*Practice A-8

Tutor : Est-ce que je reste à Versailles?
Student: Non, n'y restez pas.

1. Est-ce que je vous téléphone?   Non, ne me téléphonez pas.
2. Est-ce que je téléphone aux   Non, ne leur téléphonez pas.
   enfants?
3. Est-ce que j'apporte des jour-   Non, n'en apportez pas.
   naux?
4. Est-ce que je parle de l'acci-   Non, n'en parlez pas.
   dent?
5. Est-ce que je reste au bureau?   Non, n'y restez pas.
6. Est-ce que j'envoie les livres?   Non, ne les envoyez pas.
7. Est-ce que j'appelle le gérant?   Non, ne l'appelez pas.
8. Est-ce que je ferme la porte?   Non, ne la fermez pas.

*Practice A-9

1. Dites-moi de vous téléphoner à 8 heures.
2. Dites-moi de ne pas vous téléphoner.
3. Dites-moi qu'il me faut des billets.
4. Dites-moi d'en acheter.
5. Dites-moi d'aller à Paris.
6. Dites-moi d'y aller pendant le week-end.
7. Dites-moi d'aller dans le Midi.
8. Dites-moi de ne pas y aller en juillet.
9. Dites-moi que le président fait un discours.
10. Dites-moi de l'écouter.
11. Dites-moi que Janine est au téléphone.

12. Dites-moi de ne pas la déranger.
13. Dites-moi que mon ami m'a téléphoné.
14. Dites-moi de lui téléphoner.
15. Dites-moi de déjeuner au restaurant.
16. Dites-moi d'y déjeuner à midi.
17. Dites-moi de louer mes places.
18. Dites-moi de les louer maintenant.

*Practice A-10

1. Dites à ... d'être à l'heure.
2. Dites à ... de savoir ce qu'il veut.
3. Dites à ... d'avoir la monnaie.
4. Dites à ... de savoir sa leçon.
5. Dites à ... de bien vouloir vous suivre.
6. Dites à ... d'être ici à l'heure.
7. Dites à ... de ne pas avoir peur.
8. Dites à ... d'être satisfait de ce qu'il a.
9. Dites à ... de bien vouloir vous téléphoner demain.
10. Dites à ... de ne pas être en retard.

Grammar 5: Certain infinitives ending in 'ir'

Grammar Note

Voulez-vous remplir ces fiches?
Oui, je vais les remplir tout de suite.

In this chapter, we are going to give the forms of the present tense of some infinitives ending in 'ir'.

Example: Remplir   'to fill up or to fill out'

stem   =   rempl
ending =   ir

	Pronoun	Stem	Ending
Singular	je	stem	is
	il, elle, on		it
Plural	ils, elles	stem + iss	ent
	nous		ons
	vous		ez

<u>Notice</u> the 'iss' added between the stem and the ending in the plural.

Here are some common verbs conjugated on the same pattern:

<u>remplir</u>   Ils remplissent des fiches.   'They're filling out forms.'

<u>choisir</u>   Ils choisissent la nouvelle route.   'They're choosing the new road.'

<u>rougir</u>	Ils rougissent pour un rien.	'They blush over nothing.'
<u>pâlir</u>	Je pâlis de peur.	'I get pale with fear.'
<u>grandir</u>	Ils grandissent vite.	'They're growing up fast.'
<u>vieillir</u>	Nous vieillissons trop tôt.	'We grow old too soon.'
<u>grossir</u>	Ils grossissent parce qu'ils mangent trop.	'They're getting fat because they eat too much.'
<u>maigrir</u>	Nous maigrissons quand nous travaillons.	'We lose weight when we work.'
<u>ralentir</u>	Il ralentit à cause de la pluie.	'He's slowing down because of the rain.'
<u>atterrir</u>	Ils atterrissent près d'ici.	'They're landing near here.'
<u>obéir</u>	Elle obéit à ses parents.	'She obeys her parents.'

(The other 'ir' ending verbs will be studied in Units 10 and 11.)

Learning Drills

Learning 1

1. Est-ce qu'ils atterrissent?
2. Est-ce qu'<u>ils grossissent</u>?
3. Est-ce qu'<u>ils maigrissent</u>?
4. Est-ce qu'<u>ils vieillissent</u>?
5. Est-ce qu'<u>ils ralentissent</u>?
6. Est-ce qu'<u>ils obéissent</u>?
7. Est-ce qu'<u>ils pâlissent</u>?
8. Est-ce qu'<u>ils rougissent</u>?
9. Est-ce qu'<u>ils grandissent</u>?
10. Est-ce qu'<u>ils atterrissent</u>?

Learning 2

1. Est-ce qu'il atterrit?
2. Est-ce qu'<u>ils atterrissent</u>?
3. Est-ce qu'<u>il ralentit</u>?
4. Est-ce qu'<u>ils ralentissent</u>?
5. Est-ce qu'<u>elle obéit</u>?
6. Est-ce qu'<u>elles obéissent</u>?
7. Est-ce qu'<u>elle rougit</u>?
8. Est-ce qu'<u>elles rougissent</u>?

Learning 3

1. Nous remplissons les fiches.
2. <u>Le client remplit</u> les fiches.
3. <u>Les clients remplissent</u> les fiches.
4. <u>Vous remplissez</u> les fiches.
5. <u>On remplit</u> les fiches.
6. <u>Je remplis</u> les fiches.
7. <u>Nous remplissons</u> les fiches.

Learning 4

1. Je crois qu'ils ralentissent.
2. Je crois qu'<u>ils déjeunent</u>.
3. Je crois qu'<u>ils atterrissent</u>.
4. Je crois qu'<u>ils acceptent</u>.
5. Je crois qu'<u>ils obéissent</u>.
6. Je crois qu'<u>ils travaillent</u>.
7. Je crois qu'<u>ils ralentissent</u>.

Learning 5

1. Pourquoi téléphonez-vous?
2. Pourquoi <u>atterrissez-vous</u>?
3. Pourquoi <u>restez-vous</u>?
4. Pourquoi <u>rougissez-vous</u>?
5. Pourquoi <u>raccrochez-vous</u>?
6. Pourquoi <u>ralentissez-vous</u>?

7. Pourquoi <u>rentrez-vous?</u>
8. Pourquoi <u>obéissez-vous?</u>
9. Pourquoi <u>téléphonez-vous?</u>

Practice Drills

Practice A-1

Tutor : Les clients choisissent toujours.
Student: Le client choisit toujours.

1. Les avions atterrissent à l'heure.	L'avion atterrit à l'heure.
2. Les enfants obéissent aux parents.	L'enfant obéit aux parents.
3. Les enfants rougissent souvent.	L'enfant rougit souvent.
4. Les enfants grandissent très vite.	L'enfant grandit très vite.
5. Les enfants maigrissent.	L'enfant maigrit.
6. Les clients remplissent la fiche.	Le client remplit la fiche.
7. Les robes blanches vous grossissent.	La robe blanche vous grossit.
8. Les clients choisissent des légumes.	Le client choisit des légumes.

Practice A-2

1. Je finis de déjeuner et j'arrive.
2. Il finit de déjeuner <u>et il arrive.</u>
3. Nous finissons de déjeuner <u>et nous arrivons.</u>
4. Ils finissent de déjeuner <u>et ils arrivent.</u>
5. Elle finit de déjeuner <u>et elle arrive.</u>
6. Je finis de déjeuner <u>et j'arrive.</u>
7. Elles finissent de déjeuner <u>et elles arrivent.</u>

Practice A-3

1. <u>On commence à 9 heures</u> et on finit à 5 heures.
2. <u>Je commence à 9 heures</u> et je finis à 5 heures.
3. <u>Les employés commencent à 9 heures</u> et ils finissent à 5 heures.
4. <u>La vendeuse commence à 9 heures</u> et elle finit à 5 heures.
5. <u>Nous commençons à 9 heures</u> et nous finissons à 5 heures.
6. <u>Je commence à 9 heures</u> et je finis à 5 heures.
7. <u>Vous commencez à 9 heures</u> et vous finissez à 5 heures.
8. <u>Ma femme commence à 9 heures</u> et elle finit à 5 heures.

Practice A-4

1. Il est à côté; il remplit les fiches.
2. <u>Elles sont à côté;</u> elles remplissent les fiches.
3. <u>Nous sommes à côté;</u> nous remplissons les fiches.
4. <u>Je suis à côté;</u> je remplis les fiches.

5. <u>Elle est à côté</u>; elle remplit les fiches.
6. <u>Ils sont à côté</u>; ils remplissent les fiches.
7. <u>Nous sommes à côté</u>; nous remplissons les fiches.
8. <u>Il est à côté</u>; il remplit les fiches.

Practice A-5

Tutor   : Vous trouvez que je vieillis?
Student: Oui, je trouve que vous vieillissez.

1. Vous trouvez que j'exagère?	Oui, je trouve que vous exagérez.
2. Vous trouvez que je maigris?	Oui, je trouve que vous maigrissez.
3. Vous trouvez que j'habite trop loin?	Oui, je trouve que vous habitez trop loin.
4. Vous trouvez que je grossis?	Oui, je trouve que vous grossissez.
5. Vous trouvez que je travaille bien?	Oui, je trouve que vous travaillez bien.
6. Vous trouvez que je parle trop vite?	Oui, je trouve que vous parlez trop vite.
7. Vous trouvez que je vieillis?	Oui, je trouve que vous vieillissez.

Practice A-6

Tutor   : Les enfants rougissent souvent?
Student: Oui, quand on leur parle.

1. Votre fille rougit souvent?	Oui, quand on lui parle.
2. Elles rougissent souvent?	Oui, quand on leur parle.
3. Il rougit souvent?	Oui, quand on lui parle.
4. Cet enfant rougit souvent?	Oui, quand on lui parle.
5. Elles rougissent souvent?	Oui, quand on leur parle.
6. Elle rougit souvent?	Oui, quand on lui parle.
7. Ils rougissent souvent?	Oui, quand on leur parle.
8. Il rougit souvent?	Oui, quand on lui parle.

Practice A-7

Tutor   : Je loue la chambre.
Student: Nous louons la chambre.

1. Je finis la lettre.	Nous finissons la lettre.
2. Je remercie les employés.	Nous remercions les employés.
3. Je vieillis.	Nous vieillissons.
4. Je prie souvent.	Nous prions souvent.
5. Je sais beaucoup de choses.	Nous savons beaucoup de choses.
6. J'essaie autre chose.	Nous essayons autre chose.
7. Je ralentis toujours.	Nous ralentissons toujours.
8. J'atterris à Paris.	Nous atterrissons à Paris.
9. Je fais les bagages.	Nous faisons les bagages.
10. Je ne grossis pas.	Nous ne grossissons pas.
11. Je veux des légumes.	Nous voulons des légumes.
12. J'obéis à mon père.	Nous obéissons à notre père.
13. Je choisis autre chose.	Nous choisissons autre chose.
14. Je suis pressé.	Nous sommes pressés.

15. Je loue des chambres.   Nous louons des chambres.
16. Je vous remercie.   Nous vous remercions.
17. Je la retrouve ici.   Nous la retrouvons ici.
18. Je remplis les fiches.   Nous remplissons les fiches.

* SITUATION I

G. Fermez la porte, s'il vous plaît.
     Asseyez-vous. Quel est votre
     nom?
S. Robert Salavin.
G. Où travaillez-vous maintenant?
S. A l'Hôtel de Paris, mais je dois
     changer, il va fermer pour
     l'hiver.
G. Voulez-vous travailler ici?
S. Cela me convient tout à fait.
G. Notre employé part dans quinze
     jours. Vous pouvez commencer le
     mois prochain.

Le gérant dit à M. Salavin de fermer la porte et de s'asseoir. M. Salavin donne son nom au gérant. M. Salavin travaille maintenant à l'Hôtel de Paris, mais l'hôtel va fermer. Il accepte de travailler ici. L'employé de l'hôtel va partir et M. Salavin peut commencer le mois prochain.

'to sit down'

* SITUATION II

Y. Et Christiane, comment va-t-elle?
X. Très bien. Elle part ce soir
     pour Lyon.
Y. Est-elle en vacances?
X. Non, elle y va pour une affaire
     de famille.
Y. Vous n'y allez pas avec elle?
X. Non, je ne peux pas à cause de
     mon travail.
Y. Est-ce qu'elle va y rester
     longtemps?
X. Non, quelques jours seulement.

Christiane part pour Lyon. Elle n'est pas en vacances, elle y va pour une affaire de famille. X ne peut pas y aller avec elle. Christiane ne va y rester que quelques jours.

* SITUATION III

R. Allô, Janine? Henri est-il là?
J. Il vient justement de rentrer.
R. Est-ce que je peux lui parler?
J. Ne quittez pas, je vais le
     chercher.
R. Allô, Henri, excusez-moi de vous
     déranger, mais je viens de
     recevoir une lettre d'affaires
     en anglais. Pouvez-vous la
     traduire aujourd'hui?
H. Volontiers, si vous me l'envoyez
     tout de suite.
R. Mon employé va vous l'apporter
     maintenant et vous pouvez

Henri vient de rentrer. Roger voudrait lui parler. Il a une lettre d'affaires et demande à Henri s'il peut la traduire Henri peut le faire tout de suite. Roger lui fait porter la lettre et Henri lui en lira le texte plus tard par téléphone.

'translate'
'to carry'
'will read'

m'appeler plus tard pour m'en
donner le texte.

* Question Drill

1. Quand va-t-on chez le coiffeur?
2. Quand le coiffeur ferme-t-il?
3. Avez-vous un bon coiffeur?
4. Allez-vous chez le coiffeur une fois par semaine?
5. Aimez-vous aller chez le coiffeur?
6. Est-ce qu'on attend longtemps chez le coiffeur?
7. Les coiffeurs aiment-ils parler?
8. Si on veut une coupe de cheveux, où va-t-on?
9. Aimez-vous les cheveux courts?
10. Les femmes ont-elles les cheveux longs ou courts?
11. Où peut-on acheter un peigne?
12. Le savon est-il bon pour les cheveux?
13. Les cheveux sont-ils faciles à laver?
14. Votre coiffeur coupe-t-il les cheveux au rasoir?
15. Aimez-vous la coupe au rasoir?
16. Avez-vous besoin d'une coupe de cheveux?
17. Quand a-t-on besoin d'une coupe de cheveux?
18. On va au match de football le dimanche, n'est-ce pas?
19. Vers quelle heure les matchs commencent-ils?
20. Y a-t-il des matchs de football toute l'année?
21. A Paris, où allez-vous pour assister à un match?
22. Aimez-vous le football anglais ou français?
23. Quand commence la saison de football?
24. Avez-vous lu les journaux ce matin?
25. Qu'avez-vous lu?
26. Aimez-vous la rubrique sportive?
27. Quel temps fait-il à Paris en novembre?
28. Porte-t-on des vêtements chauds quand on va au match?
29. Prend-on toujours un taxi pour aller au Parc des Princes?
30. Quand prend-on un taxi?
31. Aimez-vous conduire dans les rues de Paris?
32. Aimez-vous conduire à toute vitesse quand il neige?
33. Comment sont les routes quand il neige?
34. Partez-vous plus tôt pour le bureau quand les routes sont glissantes?
35. Quand va-t-on lentement au bureau?
36. Que risquez-vous si vous allez trop vite?
37. Y a-t-il beaucoup d'accidents quand il neige?
38. Pourquoi?

* Response Drill

1. Demandez à ..... s'il va toujours chez le même coiffeur.
2. Demandez à ..... si son coiffeur ferme le lundi.
3. Dites que vous n'aimez pas le discours du Président.
4. Demandez à ..... pourquoi il n'aime pas le discours du Président.
5. Dites à ..... de vous donner l'adresse d'un bon coiffeur.

6. Demandez à ..... s'il y a un bon coiffeur près d'ici.
7. Dites à ..... de vous lire le discours.
8. Demandez à ..... s'il a des billets pour le match de dimanche.
9. Dites à ..... de vous faire une coupe au rasoir.
10. Dites-moi la couleur de vos cheveux.
11. Demandez à ..... s'il faut arriver tôt pour avoir des places à un match.
12. Dites que vous n'aimez pas les cheveux longs.
13. Demandez à ..... à quelle heure il a rendez-vous en ville.
14. Dites à ..... de vous retrouver ici vers 2 heures.
15. Dites à ..... que vous ne voulez pas manquer le dernier match de la saison.
16. Dites à ..... de ne pas vous téléphoner au bureau.
17. Dites à ..... qu'il peut prendre votre auto parce que vous n'en avez pas besoin aujourd'hui.
18. Demandez à ..... si vous lui devez quelque chose.
19. Dites à ..... de me montrer son livre.
20. Dites à ..... de ne pas m'envoyer les livres par avion.
21. Demandez à ..... s'il a peur de conduire quand il neige.
22. Demandez à ..... s'il pleut.
23. Dites que vous ralentissez à cause de la pluie.
24. Dites que vous ne voudriez pas manquer votre train.

*Review Drills (not recorded)

Review 1

1. Dites-moi que vous ralentissez quand vous arrivez en ville.
2. Dites-moi de ralentir quand j'arrive en ville.
3. Dites-moi de téléphoner à mes amis.
4. Dites-moi de leur téléphoner ce soir.
5. Dites-moi que vous allez au bord de la mer.
6. Dites-moi d'y aller aussi.
7. Dites-moi que vous y allez pendant le week-end.
8. Dites-moi que je ne vous dérange pas.
9. Dites-moi de ne pas vous déranger.
10. Demandez-moi si je déjeune en ville.
11. Demandez-moi quand j'y déjeune.
12. Demandez-moi de vous réveiller à 7 heures.

Review 2

1. Je ne sais pas si je grossis ou maigris en été.
2. Il ne sait pas s'il grossit ou maigrit en été.
3. On ne sait pas si on grossit ou maigrit en été.
4. Nous ne savons pas si nous grossissons ou maigrissons en été.
5. Elles ne savent pas si elles grossissent ou maigrissent en été.
6. Vous ne savez pas si vous grossissez ou maigrissez en été.
7. Elle ne sait pas si elle grossit ou maigrit en été.
8. Ils ne savent pas s'ils grossissent ou maigrissent en été.
9. Je ne sais pas si je grossis ou maigris en été.

Review 3

Tutor : Achetez-vous des billets?
Student: Non, je n'en achète pas.

1.	Voulez-vous des lames au rasoir?	Non, je n'en veux pas.
2.	Pensez-vous à vos vacances?	Non, je n'y pense pas.
3.	Les enfants obéissent-ils à leurs parents?	Non, ils ne leur obéissent pas.
4.	Avez-vous des vacances cette année?	Non, je n'en ai pas.
5.	Aimez-vous la chaleur?	Non, je ne l'aime pas.
6.	Allez-vous au bord de la mer en été?	Non, je n'y vais pas.
7.	Avez-vous une auto?	Non, je n'en ai pas.
8.	Avez-vous besoin de l'auto?	Non, je n'en ai pas besoin.
9.	Les enfants vous dérangent-ils?	Non, ils ne me dérangent pas.
10.	Pleut-il souvent dans le Midi?	Non, il n'y pleut pas souvent.
11.	Neige-t-il souvent dans le Midi?	Non, il n'y neige pas souvent.
12.	Téléphonez-vous à votre ami?	Non, je ne lui téléphone pas.
13.	Fermez-vous le magasin?	Non, je ne le ferme pas.
14.	Est-ce que je vous dérange?	Non, vous ne me dérangez pas.

Review 4

1. Je leur téléphone.
2. Je les écoute.
3. Je les réveille.
4. Je leur obéis.
5. Je les cherche.
6. Je les regarde.
7. Je leur parle.
8. Je les remercie.
9. Je les quitte.
10. Je leur téléphone.

Review 5

1. Vous la cherchez?
2. Vous y allez?
3. Vous l'écoutez?
4. Vous y pensez?
5. Vous en avez besoin?
6. Vous y travaillez?
7. Vous la finissez?
8. Vous y déjeunez?
9. Vous la faites?

Review 6

Tutor : Il fait du café.
Student: Ils font du café.

1. Il aime la chaleur.	Ils aiment la chaleur.
2. Il grossit très vite.	Ils grossissent très vite.
3. Il déjeune à une heure.	Ils déjeunent à une heure.
4. Il est à Paris.	Ils sont à Paris.
5. Il écoute le discours.	Ils écoutent le discours.
6. Il loue le 2ème étage.	Ils louent le 2ème étage.
7. Il va dans le Midi.	Ils vont dans le Midi.
8. Il remercie le gérant.	Ils remercient le gérant.
9. Il ralentit parce qu'il pleut.	Ils ralentissent parce qu'il pleut.
10. Il atterrit à Paris.	Ils atterrissent à Paris.
11. Il sait quelque chose.	Ils savent quelque chose.
12. Il a les billets.	Ils ont les billets.
13. Il veut les billets.	Ils veulent les billets.

14. Il exagère souvent.   Ils exagèrent souvent.
15. Il peut rester.   Ils peuvent rester.
16. Il essaie quelque chose. Ils essaient quelque chose.

Review 7

Tutor : Il fait du café.   Tutor : Il fait froid.
Student: Ils font du café.   Student: Il fait froid.

1. Il fait beau.   Il fait beau.
2. Il a les billets.   Ils ont les billets.
3. Il y a du monde.   Il y a du monde.
4. Il pleut souvent.   Il pleut souvent.
5. Il fait de bonnes affaires.   Ils font de bonnes affaires.
6. Il a peur du gérant.   Ils ont peur du gérant.
7. Il finit la lettre.   Ils finissent la lettre.
8. Il gèle en hiver.   Il gèle en hiver.
9. Il fait froid.   Il fait froid.
10. Il reste une place.   Il reste une place.
11. Il y est.   Ils y sont.
12. Il y pleut.   Il y pleut.
13. Il faut partir plus tôt.   Il faut partir plus tôt.

Review 8

Tutor : Il en a.
Student: Ils en ont.

1. Il l'a.   Ils l'ont.
2. Il en veut.   Ils en veulent.
3. Il y va.   Ils y vont.
4. Il le fait.   Ils le font.
5. Il le sait.   Ils le savent.
6. Il en achète.   Ils en achètent.
7. Il la loue.   Ils la louent.
8. Il y reste.   Ils y restent.
9. Il les écoute.   Ils les écoutent.
10. Il en monte.   Ils en montent.
11. Il leur obéit.   Ils leur obéissent.
12. Il y pense.   Ils y pensent.
13. Il les remercie.   Ils les remercient.
14. Il le remplit.   Ils le remplissent.
15. Il en a peur.   Ils en ont peur.
16. Il en apporte.   Ils en apportent.

Review 9

Tutor : Ils en ont.
Student: Ils n'en ont pas.

1. Il y est.   Il n'y est pas.
2. Ils y sont.   Ils n'y sont pas.
3. Elles y vont.   Elles n'y vont pas.
4. Elles en font.   Elles n'en font pas.

5. Elle y va.   Elle n'y va pas.
6. Il les veut.   Il ne les veut pas.
7. Elle les accepte.   Elle ne les accepte pas.
8. Vous me dérangez.   Vous ne me dérangez pas.
9. Je l'envoie.   Je ne l'envoie pas.
10. Elles en envoient.   Elles n'en envoient pas.
11. Nous les réparons.   Nous ne les réparons pas.
12. Nous en vendons.   Nous n'en vendons pas.
13. Je l'aime.   Je ne l'aime pas.
14. J'en apporte.   Je n'en apporte pas.
15. Je les sais.   Je ne les sais pas.
16. Je les essaie.   Je ne les essaie pas.

Review 10

1. Si vous ne voulez pas acheter l'auto, ne l'achetez pas.
2. Si vous ne voulez pas demander le numéro, ne le demandez pas.
3. Si vous voulez acheter l'auto, achetez-la.
4. Si vous voulez téléphoner à votre ami, téléphonez-lui.
5. Si vous voulez essayer le costume, essayez-le.
6. Si vous voulez me téléphoner, téléphonez-moi.
7. Si vous voulez faire de la vitesse, faites-en.
8. Si vous ne voulez pas parler de vos affaires, n'en parlez pas.
9. Si vous voulez remercier vos amis, remerciez-les.
10. Si vous ne voulez pas aller dans le Midi, n'y allez pas.
11. Si vous voulez écouter le discours du Président, écoutez-le.

*Narration: Monsieur Perrier.

Connaissez-vous M. Perrier? Non? Eh bien! Je vais vous le présenter.

Il est grand, maigre, toujours bien habillé; c'est important dans les affaires.

Ce qu'il fait? Des affaires et c'est tout.

Il a une femme charmante, trois enfants, un fils et deux filles, mais qu'il ne voit pas souvent, il a trop de travail: Parisien, il habite un très joli quartier près du Parc des Princes, mais voyage beaucoup, pour affaires naturellement, et toujours par avion. Il est si pressé!

Bien entendu, il pourrait déjeuner ou dîner avec des amis, mais non, il y a les clients, toujours les clients qu'il ne faut pas manquer.

Il pourrait aussi prendre des vacances, aller dans le Midi où il a une grande villa, mais non, il n'a jamais le temps. Mme Perrier et les enfants y vont tout seuls. Les affaires sont les affaires.

M. Perrier a beaucoup lu, peut-être, mais quoi? Le dernier discours du Président? La rubrique sportive? Celle des accidents? Rien de plus. Il est trop pressé.

M. Perrier pourrait être heureux, il n'en a pas le temps.

Pauvre M. Perrier!

connaissez-vous	'do you know'
maigre	'thin'
habillé	'dressed'
important	'important'
charmante	'charming'
quartier	'neighborhood'
voyage	'travels'
naturellement	'naturally'
bien entendu	'of course'
dîner	'have dinner'
ne ... jamais	'never'
a lu	'has read'
pauvre	'poor'

Written Exercises (not recorded)

Exercise 1

Answer the following questions affirmatively.

1. Parlent-ils de leur livre? _____

2. Est-ce que vous allez bientôt à Paris? _____

3. Allons-nous à New York pendant le week-end? _____

4. Répond-on au gérant? _____

5. Téléphone-t-il à Janine ce soir? _____

6. Vos bagages sont-ils au premier étage? _____

7. Y a-t-il du monde en ville? _____

8. Ne pensez-vous pas à votre départ? _____

9. Ne parlez-vous pas aux employés le lundi? _____

10. Demandons-nous de la monnaie? _____

Exercise 2

Translate the following sentences.

1. Telephone him. _____

2. Look at them. _____

3. Ask for some. _____

4. Obey her. _____

5. Think of it. _____

6. Talk to us. _____

7. Don't listen to her. _____

8. Answer him. _____

9. Be at the station at 7 o'clock. _____

10. Try them on. _____

11. Let's talk about it. _____

12. Don't call us. _____

13. Know your lesson. _____

14. Be on time. _____

15. Please call him at 4 o'clock. _____

16. Have some change. _____

Exercise 3

Translate the following sentences.

1. She is going to buy a blue dress. _____

2. I am working with a pretty French girl. _____

3. I would like to buy a very small car. _____

4. The former President is talking tonight. _____

5. The weather is always nice in the south of France. _____

6. The maid is ironing his new shirts. _____

7. She has red hair. _____

8. She is English. _____

9. He is wearing a brown shirt. _____

10. Her new shoes are pretty. _____

Exercise 4

Write five sentences using the following verbs.

1. vieillir _____

2. remplir _____

3. atterrir _____

4. grandir _____

5. finir _____

(Answers on page 274)

<u>Unit 9</u>

DIALOGUE

<u>Au restaurant</u>	<u>At the restaurant</u>
M. Léger est arrivé à pied au nouvel immeuble où se trouve le bureau de M. Houdain. Les deux hommes vont déjeuner ensemble.	Mr. Léger has walked over to Mr. Houdain's new office building to join him for lunch.

M. LEGER

J'ai très faim après avoir tant marché.	I'm very hungry after having walked so much.
faim (f)	hunger
tant	so much
marcher (avoir marché)	to walk (to have walked)
N'y a-t-il pas de restaurant dans ce quartier?	Isn't there a restaurant in this neighborhood?
quartier (m)	neighbordhood

M. HOUDAIN

Si, je crois qu'il y en a un au coin de la rue.	Yes, I think there's one at the corner.
croire (je crois)	to believe (I believe)

M. LEGER

Vous avez raison, le voilà.	You're right. Here it is.
raison (f)	reason

M. HOUDAIN

Il n'a pas l'air mal et il n'est pas loin de l'immeuble.	It doesn't look bad and it's not far from the building.
avoir l'air	to appear, to seem
loin	far
immeuble (m)	building
(Ils entrent)	(They go in)
entrer	to enter

LE GARÇON

THE WAITER

Bonjour, Messieurs. Une table pour deux? Voici.	Good afternoon, Gentlemen. A table for two? Right here.

table (f)   table

M. LEGER

Prenez-vous un apéritif?   Are you going to have an apéritif?

    prendre (prenez-vous)   to take (are you taking)

M. HOUDAIN

Non, merci.
Je ne bois jamais
rien avant les repas.   No, thank you. I never drink anything before meals.

    boire (je bois)   to drink (I drink)
    jamais   never
    rien   nothing
    avant   before
    repas (m)   meal

M. LEGER

Moi, j'aimerais un
Dubonnet, garçon.   I'd like a Dubonnet, waiter.

    aimer (j'aimerais)   to love, to like (I would like)
    garçon (m)   boy

LE GARÇON

Très bien, Monsieur.
Voilà la carte.   Yes, Sir. Here's the menu.

    carte (f)   menu

M. HOUDAIN

Par quoi allez-vous
commencer?   What are you going to start with?

    quoi   what

M. LEGER

Par des
hors-d'oeuvre variés.
Et vous?   Assorted hors-d'oeuvre. And you?

    variés   assorted

M. HOUDAIN

Je prendrais bien un
peu de pâté.   I guess I'll have a little pâté.

    prendre (je prendrais)   to take (I would take)
    un peu (m)   a little
    pâté (m)   pâté

Ensuite, un
chateaubriand
avec
des pommes de terre frites.

Then a chateaubriand and some french
fried potatoes.

    ensuite
    chateaubriand
    pomme de terre (f)
    pommes de terre frites

    then, afterwards
    chateaubriand steak
    potato
    fried potatoes

    M. LEGER

Et pour moi
du gigot avec
des haricots.

And for me some leg of lamb with beans.

    gigot (m)
    haricot (m)

    leg of lamb
    bean

    LE GARÇON

Avez-vous choisi
votre dessert?

Have you chosen your dessert?

    dessert (m)

    dessert

    M. HOUDAIN

Pas encore,
nous verrons plus tard.

Not yet. We'll see later.

    voir (nous verrons)

    to see (we'll see)

    M. LEGER

Apportez-nous une
carafe de vin rouge.

Bring us a carafe of red wine.

    carafe (f)
    vin (m)

    carafe
    wine

    LE GARÇON

Bien, Messieurs.

Fine, gentlemen.

(Après le repas)

(After the meal)

    M. LEGER

Garçon!
Je voudrais un
paquet de Gauloises
et des allumettes.

Waiter! I'd like a pack of Gauloises
and some matches.

    allumette (f)

    match

    M. HOUDAIN

Apportez aussi

Bring the check too, please.

l'addition,
s'il vous plaît.

    addition (f)   check

M. LEGER

Ah! J'ai oublié
le pourboire.
Qu'est-ce qu'on laisse?

    Ah! I forgot the tip. What do we leave?

    oublier (j'ai oublié)   to forget (I forgot)
    laisser   to leave

M. HOUDAIN

Pas plus d'un franc, le
service est compris.

    Not more than one franc. The service is
included.

    compris   included

DIALOGUE NOTES

An <u>apéritif</u> is a wine processed with herbs, usually drunk before meals.
<u>Dubonnet</u> is a trade name of a popular apéritif wine.
<u>Gauloises</u> is a popular brand of cigarettes.
It is a widespread custom in France to include a service charge in the bill at
a restaurant or hotel.

USEFUL WORDS

1.	Est-ce que vous connaissez cet auteur américain?	Do you know that American author?
2.	Est-ce que vous connaissez <u>cet auteur russe?</u>	Do you know that Russian author?
3.	Est-ce que vous connaissez <u>cet auteur chinois?</u>	Do you know that Chinese author?
4.	Est-ce que vous connaissez <u>cet auteur espagnol?</u>	Do you know that Spanish author?
5.	Est-ce que vous connaissez <u>cet auteur allemand?</u>	Do you know that German author?
6.	Est-ce que vous connaissez <u>cet auteur italien?</u>	Do you know that Italian author?
7.	Est-ce que vous connaissez <u>cet auteur anglais?</u>	Do you know that English author?
8.	Est-ce que vous connaissez <u>cet auteur français?</u>	Do you know that French author?

1.	Emportez les couteaux.	Take away the knives.
2.	Emportez <u>les fourchettes.</u>	Take away the forks.
3.	Emportez <u>les cuillers.</u>	Take away the spoons.
4.	Emportez <u>les assiettes.</u>	Take away the plates.
5.	Emportez <u>les verres.</u>	Take away the glasses.
6.	Emportez <u>les serviettes.</u>	Take away the napkins.

1. Je suis en train de couper un morceau de fromage.	I'm cutting a piece of cheese.
2. Je suis en train de couper une tranche de pain.	I'm cutting a slice of bread.
3. Je suis en train de couper les pages du livre.	I'm cutting the pages of the book.
4. Je suis en train de couper les fleurs du jardin.	I'm cutting the flowers of the garden.
5. Je suis en train de couper le bout du cigare.	I'm cutting the end of the cigar.

Vocabulary Awareness (not recorded)

I'm very hungry.	J'ai très faim.
I'm hungry.	J'ai faim.
I'm afraid.	J'ai peur.
I'm cold.	J'ai froid.
I'm hot.	J'ai chaud.
I'm thirsty.	J'ai soif.
You're right.	Vous avez raison.
You're wrong.	Vous avez tort.
Are you hungry.	Avez-vous faim?
Are you thirsty.	Avez-vous soif?
I don't drink.	Je ne bois pas.
I never drink.	Je ne bois jamais.
I don't drink anything.	Je ne bois rien.
I don't drink anymore.	Je ne bois plus.
I never drink anything.	Je ne bois jamais rien.
I don't drink anything anymore.	Je ne bois plus rien.
I never drink anymore.	Je ne bois jamais plus.
I never drink anything anymore.	Je ne bois jamais plus rien.
not yet	pas encore
again	encore
afterwards	ensuite
later	plus tard
never	jamais
not more than one franc	pas plus d'un franc
not less than 10 francs	pas moins de dix francs.
a little more than 100 francs	un peu plus de cent francs
much less expensive	beaucoup moins cher/bien moins cher
much more expensive	bien plus cher/beaucoup plus cher

Lexical Drills

Lexical A-1

1. J'ai très faim après avoir tant marché.
2. Il a très faim après avoir tant marché.
3. Ils ont très faim après avoir tant marché.
4. Nous avons très faim après avoir tant marché.

5. Elle a très faim après avoir tant marché.
6. On a très faim après avoir tant marché.
7. Elles ont très faim après avoir tant marché.
8. J'ai très faim après avoir tant marché.

Lexical A-2

1. N'y a-t-il pas de restaurants dans ce quartier?
2. N'y a-t-il pas de magasins dans ce quartier?
3. N'y a-t-il pas d'hôtels dans ce quartier?
4. N'y a-t-il pas de bijouteries dans ce quartier?
5. N'y a-t-il pas d'épiceries dans ce quartier?
6. N'y a-t-il pas de cafés dans ce quartier?
7. N'y a-t-il pas de taxis dans ce quartier?
8. N'y a-t-il pas de pharmacies dans ce quartier?
9. N'y a-t-il pas de cordonniers dans ce quartier?
10. N'y a-t-il pas de restaurants dans ce quartier?

Lexical A-3

1. Il y en a un au coin de la rue.
2. Il y en a un à côté de la boucherie.
3. Il y en a un près de la pharmacie.
4. Il y en a un en face de l'hôtel.
5. Il y en a un à côté du magasin.
6. Il y en a un en face de l'épicerie.
7. Il y en a un près du café.
8. Il y en a un au coin de la rue.

Lexical A-4

1. Il n'a pas l'air mal.
2. Il n'a pas l'air pressé.
3. Il n'a pas l'air sportif.
4. Il n'a pas l'air bien.
5. Il n'a pas l'air facile.
6. Il n'a pas l'air bon.
7. Il n'a pas l'air satisfait.
8. Il n'a pas l'air mal.

Lexical A-5

1. Je ne bois jamais rien.
2. Je ne dis jamais rien.
3. Je ne sais jamais rien.
4. Je ne fais jamais rien.
5. Je ne trouve jamais rien.
6. Je n'achète jamais rien.
7. Je n'envoie jamais rien.
8. Je n'oublie jamais rien.
9. Je ne prends jamais rien.
10. Je ne finis jamais rien.
11. Je n'apporte jamais rien.
12. Je ne bois jamais rien.

Lexical A-6

1. Je ne bois jamais rien avant les repas.
2. Il ne boit jamais rien avant les repas.
3. Elle ne prend jamais rien avant les repas.
4. Je ne prends jamais rien avant les repas.
5. Elle ne boit jamais rien avant les repas.
6. On ne prend jamais rien avant les repas.
7. Je ne veux jamais rien avant les repas.

8. Elle ne veut jamais rien avant les repas.
9. Il ne prend jamais rien avant les repas.
10. Je ne bois jamais rien avant les repas.

Lexical A-7

1. Par quoi allez-vous commencer?
2. Par quoi voulez-vous commencer?
3. Par quoi vont-ils commencer?
4. Par quoi comptez-vous commencer?
5. Par quoi faut-il commencer?
6. Par quoi pensez-vous commencer?
7. Par quoi doit-il commencer?
8. Par quoi pense-t-elle commencer?
9. Par quoi désirez-vous commencer?
10. Par quoi espérez-vous commencer?
11. Par quoi pense-t-on commencer?
12. Par quoi allez-vous commencer?

Lexical A-8

1. Il n'est pas loin de l'immeuble.
2. Il n'est pas loin de la gare.
3. Il n'est pas loin de l'hôtel.
4. Il n'est pas loin de chez-vous.
5. Il n'est pas loin du bureau.
6. Il n'est pas loin de votre quartier.
7. Il n'est pas loin du restaurant.
8. Il n'est pas loin de la ville.
9. Il n'est pas loin du bord de la mer.
10. Il n'est pas loin de l'immeuble.

Lexical A-9

1. Je crois qu'il y en a un au coin de la rue.
2. Il croit qu'il y en a un au coin de la rue.
3. Elle est sûre qu'il y en a un au coin de la rue.
4. Je suis sûr qu'il y en a un au coin de la rue.
5. Nous sommes sûrs qu'il y en a un au coin de la rue.
6. J'espère qu'il y en a un au coin de la rue.
7. Elle croit qu'il y en a un au coin de la rue.
8. Nous espérons qu'il y en a un au coin de la rue.
9. Je sais qu'il y en a un au coin de la rue.
10. Je crois qu'il y en a un au coin de la rue.

Lexical A-10

1. Prenez-vous un apéritif?
2. Prend-il un apéritif?
3. Voulez-vous un apéritif?
4. Veulent-elles un apéritif?
5. Veut-elle un apéritif?
6. Désirez-vous un apéritif?

7. <u>Désire-t-il</u> un apéritif?
8. <u>Ont-ils</u> un apéritif?
9. <u>Reste-t-il</u> un apéritif?
10. <u>Demande-t-elle</u> un apéritif?
11. <u>Prenez-vous</u> un apéritif?

Lexical A-11

1. Je prendrais bien un peu de pâté.
2. Je prendrais bien <u>un apéritif.</u>
3. Je prendrais bien <u>une carafe de vin rouge.</u>
4. Je prendrais bien <u>des pommes de terre frites.</u>
5. Je prendrais bien <u>un Dubonnet.</u>
6. Je prendrais bien <u>un morceau de fromage.</u>
7. Je prendrais bien <u>une tranche de gigot.</u>
8. Je prendrais bien <u>un verre de vin blanc.</u>
9. Je prendrais bien <u>un peu de pâté.</u>

Lexical A-12

1. Avez-vous choisi votre dessert?
2. Avez-vous choisi <u>la date?</u>
3. Avez-vous choisi <u>votre vin?</u>
4. Avez-vous choisi <u>ce costume?</u>
5. Avez-vous choisi <u>ces gâteaux?</u>
6. Avez-vous choisi <u>autre chose?</u>
7. Avez-vous choisi <u>quelque chose?</u>
8. Avez-vous choisi <u>votre dessert?</u>

Lexical A-13

1. Pas encore, nous verrons plus tard.
2. Pas encore, nous verrons <u>demain.</u>
3. Pas encore, nous verrons <u>la semaine prochaine.</u>
4. Pas encore, nous verrons <u>dans un mois.</u>
5. Pas encore, nous verrons <u>dans quelques jours.</u>
6. Pas encore, nous verrons <u>ce soir.</u>
7. Pas encore, nous verrons <u>demain matin.</u>
8. Pas encore, nous verrons <u>dans quelques minutes.</u>
9. Pas encore, nous verrons <u>cet après-midi.</u>
10. Pas encore, nous verrons <u>plus tard.</u>

Lexical A-14

1. Apportez aussi l'addition, s'il vous plaît.
2. Apportez aussi <u>une serviette,</u> s'il vous plaît.
3. Apportez aussi <u>les journaux,</u> s'il vous plaît.
4. Apportez aussi <u>des allumettes,</u> s'il vous plaît.
5. Apportez aussi <u>les légumes,</u> s'il vous plaît.
6. Apportez aussi <u>de l'aspirine,</u> s'il vous plaît.
7. Apportez aussi <u>un autre apéritif,</u> s'il vous plaît.
8. Apportez aussi <u>une assiette,</u> s'il vous plaît.
9. Apportez aussi <u>l'addition,</u> s'il vous plaît.

Lexical A-15

1. J'ai oublié le pourboire.
2. J'ai oublié la date.
3. J'ai oublié le nom.
4. J'ai oublié mon rendez-vous.
5. J'ai oublié le numéro.
6. J'ai oublié ma lettre.
7. J'ai oublié mes clients.
8. J'ai oublié vos cigarettes.
9. J'ai oublié le pourboire.

Lexical A-16

1. Qu'est-ce qu'on laisse?
2. Qu'est-ce qu'on fait?
3. Qu'est-ce qu'on dit?
4. Qu'est-ce qu'on veut?
5. Qu'est-ce qu'on écoute?
6. Qu'est-ce qu'on parle?
7. Qu'est-ce qu'on trouve?
8. Qu'est-ce qu'on pense?
9. Qu'est-ce qu'on choisit?
10. Qu'est-ce qu'on risque?
11. Qu'est-ce qu'on boit?
12. Qu'est-ce qu'on prend?
13. Qu'est-ce qu'on a?
14. Qu'est-ce qu'on laisse?

Lexical A-17

1. Qu'est-ce qu'on laisse?
2. Qu'est-ce qu'ils disent?
3. Qu'est-ce qu'ils font?
4. Qu'est-ce qu'il veut?
5. Qu'est-ce qu'elles savent?
6. Qu'est-ce qu'il risque?
7. Qu'est-ce qu'elles apportent?
8. Qu'est-ce qu'ils ont?
9. Qu'est-ce qu'elle cherche?
10. Qu'est-ce qu'il pense?
11. Qu'est-ce qu'ils aiment?
12. Qu'est-ce qu'elle accepte?
13. Qu'est-ce qu'il demande?
14. Qu'est-ce qu'elle espère?
15. Qu'est-ce qu'on laisse?

Lexical A-18

1. Pas plus d'un franc.
2. Pas plus d'une heure.
3. Pas plus de dix jours.
4. Pas plus d'une semaine.
5. Pas plus de quinze jours.
6. Pas plus d'un mois.
7. Pas plus d'un an.
8. Pas plus d'un quart d'heure.
9. Pas plus de cinq minutes.
10. Pas plus d'un franc.

*Lexical B-1

1. J'ai faim.
2. Roger a faim.
3. Roger a raison.
4. Vous avez raison.
5. Vous avez froid.
6. Nous avons froid.
7. Nous avons peur.
8. Elle a peur.
9. Elle a chaud.
10. Ils ont chaud.
11. Ils ont faim.
12. J'ai faim

*Lexical B-2

1. Je crois qu'il y en a un au coin de la rue.
2. Je sais qu'il y en a un au coin de la rue.
3. Je sais qu'il y en a un près de chez vous.
4. Nous savons qu'il y en a un près de chez vous.
5. Nous savons qu'il y en a un à côté de l'immeuble.
6. J'espère qu'il y en a un à côté de l'immeuble.
7. J'espère qu'il y en a un en face de l'hôtel.
8. Ils disent qu'il y en a en en face de l'hôtel.
9. Ils disent qu'il y en a un au coin de la rue.
10. Je crois qu'il y en a un au coin de la rue.

*Lexical B-3

1. Je crois qu'il y en a un au coin de la rue.
2. Je crois qu'on nous attend au coin de la rue.
3. Je crois qu'on nous attend en face de la gare.
4. J'espère qu'on nous attend en face de la gare.
5. J'espère que nous les verrons en face de la gare.
6. J'espère que nous les verrons sur le quai de la gare.
7. Je sais que nous les verrons sur le quai de la gare.
8. Je sais qu'elle m'attend sur le quai de la gare.
9. Je sais qu'elle m'attend au coin de la rue.
10. Je crois qu'elle m'attend au coin de la rue.
11. Je crois qu'il y en a un au coin de la rue.

*Lexical B-4

1. Par quoi allez-vous commencer?
2. Comment allez-vous commencer?
3. Comment voulez-vous commencer?
4. Comment voulez-vous partir?
5. Pourquoi voulez-vous partir?
6. Pourquoi devez-vous partir?
7. Pourquoi devez-vous rentrer?
8. A quelle heure devez-vous rentrer?
9. A quelle heure allez-vous rentrer?
10. A quelle heure allez-vous commencer?
11. Par quoi allez-vous commencer?

*Lexical B-5

1. Je prendrais bien un peu de pâté.
2. Je prendrais bien une tranche de gigot.
3. Elle aimerait bien une tranche de gigot.
4. Elle aimerait bien un morceau de fromage.
5. Vous prendriez bien un morceau de fromage.
6. Vous prendriez bien un verre de vin blanc.
7. J'aimerais bien un verre de vin blanc.
8. J'aimerais bien un peu de pâté.
9. Je prendrais bien un peu de pâté.

*Lexical B-6

1. Prenez-vous un apéritif?
2. Désirez-vous un apéritif?
3. Désirez-vous un hors-d'oeuvre?
4. Voulez-vous un hors-d'oeuvre?
5. Voulez-vous du vin rouge?
6. Avez-vous du vin rouge?
7. Avez-vous du Dubonnet?
8. Reste-t-il du Dubonnet?
9. Reste-t-il des frites?
10. Prenez-vous des frites?
11. Prenez-vous un apéritif?

*Lexical B-7

1. Il n'est pas loin de l'immeuble.
2. C'est en face de l'immeuble.
3. C'est en face de l'hôtel.
4. C'est à cinq minutes de l'hôtel.
5. C'est à cinq minutes de la poste.
6. Il est à côté de la poste.
7. Il est à côté de la villa.
8. Ce n'est pas loin de la villa.
9. Ce n'est pas loin du bord de la mer.
10. C'est à un quart d'heure du bord de la mer.
11. C'est à un quart d'heure de l'immeuble.
12. Il n'est pas loin de l'immeuble.

*Lexical B-8

1. N'y a-t-il pas de restaurants dans ce quartier?
2. N'y a-t-il pas de cafés dans ce quartier?
3. Ne connaissez-vous pas de cafés dans ce quartier?
4. Ne connaissez-vous pas de cafés dans cette rue?
5. Ne connaissez-vous pas d'épiceries dans cette rue?
6. Ne trouve-t-on pas d'épiceries dans cette rue?
7. Ne trouve-t-on pas d'épiceries dans cette ville?
8. Ne trouve-t-on pas de magasins dans cette ville?
9. N'y a-t-il pas de magasins dans cette ville?
10. N'y a-t-il pas de magasins dans ce quartier?
11. N'y a-t-il pas de restaurants dans ce quartier?

Questions on the Dialogue

1. M. Léger a-t-il faim? — Oui, il a très faim.
2. A-t-il faim après avoir travaillé? — Non, il a faim après avoir marché.
3. Que cherche-t-il? — Il cherche un restaurant.
4. M. Léger est-il seul? — Non, il est avec M. Houdain.
5. Savent-ils qu'il y a un restaurant au coin de la rue? — Oui, ils le savent.

6. Le restaurant est-il loin de l'immeuble?

Non, il n'est pas loin de l'immeuble.

7. Comment est-il?

Il n'a pas l'air mal.

8. Les deux amis choisissent-ils une grande table?

Non, une table pour deux.

9. Combien de Dubonnets le garçon apporte-t-il?

Il apporte un Dubonnet.

10. M. Houdain boit-il avant les repas?

Non, il ne boit jamais rien avant les repas.

11. Avec quoi M. Houdain prend-il le châteaubriand?

Il le prend avec des pommes de terre frites.

12. Que prend M. Léger?

Il prend du gigot avec des haricots.

13. Choisissent-ils leur dessert?

Non, ils vont choisir plus tard.

14. Que vont-ils boire?

Ils veulent du vin rouge.

15. Prend-on le vin rouge après le repas?

Non, on le prend pendant le repas.

16. Le Dubonnet est-il un hors-d'oeuvre.

Non, c'est un apéritif.

17. Laissent-ils beaucoup de pourboire?

Non, ils ne laissent pas beaucoup de pourboire.

18. Pourquoi ne laissent-ils pas plus d'un franc?

Parce que le service est compris.

19. Laisse-t-on quelque chose au garçon?

Oui, on lui laisse un pourboire.

20. Qu'est-ce qu'il y a dans un paquet de Gauloises?

Il y a des cigarettes.

Grammar 1: Comparative & Superlative

Grammar Note

In French, the comparative and superlative forms of adjectives and adverbs are made in a way somewhat similar to English.

A. Comparative

a. <u>plus</u> ... <u>que</u> corresponds to the English comparative '....er than' or 'more ... than'.

(L.1-Gr.1)

Cette route est <u>plus</u> jolie <u>que</u> l'autre.	This road is prett<u>ier</u> <u>than</u> the other one.
La chemise blanche est <u>plus</u> chère <u>que</u> la bleue.	The white shirt is <u>more</u> expensive <u>than</u> the blue one.
Il parle <u>plus</u> lentement <u>que</u> moi.	He talks <u>more</u> slowly <u>than</u> I do.

b. <u>moins</u> ... <u>que</u> corresponds to the English 'less ... than'.

(L.2-Gr.1)

Il a fait <u>moins</u> froid <u>que</u> l'année dernière.	The weather has been <u>less</u> cold <u>than</u> last year.
Je téléphone <u>moins</u> souvent <u>que</u> lui.	I telephone <u>less</u> often <u>than</u> he does.

c. <u>aussi</u> ... <u>que</u> corresponds to the English 'as ... as'.

(L.3-Gr.1)

<u>Aussi</u> courts <u>que</u> d'habitude?   <u>As</u> short <u>as</u> usual?
<u>Elle</u> coûte <u>aussi</u> cher <u>que</u>   It costs <u>as</u> much <u>as</u> the other one.
l'autre.

Note that after a negative, <u>si</u> may be used instead of <u>aussi</u> in some expressions.

    Pas aussi courts que ça.   Pas si courts que ça.

B. Superlative

le plus
la plus   corresponds to English 'the most ...' or 'the ... est'.
les plus

le moins
la moins   corresponds to English 'the least'.
les moins

(L.7-Gr.1)

In the superlative form, the adjectives which habitually precede the noun can either precede or follow the noun.

    La plus jolie chambre.   The prettiest room.
    La chambre la plus jolie.   The prettiest room.

The adjectives which normally follow the noun must follow the noun when used in the superlative.

    Les jours les plus courts   The shortest days are in the winter.
    sont en hiver.
    Voici la robe la moins chère.   Here is the least expensive dress.

(L.8-Gr.1)

Irregular comparatives and superlatives will be studied in Unit 10-Gr.1.

Learning Drills

Learning 1

1. Cette auto est plus chère que l'autre.
2. Cette auto est <u>plus grande</u> que l'autre.
3. Cette auto est <u>plus petite</u> que l'autre.
4. Cette auto est <u>plus jolie</u> que l'autre.
5. Cette auto est <u>plus belle</u> que l'autre.
6. Cette auto est <u>plus vieille</u> que l'autre.
7. Cette auto est <u>plus claire</u> que l'autre.
8. Cette auto est <u>plus longue</u> que l'autre.

Learning 2

1. Ici, il fait moins mauvais qu'à Paris.
2. Ici, il fait <u>moins chaud</u> qu'à Paris.
3. Ici, il fait <u>moins froid</u> qu'à Paris.
4. Ici, il fait <u>moins humide</u> qu'à Paris.

5. Ici, il fait <u>moins sec</u> qu'à Paris.
6. Ici, il fait <u>moins beau</u> qu'à Paris.
7. Ici, il fait <u>moins clair</u> qu'à Paris.
8. Ici, il fait <u>moins mauvais</u> qu'à Paris.

Learning 3

1. La chambre douze est aussi grande que la chambre 14.
2. La chambre douze est <u>aussi jolie</u> que la chambre 14.
3. La chambre douze est <u>aussi agréable</u> que la chambre 14.
4. La chambre douze est <u>aussi chère</u> que la chambre 14.
5. La chambre douze est <u>aussi claire</u> que la chambre 14.
6. La chambre douze est <u>aussi humide</u> que la chambre 14.
7. La chambre douze est <u>aussi froide</u> que la chambre 14.
8. La chambre douze est <u>aussi grande</u> que la chambre 14.

Learning 4

1. Cet homme est <u>plus grand</u> que vous.
2. Cet homme est <u>aussi fort</u> que vous.
3. Cet homme est <u>plus petit</u> que vous.
4. Cet homme est <u>moins bien</u> que vous.
5. Cet homme est <u>plus vieux</u> que vous.
6. Cet homme est <u>plus gros</u> que vous.
7. Cet homme est <u>aussi brun</u> que vous.
8. Cet homme est <u>plus grand</u> que vous.

Learning 5

1. Cette auto n'est pas plus chère que l'autre.
2. Cette auto n'est pas <u>aussi chère</u> que l'autre.
3. Cette auto n'est pas <u>moins chère</u> que l'autre.
4. Cette auto n'est pas <u>plus petite</u> que l'autre.
5. Cette auto n'est pas <u>plus longue</u> que l'autre.
6. Cette auto n'est pas <u>aussi longue</u> que l'autre.
7. Cette auto n'est pas <u>aussi grande</u> que l'autre.
8. Cette auto n'est pas <u>aussi bonne</u> que l'autre.
9. Cette auto n'est pas <u>plus chère</u> que l'autre.

Learning 6

1. Sont-ils plus grands que les autres?
2. Sont-ils <u>aussi bons</u> que les autres?
3. Sont-ils <u>moins forts</u> que les autres?
4. Sont-ils <u>plus petits</u> que les autres?
5. Sont-ils <u>aussi courts</u> que les autres?
6. Sont-ils <u>moins chers</u> que les autres?
7. Sont-ils <u>plus beaux</u> que les autres?
8. Sont-ils <u>aussi vieux</u> que les autres?
9. Sont-ils <u>moins frais</u> que les autres?
10. Sont-ils <u>plus mauvais</u> que les autres?
11. Sont-ils <u>aussi longs</u> que les autres?
12. Sont-ils <u>aussi grands</u> que les autres?

*Learning 7

1. Voilà la plus jolie chambre.
2. Voilà la plus grande valise.
3. Voilà les plus petites chaussures.
4. Voilà le moins beau magasin.
5. Voilà le plus gros livre.
6. Voilà la moins belle région.
7. Voilà les moins gros paquets.
8. Voilà le plus bel hôtel.

*Learning 8

1. C'est le climat le plus agréable.
2. C'est la valise la plus chère.
3. C'est le jour le plus court.
4. C'est la leçon la plus longue.
5. C'est le paquet le plus lourd.
6. C'est la saison la plus humide.
7. C'est la région la plus sèche.
8. C'est le restaurant le plus cher.
9. C'est la route la plus glissante.

Practice Drills

Practice A-1

Tutor : C'est cher?
Student: Non, moins cher que d'habitude.

1. C'est bien?   Non, moins bien que d'habitude.
2. C'est mauvais?   Non, moins mauvais que d'habitude.
3. Il est tard?   Non, moins tard que d'habitude.
4. C'est cher?   Non, moins cher que d'habitude.
5. C'est chaud?   Non, moins chaud que d'habitude.
6. C'est bon?   Non, moins bon que d'habitude.
7. C'est loin?   Non, moins loin que d'habitude.
8. C'est long?   Non, moins long que d'habitude.
9. C'est fort?   Non, moins fort que d'habitude.

Practice A-2

Tutor : Vous ne trouvez pas qu'il fait chaud ici?
Student: Si, il fait plus chaud qu'à Paris.

1. Vous ne trouvez pas qu'il fait   Si, il fait plus froid qu'à Paris.
   froid ici?
2. Vous ne trouvez pas que c'est   Si, c'est plus cher qu'à Paris.
   très cher ici?
3. Vous ne trouvez pas qu'il fait   Si, il fait plus humide qu'à Paris.
   humide ici?
4. Vous ne trouvez pas qu'il fait   Si, il fait plus chaud qu'à Paris.
   chaud ici?

5. Vous ne trouvez pas que le   Si, il est plus mauvais qu'à Paris.
    service est mauvais ici?
6. Vous ne trouvez pas qu'il fait   Si, il fait plus sec qu'à Paris.
    très sec ici?
7. Vous ne trouvez pas qu'il fait   Si, il fait plus mauvais qu'à Paris.
    mauvais ici?
8. Vous ne trouvez pas que les   Si, ils sont plus petits qu'à Paris.
    magasins sont petits ici?

Practice A-3

1. Sont-ils plus grands que les autres?
2. Sont-ils aussi bons que les autres?
3. Sont-ils moins forts que les autres?
4. Sont-ils plus petits que les autres?
5. Sont-ils aussi courts que les autres?
6. Sont-ils moins chers que les autres?
7. Sont-ils plus beaux que les autres?
8. Sont-ils aussi vieux que les autres?
9. Sont-ils moins frais que les autres?
10. Sont-ils plus mauvais que les autres?
11. Sont-ils plus grands que les autres?

Practice A-4

Tutor : La nouvelle route est moins glissante que l'ancienne.
Student: L'ancienne route est plus glissante que la nouvelle.

1. Le vin rouge est moins sec que   Le vin blanc est plus sec que le rouge.
    le blanc.
2. La nouvelle route est moins   L'ancienne route est plus belle que la
    belle que l'ancienne.   nouvelle.
3. La robe rouge est moins chère   La robe verte est plus chère que la
    que la verte.   rouge.
4. Le manteau gris est moins long   Le manteau noir est plus long que le gris.
    que le noir.
5. Le printemps est moins chaud   L'été est plus chaud que le printemps.
    que l'été.
6. Le vin blanc est moins fort   Le vin rouge est plus fort que le blanc.
    que le rouge.
7. Lille est moins grand que Paris. Paris est plus grand que Lille.
8. La villa jaune est moins belle   La villa blanche est plus belle que la
    que la blanche.   jaune.
9. La malle verte est moins   La malle grise est plus grosse que la
    grosse que la grise.   verte.

Practice A-5

Tutor : Ce livre est-il aussi bien que l'autre?
Student: Non, il n'est pas aussi bien que l'autre.

1. Les valises sont-elles aussi   Non, elles ne sont pas aussi grandes que
    grandes que les malles?   les malles.

2. Le mois de février est-il   Non, il n'est pas aussi long que le mois
   aussi long que le mois de   de juillet.
   juillet?

3. Les autos françaises sont-elles   Non, elles ne sont pas aussi grandes que
   aussi grandes que les autos   les autos américaines.
   américaines?

4. Le train est-il aussi cher que   Non, il n'est pas aussi cher que l'avion.
   l'avion?

5. L'automne est-il aussi froid   Non, il n'est pas aussi froid que
   que l'hiver?   l'hiver.

6. Les Italiens sont-ils aussi   Non, ils ne sont pas aussi grands que les
   grands que les Américains?   Américains.

7. Les cigarettes américaines   Non, elles ne sont pas aussi fortes que
   sont-elles aussi fortes que   les Gauloises.
   les Gauloises?

8. Le printemps est-il aussi chaud   Non, il n'est pas aussi chaud que l'été.
   que l'été?

9. Le vin rouge est-il aussi sec   Non, il n'est pas aussi sec que le blanc.
   que le vin blanc?

Practice A-6

1. Il fait très sec aujourd'hui; il fait presque aussi sec qu'hier.
2. Il fait très mauvais aujourd'hui; il fait presque aussi mauvais qu'hier.
3. Il fait très humide aujourd'hui; il fait presque aussi humide qu'hier.
4. Il fait très beau aujourd'hui; il fait presque aussi beau qu'hier.
5. Il fait très froid aujourd'hui; il fait presque aussi froid qu'hier.
6. Il fait très clair aujourd'hui; il fait presque aussi clair qu'hier.
7. Il fait très frais aujourd'hui; il fait presque aussi frais qu'hier.
8. Il fait très chaud aujourd'hui; il fait presque aussi chaud qu'hier.
9. Il fait très bon aujourd'hui; il fait presque aussi bon qu'hier.

Practice A-7

Tutor : Janine est jolie; Christiane aussi.
Student: Janine est aussi jolie que Christiane.

1. La chambre 12 est grande; la   La chambre 12 est aussi grande que la
   chambre 14 aussi.   chambre 14.

2. Les Italiens parlent fort; les   Les Italiens parlent aussi fort que les
   Espagnols aussi.   Espagnols.

3. L'ancienne route est bonne; la   L'ancienne route est aussi bonne que la
   nouvelle aussi.   nouvelle.

4. Le vin rouge est sec; le blanc   Le vin rouge est aussi sec que le blanc.
   aussi.

5. Cette carafe est chère; l'autre Cette carafe est aussi chère que l'autre.
   aussi.

6. Ce couteau coupe bien; l'autre   Ce couteau coupe aussi bien que l'autre.
   aussi.

7. Ces places sont chères; les   Ces places sont aussi chères que les
   autres aussi.   autres.

8. Le texte anglais est long; le   Le texte anglais est aussi long que le
   texte français aussi.   texte français.

9. L'auteur russe est bon;   L'auteur russe est aussi bon que cet
   cet auteur américain aussi.   auteur américain.

Practice A-8

Tutor   : Paris est une grande ville; Lille aussi.
Student: Quelle est la plus grande?

1. L'auto noire est chère; la   Quelle est la plus chère?
   rouge aussi.
2. L'appartement du rez-de-chaussée Quel est le plus cher?
   est cher; celui du premier
   aussi.
3. Les autos allemandes sont   Quelles sont les plus petites?
   petites; les autos italiennes
   aussi.
4. Le vin blanc est fort; le vin   Quel est le plus fort?
   rouge aussi.
5. Les cigarettes françaises sont   Quelles sont les plus fortes?
   fortes; les cigarettes
   espagnoles aussi.
6. Cette région est humide; la   Quelle est la plus humide?
   Normandie aussi.
7. Mon bureau est grand; celui de   Quel est le plus grand?
   Janine aussi.
8. Le costume noir est très beau;   Quel est le plus beau?
   le gris aussi.

Practice A-9

Tutor   : Ce restaurant est moins cher que les autres restaurants de la ville.
Student: C'est le moins cher.

1. Cette ville est plus grande que   C'est la plus grande.
   les autres villes de la région.
2. Ces places sont plus chères que   Ce sont les plus chères.
   les autres.
3. Ces paquets sont moins gros que   Ce sont les moins gros.
   les autres.
4. Cette étudiante est plus forte   C'est la plus forte.
   que les autres.
5. Ce costume est plus beau que   C'est le plus beau.
   les autres.
6. Cette chambre est moins humide   C'est la moins humide.
   que les autres.
7. Ces robes sont plus courtes   Ce sont les plus courtes.
   que les autres.

Practice A-10

Tutor   : Il y a des hôtels plus grands que l'Hôtel du Midi.
Student: L'Hôtel du Midi n'est pas le plus grand.

Tutor   : Il n'y a pas d'hôtels plus grands que l'Hôtel du Midi.

Student: L'hôtel du Midi est le plus grand.

1. Il y a des costumes plus beaux   Le costume gris n'est pas le plus beau.
    que le costume gris.
2. Il n'y a pas de costumes plus   Le costume gris est le plus beau.
    beaux que le costume gris.
3. Il n'y a pas de costumes plus   Ces costumes gris sont les plus chers.
    chers que ces costumes gris.
4. Il y a des costumes plus chers   Ces costumes gris ne sont pas les plus
    que ces costumes gris.   chers.
5. Il n'y a pas de chambres plus   La chambre 14 est la plus humide.
    humides que la chambre 14.
6. Il y a des chambres plus humides La chambre 14 n'est pas la plus humide.
    que la chambre 14.
7. Il y a des routes plus glissan-   La route de Paris n'est pas la plus
    tes que la route de Paris.   glissante.
8. Il n'y a pas de restaurants   Ce restaurant russe est le plus cher.
    plus chers que ce restaurant
    russe.
9. Il n'y a pas de saisons plus   L'hiver est la saison la plus froide.
    froides que l'hiver.
10. Il n'y a pas de mois plus secs   Le mois d'août est le plus sec.
    que le mois d'août.

Grammar 2: Passé Composé (auxiliary <u>avoir</u>)

Grammar Note

Qu'avez-vous fait pendant le week-end?
Avez-vous choisi votre dessert?

A past tense called the <u>Passé Composé</u> is composed of the present of the auxiliary <u>avoir</u> (to have) or <u>être</u> (to be) followed by a past participle.

In this chapter, we are going to study the Passé Composé of the verbs conjugated with the auxiliary <u>avoir</u>. Here is a list of all such verbs which have occurred so far and the past participle form of each.

Infinitive	Past Participle	
accepter	accepté	to accept
acheter	acheté	to buy
aimer	aimé	to like, to love
appeler	appelé	to call
apporter	apporté	to bring
assurer	assuré	to insure
changer	changé	to change
chercher	cherché	to look for
commencer	commencé	to begin, to start
composer	composé	to compose, to dial
compter	compté	to count, to intend
couper	coupé	to cut
coûter	coûté	to cost
critiquer	critiqué	to criticize

décrocher	décroché	to pick up the receiver
déjeuner	déjeuné	to have lunch
demander	demandé	to ask
déposer	déposé	to drop off
déranger	dérangé	to bother
désirer	désiré	to desire, to wish
donner	donné	to give
écouter	écouté	to listen
emporter	emporté	to take away, along
enregistrer	enregistré	to check in, to register
envoyer	envoyé	to send
espérer	espéré	to hope
essayer	essayé	to try
exagérer	exagéré	to exaggerate
fermer	fermé	to close
geler	gelé	to freeze
habiter	habité	to reside, to live
laisser	laissé	to leave
laver	lavé	to wash
louer	loué	to rent
manquer	manqué	to miss
marcher	marché	to walk
montrer	montré	to show
neiger	neigé	to snow
nettoyer	nettoyé	to clean
oublier	oublié	to forget
parler	parlé	to speak
payer	payé	to pay
penser	pensé	to think
peser	pesé	to weigh
porter	porté	to carry
pousser	poussé	to push, to grow
présenter	présenté	to present, to introduce
prier	prié	to pray
quitter	quitté	to leave
raccrocher	raccroché	to hang up
recommander	recommandé	to recommend, to register
regarder	regardé	to look
remercier	remercié	to thank
réparer	réparé	to repair
repasser	repassé	to iron
répéter	répété	to repeat
retrouver	retrouvé	to meet, to find again
réveiller	réveillé	to wake
risquer	risqué	to run the risk
téléphoner	téléphoné	to telephone
travailler	travaillé	to work
traverser	traversé	to cross
trouver	trouvé	to find
atterrir	atterri	to land
choisir	choisi	to choose

finir	fini	to finish
grandir	grandi	to grow up
grossir	grossi	to gain weight
maigrir	maigri	to lose weight
obéir	obéi	to obey
pâlir	pâli	to become pale
ralentir	ralenti	to slow down
remplir	rempli	to fill out, up
réussir	réussi	to succeed
rougir	rougi	to blush
suivre	suivi	to follow
vieillir	vieilli	to grow old
conduire	conduit	to drive
dire	dit	to tell, to say
traduire	traduit	to translate
comprendre	compris	to understand
mettre	mis	to put
permettre	permis	to allow
prendre	pris	to take
transmettre	transmis	to transmit
entendre	entendu	to hear
répondre	répondu	to answer
vendre	vendu	to sell
avoir	eu	to have
boire	bu	to drink
connaître	connu	to know
croire	cru	to believe, to think
devoir	dû	to have to, to owe
falloir	fallu	to have to, to be necessary
lire	lu	to read
plaire	plu	to please
pleuvoir	plu	to rain
pouvoir	pu	to be able to
recevoir	reçu	to receive
retenir	retenu	to reserve
savoir	su	to know
voir	vu	to see
vouloir	voulu	to want
ouvrir	ouvert	to open
faire	fait	to do, to make
être	été	to be

SP   avoir   +   Past Participle

j'ai parlé	'I spoke'
il a parlé	'he spoke'
ils ont parlé	'they spoke'
nous avons parlé	'we spoke'

vous avez parlé   'you spoke'

                 SP___ne___avoir___pas + Past Participle

je n'ai pas parlé   'I didn't speak'
il n'a pas parlé   'he didn't speak'

ils n'ont pas parlé   'they didn't speak'
nous n'avons pas parlé   'we didn't speak'
vous n'avez pas parlé   'you didn't speak'

                 avoir___SP + Past Participle

ai-je parlé?   'did I speak?'
a-t-il parlé?   'did he speak?'

ont-ils parlé?   'did they speak?'
avons-nous parlé?   'did we speak?'
avez-vous parlé?   'did you speak?'

                 ne___avoir___SP___pas + Past Participle

n'ai-je pas parlé?   'didn't I speak?'
n'a-t-il pas parlé?   'didn't he speak?'

n'ont-ils pas parlé?   'didn't they speak?'
n'avons-nous pas parlé?   'didn't we speak?'
n'avez-vous pas parlé?   'didn't you speak?'

As we have indicated before in Unit 8, Grammar 1, some past participles **are** also used as adjectives:

un paquet recommandé   'a registered package'

As such, they follow the same rules as the adjectives and agree in gender and number with the noun they modify.

Learning Drills

Learning 1

1. Nous avons déjeuné.
2. Nous avons travaillé.
3. Nous avons réparé.
4. Nous avons essayé.
5. Nous avons marché.
6. Nous avons fermé.
7. Nous avons commencé.
8. Nous avons accepté.
9. Nous avons nettoyé.
10. Nous avons oublié.
11. Nous avons payé.
12. Nous avons téléphoné.

Learning 2

1. Nous avons déjeuné.
2. Il a déjeuné.
3. Elles ont déjeuné.
4. Vous avez déjeuné.
5. J'ai déjeuné.
6. Ils ont déjeuné.
7. Elle a déjeuné.
8. On a déjeuné.
9. Nous avons déjeuné.

Learning 3

1. Il a fini.
2. Il a choisi.
3. Il a grandi.
4. Il a grossi.
5. Il a maigri.
6. Il a pâli.
7. Il a ralenti.
8. Il a réussi.
9. Il a rougi.
10. Il a vieilli.

Learning 4

1. Nous avons fini.
2. Il a fini.
3. Elles ont fini.
4. Vous avez fini.
5. Elle a fini.
6. On a fini.
7. J'ai fini.
8. Ils ont fini.

Learning 5

1. J'ai eu peur.
2. Il a eu peur.
3. Nous avons eu peur.
4. Elles ont eu peur.
5. On a eu peur.
6. Vous avez eu peur.
7. Ils ont eu peur.
8. Elle a eu peur.

Learning 6

1. Il les ont compris.
2. Je les ai compris.
3. Il les a compris.
4. Nous les avons compris.
5. Elle les a compris.
6. Vous les avez compris.
7. On les a compris.
8. Elles les ont compris.

Learning 7

1. Je les ai vendus.
2. Je les ai bus.
3. Je les ai crus.
4. Je les ai sus.
5. Je les ai entendus.
6. Je les ai reçus.
7. Je les ai lus.
8. Je les ai retenus.
9. Je les ai eus.
10. Je les ai vus.

Learning 8

1. Il lui a répondu.
2. Je lui ai répondu.
3. Nous lui avons répondu.
4. Vous lui avez répondu.
5. On lui a répondu.
6. Elles lui ont répondu.
7. Elle lui a répondu.
8. Ils lui ont répondu.

Learning 9

1. Ils en ont vendu.
2. Ils en ont acheté.
3. Ils en ont voulu.
4. Ils en ont traduit.
5. Ils en ont trouvé.
6. Ils en ont lu.
7. Ils en ont pris.
8. Ils en ont fait.
9. Ils en ont eu.

Learning 10

1. En a-t-il acheté?
2. En a-t-il trouvé?
3. En a-t-il traduit?
4. En a-t-il choisi?
5. En a-t-il connu?
6. En a-t-il ouvert?
7. En a-t-il fait?
8. En a-t-il emporté?
9. En a-t-il essayé?

Learning 11

1. Nous y avons habité.
2. Ils y ont habité.
3. Elle y a habité.

4. J'y ai habité.
5. <u>Elles y ont</u> habité.
6. <u>On y a</u> habité.
7. <u>Vous y avez</u> habité.
8. <u>Il y a</u> habité.

Learning 12

1. Je ne les ai pas trouvés.
2. <u>Je n'en ai pas</u> trouvé.
3. <u>Je ne l'ai pas</u> trouvé.
4. <u>Je ne vous ai pas</u> trouvé.
5. <u>Il ne m'a pas</u> trouvé.
6. <u>Il ne nous a pas</u> trouvés.
7. <u>Il ne les a pas</u> trouvés.
8. <u>Il ne l'a pas</u> trouvé.
9. <u>Il n'en a pas</u> trouvé.
10. <u>Il ne vous a pas</u> trouvé.

Practice Drills

Practice A-1

Tutor : J'achète du vin.
Student: J'ai acheté du vin.

1. J'assure les bagages.	J'ai assuré les bagages.
2. J'apporte les textes.	J'ai apporté les textes.
3. J'écoute le discours.	J'ai écouté le discours.
4. J'emporte des vêtements chauds.	J'ai emporté des vêtements chauds.
5. J'envoie un télégramme.	J'ai envoyé un télégramme.
6. J'essaie le costume.	J'ai essayé le costume.
7. J'habite en ville.	J'ai habité en ville.
8. J'oublie quelque chose.	J'ai oublié quelque chose.
9. J'ai très peur.	J'ai eu très peur.

Practice A-2

Tutor : Elle finit à deux heures.
Student: Elle a fini à deux heures.

1. Elles finissent à six heures.	Elles ont fini à six heures.
2. Il remplit les valises.	Il a rempli les valises.
3. Ils remplissent leurs valises.	Ils ont rempli leurs valises.
4. L'avion atterrit à Paris.	L'avion a atterri à Paris.
5. Les avions atterrissent à Paris.	Les avions ont atterri à Paris.
6. Elle obéit à ses parents.	Elle a obéi à ses parents.
7. Ils obéissent à leurs parents.	Ils ont obéi à leurs parents.
8. Elle rougit.	Elle a rougi.
9. Elles rougissent.	Elles ont rougi.

Practice A-3

Tutor   :   Je ferme la fenêtre.
Student: J'ai fermé la fenêtre.

1. Je remercie mes amis.	J'ai remercié mes amis.
2. Je ralentis.	J'ai ralenti.
3. Ils écoutent le discours.	Ils ont écouté le discours.
4. Je loue une place.	J'ai loué une place.
5. Il dit quelque chose.	Il a dit quelque chose.
6. Je prends un taxi.	J'ai pris un taxi.
7. Nous laissons un pourboire.	Nous avons laissé un pourboire.
8. Ils achètent les billets.	Ils ont acheté les billets.
9. Elle apporte le courrier.	Elle a apporté le courrier.

Practice A-4

1. Il fait beau.	Il a fait beau.
2. Il pleut.	Il a plu.
3. Ils font leurs bagages.	Ils ont fait leurs bagages.
4. Il fait froid.	Il a fait froid.
5. Il fait ses valises.	Il a fait ses valises.
6. Il gèle.	Il a gelé.
7. Il fait chaud.	Il a fait chaud.
8. Ils font un gâteau.	Ils ont fait un gâteau.
9. Il fait mauvais.	Il a fait mauvais.
10. Il fait sec.	Il a fait sec.
11. Ils font quelque chose.	Ils ont fait quelque chose.

Practice A-5

Tutor   :   Vous allez lire le journal?
Student: Non, je l'ai déjà lu.

1. Vous allez acheter le billet?	Non, je l'ai déjà acheté.
2. Vous allez retenir la place?	Non, je l'ai déjà retenue.
3. Vous allez voir votre ami?	Non, je l'ai déjà vu.
4. Vous allez laver l'auto?	Non, je l'ai déjà lavée.
5. Vous allez remplir la fiche?	Non, je l'ai déjà remplie.
6. Vous allez écrire le discours?	Non, je l'ai déjà écrit.
7. Vous allez faire le café?	Non, je l'ai déjà fait.
8. Vous allez réparer l'auto?	Non, je l'ai déjà réparée.
9. Vous allez envoyer la lettre?	Non, je l'ai déjà envoyée.
10. Vous allez essayer le costume?	Non, je l'ai déjà essayé.

Practice A-6

1. Je n'ai pas faim; j'ai déjeuné tard.
2. Ils n'ont pas faim; ils ont déjeuné tard.
3. Nous n'avons pas faim; nous avons déjeuné tard.
4. Elle n'a pas faim; elle a déjeuné tard.
5. On n'a pas faim; on a déjeuné tard.
6. Je n'ai pas faim; j'ai déjeuné tard.
7. Elles n'ont pas faim; elles ont déjeuné tard.
8. Il n'a pas faim; il a déjeuné tard.

Practice A-7

1. Il a essayé plusieurs costumes, mais il n'en a pas acheté.
2. Nous avons essayé plusieurs costumes, mais nous n'en avons pas acheté.
3. J'ai essayé plusieurs costumes, mais je n'en ai pas acheté.
4. Elle a essayé plusieurs robes, mais elle n'en a pas acheté.
5. Vous avez essayé plusieurs robes, mais vous n'en avez pas acheté.
6. Ils ont essayé plusieurs costumes, mais ils n'en ont pas acheté.
7. On a essayé plusieurs costumes, mais on n'en a pas acheté.
8. Elles ont essayé plusieurs robes, mais elles n'en ont pas acheté.
9. Nous avons essayé plusieurs costumes, mais nous n'en avons pas acheté.

Practice A-8

Tutor : J'ai téléphoné.
Student: Quand avez-vous téléphoné?

1. Mes amis ont téléphoné.   Quand ont-ils téléphoné?
2. Elle a déjeuné.   Quand a-t-elle déjeuné?
3. L'avion a atterri.   Quand a-t-il atterri?
4. Ils ont commencé.   Quand ont-ils commencé?
5. J'ai fini.   Quand avez-vous fini?
6. Il a plu.   Quand a-t-il plu?
7. Ils ont accepté.   Quand ont-ils accepté?
8. Le magasin a ouvert.   Quand a-t-il ouvert?
9. Elles ont répondu.   Quand ont-elles répondu?
10. J'ai déjeuné.   Quand avez-vous déjeuné?

Practice A-9

Tutor : J'ai envoyé la lettre.
Student: Quand l'avez-vous envoyée?

1. J'ai envoyé les lettres.   Quand les avez-vous envoyées?
2. J'ai vu votre ami.   Quand l'avez-vous vu?
3. J'ai vu vos amis.   Quand les avez-vous vus?
4. J'ai vu votre ami.   Quand l'avez-vous vu?
5. J'ai acheté la villa.   Quand l'avez-vous achetée?
6. J'ai acheté les livres.   Quand les avez-vous achetés?
7. J'ai rempli les fiches.   Quand les avez-vous remplies?
8. J'ai rempli la fiche.   Quand l'avez-vous remplie?
9. J'ai pris les billets.   Quand les avez-vous pris?
10. J'ai pris le billet.   Quand l'avez-vous pris?
11. J'ai retenu les places.   Quand les avez-vous retenues?
12. J'ai retenu des chambres.   Quand en avez-vous retenu?
13. J'ai retenu la chambre.   Quand l'avez-vous retenue?
14. J'ai fermé la fenêtre.   Quand l'avez-vous fermée?
15. J'ai ouvert le magasin.   Quand l'avez-vous ouvert?
16. J'ai loué la villa.   Quand l'avez-vous louée?
17. J'ai nettoyé le costume.   Quand l'avez-vous nettoyé?
18. J'ai réparé l'auto.   Quand l'avez-vous réparée?
19. J'ai retrouvé les paquets.   Quand les avez-vous retrouvés?

Practice A-10

Tutor : J'ai téléphoné à mes amis.
Student: Quand leur avez-vous téléphoné?

1. J'ai vu mes amis.	Quand les avez-vous vus?
2. J'ai téléphoné à mon ami.	Quand lui avez-vous téléphoné?
3. J'ai acheté les billets.	Quand les avez-vous achetés?
4. J'ai parlé à mes amis.	Quand leur avez-vous parlé?
5. J'ai travaillé à Paris.	Quand y avez-vous travaillé?
6. J'ai rempli ma fiche.	Quand l'avez-vous remplie?
7. J'ai déjeuné au restaurant.	Quand y avez-vous déjeuné?
8. J'ai envoyé les paquets.	Quand les avez-vous envoyés?
9. J'ai parlé de l'affaire.	Quand en avez-vous parlé?
10. J'ai répondu au courrier.	Quand y avez-vous répondu?

Practice A-11

Tutor : Mon ami m'a téléphoné.
Student: Quand vous a-t-il téléphoné?

1. J'ai vu mes amis.	Quand les avez-vous vus?
2. On m'a téléphoné.	Quand vous a-t-on téléphoné?
3. J'ai lu les journaux.	Quand les avez-vous lus?
4. J'ai remercié la concierge.	Quand l'avez-vous remerciée?
5. J'ai ouvert les paquets.	Quand les avez-vous ouverts?
6. J'ai habité dans le Midi.	Quand y avez-vous habité?
7. Mes amis m'ont écrit.	Quand vous ont-ils écrit?
8. On vous a téléphoné.	Quand m'a-t-on téléphoné?
9. On m'a réveillé.	Quand vous a-t-on réveillé?
10. Je vous ai écrit.	Quand m'avez-vous écrit?

Practice A-12

Tutor : Avez-vous déjeuné?
Student: Oui, j'ai déjeuné.

1. Vos amis ont-ils déjeuné?	Oui, ils ont déjeuné.
2. L'avion a-t-il atterri?	Oui, il a atterri.
3. Vos amies ont-elles accepté?	Oui, elles ont accepté.
4. Avez-vous téléphoné?	Oui, j'ai téléphoné.
5. Votre amie a-t-elle conduit?	Oui, elle a conduit.
6. Avez-vous ralenti?	Oui, j'ai ralenti.
7. A-t-on compris?	Oui, on a compris.
8. Avez-vous travaillé?	Oui, j'ai travaillé.
9. A-t-on raccroché?	Oui, on a raccroché.
10. Est-ce que j'ai exagéré?	Oui, vous avez exagéré.

Practice A-13

Tutor : Avez-vous acheté la villa?
Student: Oui, je l'ai achetée.

1. Avez-vous déjeuné au restaurant?	Oui, j'y ai déjeuné.
2. Avez-vous réveillé vos amis?	Oui, je les ai réveillés.

3. Avez-vous pensé aux vacances?   Oui, j'y ai pensé.
4. Avez-vous parlé de l'affaire?   Oui, j'en ai parlé.
5. Avez-vous trouvé des allumettes? Oui, j'en ai trouvé.
6. Avez-vous écouté le discours?   Oui, je l'ai écouté.
7. Avez-vous lu le courrier?   Oui, je l'ai lu.
8. Avez-vous fermé les fenêtres?   Oui, je les ai fermées.
9. Avez-vous téléphoné à votre ami? Oui, je lui ai téléphoné.
10. Avez-vous répondu à la lettre?   Oui, j'y ai répondu.
11. Avez-vous répondu à vos amis?   Oui, je leur ai répondu.
12. Avez-vous pesé les colis?   Oui, je les ai pesés.
13. Avez-vous apporté la lettre?   Oui, je l'ai apportée.
14. Avez-vous su la leçon?   Oui, je l'ai sue.

Practice A-14

Tutor : Avez-vous la valise?
Student: Oui, je l'ai.

1. Avez-vous fini la valise?   Oui, je l'ai finie.
2. Avez-vous les bagages?   Oui, je les ai.
3. Avez-vous fait les bagages?   Oui, je les ai faits.
4. Savez-vous la leçon?   Oui, je la sais.
5. Avez-vous su la leçon?   Oui, je l'ai sue.
6. Avez-vous la leçon?   Oui, je l'ai.
7. Avez-vous des allumettes?   Oui, j'en ai.
8. Avez-vous acheté des allumettes? Oui, j'en ai acheté.
9. Avez-vous les textes?   Oui, je les ai.
10. Avez-vous apporté les textes?   Oui, je les ai apportés.
11. Avez-vous acheté du fromage?   Oui, j'en ai acheté.
12. Avez-vous du fromage?   Oui, j'en ai.
13. Avez-vous le numéro?   Oui, je l'ai.
14. Avez-vous écrit le numéro?   Oui, je l'ai écrit.
15. Avez-vous le télégramme?   Oui, je l'ai.
16. Avez-vous envoyé le télégramme? Oui, je l'ai envoyé.

Practice A-15

Tutor : Avez-vous acheté le costume?
Student: Oui, je l'ai acheté.

1. L'avez-vous?   Oui, je l'ai.
2. L'avez-vous essayé?   Oui, je l'ai essayé.
3. Avez-vous acheté des livres?   Oui, j'en ai acheté.
4. Les avez-vous lus?   Oui, je les ai lus.
5. Avez-vous trouvé le restaurant? Oui, je l'ai trouvé.
6. Y avez-vous déjeuné?   Oui, j'y ai déjeuné.
7. Avez-vous vu vos amis?   Oui, je les ai vus.
8. Leur avez-vous parlé?   Oui, je leur ai parlé.
9. Avez-vous trouvé des fiches?   Oui, j'en ai trouvé.
10. Les avez-vous remplies?   Oui, je les ai remplies.
11. Avez-vous monté le courrier?   Oui, je l'ai monté.
12. L'avez-vous lu?   Oui, je l'ai lu.
13. Avez-vous vu Janine?   Oui, je l'ai vue.

14. Lui avez-vous parlé?	Oui, je lui ai parlé.
15. Avez-vous les valises?	Oui, je les ai.
16. Les a-t-on montées?	Oui, on les a montées.
17. Avez-vous vu Janine?	Oui, je l'ai vue.
18. L'avez-vous remerciée?	Oui, je l'ai remerciée.
19. Avez-vous la lettre?	Oui, je l'ai.
20. L'avez-vous signée?	Oui, je l'ai signée.

Practice A-16

Tutor   : J'ai raccroché.
Student: Pourquoi avez-vous raccroché?

1. Ils ont ralenti.	Pourquoi ont-ils ralenti?
2. Ils ralentissent.	Pourquoi ralentissent-ils?
3. Elle rougit.	Pourquoi rougit-elle?
4. Elle a rougi.	Pourquoi a-t-elle rougi?
5. Ils ont peur.	Pourquoi ont-ils peur?
6. Ils ont eu peur.	Pourquoi ont-ils eu peur?
7. Je déjeune à deux heures.	Pourquoi déjeunez-vous à 2 heures?
8. J'ai déjeuné à 2 heures.	Pourquoi avez-vous déjeuné à 2 heures?
9. J'ai marché.	Pourquoi avez-vous marché?
10. Ils ont pris l'avion.	Pourquoi l'ont-ils pris?
11. Elle a pâli.	Pourquoi a-t-elle pâli?
12. J'ai téléphoné.	Pourquoi avez-vous téléphoné?
13. Ils ont téléphoné.	Pourquoi ont-ils téléphoné?
14. Elle a raccroché.	Pourquoi a-t-elle raccroché?

Practice A-17

Tutor   : Mes amis ne m'ont pas réveillé.
Student: Pourquoi ne vous ont-ils pas réveillé?

1. On n'a pas fermé les fenêtres.	Pourquoi ne les a-t-on pas fermées?
2. Je n'ai pas déjeuné.	Pourquoi n'avez-vous pas déjeuné?
3. Elle n'a pas essayé la robe.	Pourquoi ne l'a-t-elle pas essayée?
4. Je n'ai pas acheté d'allumettes.	Pourquoi n'en avez-vous pas acheté?
5. Mes amis n'ont pas ralenti.	Pourquoi n'ont-ils pas ralenti?
6. Je ne vous ai pas attendu.	Pourquoi ne m'avez-vous pas attendu?
7. Je n'ai pas apporté la valise.	Pourquoi ne l'avez-vous pas apportée?
8. Ils n'ont pas laissé de pourboire.	Pourquoi n'en ont-ils pas laissé?
9. On n'a pas monté les valises.	Pourquoi ne les a-t-on pas montées?
10. On n'a pas réparé l'auto.	Pourquoi ne l'a-t-on pas réparée?
11. Je n'ai pas téléphoné à vos amis.	Pourquoi ne leur avez-vous pas téléphoné?
12. On n'a pas réveillé les enfants.	Pourquoi ne les a-t-on pas réveillés?
13. Je n'ai pas écrit.	Pourquoi n'avez-vous pas écrit?
14. Les enfants n'ont pas obéi.	Pourquoi n'ont-ils pas obéi?
15. On n'a pas fini la route.	Pourquoi ne l'a-t-on pas finie?
16. On n'a pas payé les employés.	Pourquoi ne les a-t-on pas payés?
17. Je n'ai pas ouvert le colis.	Pourquoi ne l'avez-vous pas ouvert?
18. Ils n'ont pas travaillé.	Pourquoi n'ont-ils pas travaillé?

19. Je n'ai pas rempli de fiches.   Pourquoi n'en avez-vous pas rempli?

Practice A-18

Tutor : Mes amis ne louent pas la villa.
Student: Pourquoi ne la louent-ils pas?

1. Je n'ai pas loué la villa.   Pourquoi ne l'avez-vous pas louée?
2. Je n'aime pas l'hiver.   Pourquoi ne l'aimez-vous pas?
3. Ma soeur n'a pas aimé la   Pourquoi ne l'a-t-elle pas aimée?
   Normandie.
4. Je n'ai pas retenu les places.   Pourquoi ne les avez-vous pas retenues?
5. Ils ne m'ont pas attendu.   Pourquoi ne vous ont-ils pas attendu?
6. Je n'ai pas attendu mes amis.   Pourquoi ne les avez-vous pas attendus?
7. Je n'ai pas regardé.   Pourquoi n'avez-vous pas regardé?
8. Il n'a pas accepté.   Pourquoi n'a-t-il pas accepté?
9. Je n'ai pas pris de couchettes.   Pourquoi n'en avez-vous pas pris?
10. Je ne déjeune pas.   Pourquoi ne déjeunez-vous pas?
11. Ils n'ont pas travaillé.   Pourquoi n'ont-ils pas travaillé?
12. On n'a pas construit de   Pourquoi n'en a-t-on pas construit?
    nouvelles routes.
13. Je ne conduis pas.   Pourquoi ne conduisez-vous pas?
14. Je n'ai pas apporté les   Pourquoi ne les avez-vous pas apportés?
    livres.

Practice A-19

1. Je n'ai pas de courrier; en avez-vous?
2. Je n'ai pas de bagages; en avez-vous?
3. Je n'ai pas reçu de télégrammes; en avez-vous reçu?
4. Je n'ai pas vu mes amis; les avez-vous vus?
5. Je n'ai pas grossi; avez-vous grossi?
6. Je n'ai pas de travail; en avez-vous?
7. Je ne travaille pas; travaillez-vous?
8. Je ne comprends pas; comprenez-vous?
9. Je ne comprends pas le texte; le comprenez-vous?
10. Je n'ai pas payé l'addition; l'avez-vous payée?
11. Je n'ai pas vu le match; l'avez-vous vu?
12. Je n'ai pas entendu le discours; l'avez-vous entendu?
13. Je n'ai pas d'allumettes; en avez-vous?
14. Je ne laisse pas de pourboire; en laissez-vous?
15. Je n'ai pas laissé de pourboire; en avez-vous laissé?
16. Je ne pense pas aux vacances; y pensez-vous?
17. Je n'ai pas pensé aux vacances; y avez-vous pensé?
18. Je n'ai pas emporté d'allumettes; en avez-vous emporté?

Grammar 3: Order of Object Pronouns

Grammar Note

Voulez-vous me la montrer?
La femme de chambre va vous y conduire.
Donnez-m'en quatre.

All the object pronoun forms and their positions relative to the verb have been presented. The object pronoun forms can occur in sequence; more than two never occur. The sequence is shown in the tables below:

a. All cases except the affirmative imperative.

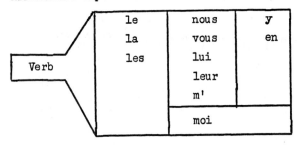

me	le	lui	y	
nous	la	leur	en	Verb
vous	les			

b. Affirmative imperative.

	le	nous	y
Verb	la	vous	en
	les	lui	
		leur	
		m'	
		moi	

Learning Drills

Learning 1

1. Il me l'a apporté.
2. Il me l'a dit.
3. Il me l'a laissé.
4. Il me l'a donné.
5. Il me l'a présenté.
6. Il me l'a traduit.
7. Il me l'a envoyé.
8. Il me l'a apporté.

Learning 2

1. Il me les a apportés.
2. Il me les a lus.
3. Il me les a laissés.
4. Il me les a donnés.
5. Il me les a présentés.
6. Il me les a traduits.
7. Il me les a envoyés.
8. Il me les a apportés.

Learning 3

1. Je vous les ai montés.
2. Je vous les ai laissés.
3. Je vous les ai apportés.
4. Je vous les ai donnés.
5. Je vous les ai envoyés.
6. Je vous les ai traduits.
7. Je vous les ai achetés.
8. Je vous les ai présentés.

Learning 4

1. Je vous l'ai dit.
2. Je vous l'ai lu.
3. Je vous l'ai apporté.
4. Je vous l'ai écrit.
5. Je vous l'ai envoyé.
6. Je vous l'ai donné.
7. Je vous l'ai demandé.
8. Je vous l'ai traduit.
9. Je vous l'ai présenté.

Learning 5

1. Vous nous l'avez dit.
2. Vous nous l'avez apporté.
3. Vous nous l'avez présenté.
4. Vous nous l'avez envoyé.
5. Vous nous l'avez demandé.
6. Vous nous l'avez écrit.
7. Vous nous l'avez donné.
8. Vous nous l'avez traduit.
9. Vous nous l'avez lu.

Learning 6

1. Nous vous l'avons apporté.
2. Nous vous l'avons présenté.
3. Nous vous l'avons dit.
4. Nous vous l'avons écrit.
5. Nous vous l'avons traduit.
6. Nous vous l'avons demandé.
7. Nous vous l'avons envoyé.

Learning 7

1. Vous nous les avez achetés.
2. Vous nous les avez demandés.
3. Vous nous les avez envoyés.
4. Vous nous les avez apportés.
5. Vous nous les avez traduits.
6. Vous nous les avez présentés.
7. Vous nous les avez laissés.
8. Vous nous les avez achetés.

Learning 8

1. Je vous en ai apporté.
2. Je vous en ai laissé.
3. Je vous en ai traduit.
4. Je vous en ai acheté.
5. Je vous en ai pris.
6. Je vous en ai monté.
7. Je vous en ai donné.
8. Je vous en ai demandé.

Learning 9

1. Ils m'en ont apporté.
2. Ils m'en ont laissé.
3. Ils m'en ont traduit.
4. Ils m'en ont acheté.
5. Ils m'en ont pris.
6. Ils m'en ont monté.
7. Ils m'en ont donné.
8. Ils m'en ont demandé.

Learning 10

1. Je vous y ai conduit, n'est-ce pas?
2. Il vous y a conduit, n'est-ce pas?
3. Ils vous y ont conduit, n'est-ce pas?
4. Elle vous y a conduit, n'est-ce pas?
5. Elles vous y ont conduit, n'est-ce pas?
6. On vous y a conduit, n'est-ce pas?
7. Nous les y avons conduits, n'est-ce pas?
8. Vous les y avez conduits, n'est-ce pas?
9. Elles les y ont conduits, n'est ce pas?
10. On les y a conduits, n'est-ce pas?
11. Il les y a conduits, n'est-ce pas?
12. Ils nous y ont conduits, n'est-ce pas?
13. Elle nous y a conduits, n'est-ce pas?
14. On nous y a conduits, n'est-ce pas?
15. Vous nous y avez conduits, n'est-ce pas?
16. Nous vous y avons conduits, n'est-ce pas?
17. Je les y ai conduits, n'est-ce pas?
18. Ils les y ont conduits, n'est-ce pas?

Learning 11

1. Ils m'y ont conduit dans l'après-midi.
2. Il m'y a conduit dans l'après-midi.
3. Elles m'y ont conduit dans l'après-midi.
4. Elle m'y a conduit dans l'après-midi.
5. On m'y a conduit dans l'après-midi.
6. Vous m'y avez conduit dans l'après-midi.
7. Je l'y ai conduit dans l'après-midi.
8. Elle l'y a conduit dans l'après-midi.
9. Elles l'y ont conduit dans l'après-midi.
10. Il l'y a conduit dans l'après-midi.
11. Ils l'y ont conduit dans l'après-midi.
12. On l'y a conduit dans l'après-midi.
13. Vous l'y avez conduit dans l'après-midi.
14. Nous l'y avons conduit dans l'après-midi.

Learning 12

1. Ils m'en ont laissé.
2. Ils vous en ont laissé.
3. Ils nous en ont laissé.
4. Il me les a laissés.
5. Il vous les a laissés.
6. Il nous les a laissés.
7. Ils m'en ont laissé.

Learning 13

1. Il lui en a apporté.
2. Il nous en a apporté.
3. Il vous en a apporté.
4. Il m'en a apporté.
5. Il le lui a apporté.
6. Il le leur a apporté.
7. Il les leur a apportés.
8. Il les lui a apportés.
9. Il la lui a apportée.
10. Il la leur a apportée.
11. Il lui en a apporté.
12. Il leur en a apporté.

Learning 14

1. Vous lui en avez envoyé.
2. Vous m'en avez envoyé.
3. Vous nous en avez envoyé.
4. Vous leur en avez envoyé.
5. Vous la lui avez envoyée.
6. Vous la leur avez envoyée.
7. Vous les lui avez envoyés.
8. Vous les leur avez envoyés.
9. Vous le leur avez envoyé.
10. Vous le lui avez envoyé.

Practice Drills

Practice A-1

Tutor : Je vous ai donné le numéro?
Student: Je vous l'ai donné.

1. Je vous ai donné les renseigne-   Je vous les ai donnés.
   ments.

2. Je vous ai apporté la valise.   Je vous l'ai apportée.
3. Je vous ai apporté les bagages.   Je vous les ai apportés.
4. Je vous ai montré la page.   Je vous l'ai montrée.
5. Je vous ai montré les dates.   Je vous les ai montrées.
6. Je vous ai envoyé le médicament.   Je vous l'ai envoyé.
7. Je vous ai envoyé les   Je vous les ai envoyés.
   médicaments.
8. Je vous ai monté le courrier.   Je vous l'ai monté.
9. Je vous ai monté les journaux.   Je vous les ai montés.
10. Je vous ai présenté mon ami.   Je vous l'ai présenté.
11. Je vous ai présenté mes amis.   Je vous les ai présentés.

Practice A-2

Tutor : M'avez-vous monté le courrier?
Student: Oui, je vous l'ai monté.

1. M'avez-vous laissé l'adresse?   Oui, je vous l'ai laissée.
2. M'avez-vous écrit le texte?   Oui, je vous l'ai écrit.
3. M'avez-vous traduit les textes?   Oui, je vous les ai traduits.
4. M'avez-vous apporté les revues?   Oui, je vous les ai apportées.
5. M'avez-vous demandé le numéro?   Oui, je vous l'ai demandé.
6. M'avez-vous traduit le texte?   Oui, je vous l'ai traduit.
7. M'avez-vous laissé les journaux?   Oui, je vous les ai laissés.
8. M'avez-vous envoyé les livres?   Oui, je vous les ai envoyés.
9. M'avez-vous monté le courrier?   Oui, je vous l'ai monté.
10. M'avez-vous envoyé le livre?   Oui, je vous l'ai envoyé.

Practice A-3

Tutor : Vous a-t-on envoyé le texte?
Student: Oui, on me l'a envoyé.

1. Vous a-t-on écrit le discours?   Oui, on me l'a écrit.
2. Vous a-t-on traduit les textes?   Oui, on me les a traduits.
3. Vous a-t-on apporté le livre?   Oui, on me l'a apporté.
4. Vous a-t-on donné la date?   Oui, on me l'a donnée.
5. Vous a-t-on apporté les   Oui, on me les a apportés.
   journaux?
6. Vous a-t-on demandé le numéro?   Oui, on me l'a demandé.
7. Vous a-t-on laissé les rensei-   Oui, on me les a laissés.
   gnements?
8. Vous a-t-on montré les chambres?   Oui, on me les a montrées.
9. Vous a-t-on monté la valise?   Oui, on me l'a montée.
10. Vous a-t-on envoyé les bagages?   Oui, on me les a envoyés.
11. Vous a-t-on montré la villa?   Oui, on me l'a montrée.
12. Vous a-t-on donné le nom de   Oui, on me l'a donné.
   l'hôtel?

Practice A-4

Tutor : M'avez-vous acheté des allumettes?
Student: Oui, je vous en ai acheté.

1. M'avez-vous envoyé les rensei-   Oui, je vous les ai envoyés.
   gnements?
2. M'avez-vous fait de la monnaie?   Oui, je vous en ai fait.
3. M'avez-vous monté les bagages?   Oui, je vous les ai montés.
4. M'avez-vous laissé l'adresse?   Oui, je vous l'ai laissée.
5. M'avez-vous donné le numéro?   Oui, je vous l'ai donné.
6. M'avez-vous apporté les ren-   Oui, je vous les ai apportés.
   seignements?
7. M'avez-vous laissé des rensei-   Oui, je vous en ai laissé.
   gnements?
8. M'avez-vous traduit le discours?   Oui, je vous l'ai traduit.
9. M'avez-vous apporté la monnaie?   Oui, je vous l'ai apportée.
10. M'avez-vous acheté du vin?   Oui, je vous en ai acheté.

Practice A-5

Tutor   : Vous a-t-on apporté les renseignements?
Student: Oui, on me les a apportés.

1. M'avez-vous laissé les rensei-   Oui, je vous les ai laissés.
   gnements?
2. M'avez-vous montré la villa?   Oui, je vous l'ai montrée.
3. M'avez-vous apporté les bagages?   Oui, je vous les ai apportés.
4. M'a-t-on traduit le texte?   Oui, on vous l'a traduit.
5. M'avez-vous laissé des   Oui, je vous en ai laissé.
   allumettes?
6. Vous a-t-on laissé l'adresse?   Oui, on me l'a laissée.
7. M'a-t-on monté les bagages?   Oui, on vous les a montés.
8. Vous a-t-on donné les livres?   Oui, on me les a donnés.
9. M'avez-vous acheté du vin?   Oui, je vous en ai acheté.
10. Vous a-t-on présenté mon ami?   Oui, on me l'a présenté.
11. Vous a-t-on dit le nom de   Oui, on me l'a dit.
    l'hôtel?
12. Vous a-t-on envoyé la revue?   Oui, on me l'a envoyée.
13. M'avez-vous parlé de l'affaire   Oui, je vous en ai parlé.
    de transport?

Practice A-6

Tutor   : Est-ce que je vous ai parlé de l'affaire de transport?
Student: Oui, vous m'en avez parlé.

1. M'avez-vous acheté des allumet-   Oui, je vous en ai acheté.
   tes?
2. Vous a-t-on parlé de l'affaire   Oui, on m'en a parlé.
   de transport?
3. Est-ce que je vous ai laissé   Oui, vous me l'avez laissé.
   le numéro?
4. Vous a-t-on laissé l'auto?   Oui, on me l'a laissée.
5. Est-ce que je vous ai parlé   Oui, vous m'en avez parlé.
   de la villa?
6. M'avez-vous apporté des   Oui, je vous en ai apporté.
   journaux?

7. Est-ce que je vous ai dit le   Oui, vous me l'avez dit.
   nom de l'hôtel?
8. M'avez-vous laissé l'adresse?   Oui, je vous l'ai laissée.
9. Vous a-t-on parlé du nouveau   Oui, on m'en a parlé.
   modèle?
10. M'a-t-on monté les billets?   Oui, on vous les a montés.
11. Vous a-t-on montré les chambres? Oui, on me les a montrées.
12. Est-ce que je vous ai donné   Oui, vous me l'avez donnée.
    l'adresse?

*Practice A-7

1. Est-ce qu'il a le livre? Je ne sais pas si je le lui ai donné.
2. Est-ce qu'il a les livres? Je ne sais pas si je les lui ai donnés.
3. Est-ce qu'elle a les livres? Je ne sais pas si je les lui ai donnés.
4. Est-ce qu'elle a le livre? Je ne sais pas si je le lui ai donné.
5. Est-ce qu'elles ont le livre? Je ne sais pas si je le leur ai donné.
6. Est-ce qu'ils ont les livres? Je ne sais pas si je les leur ai donnés.
7. Est-ce que vous avez le livre? Je ne sais pas si je vous l'ai donné.
8. Est-ce que vous avez les livres? Je ne sais pas si je vous les ai donnés.
9. Est-ce qu'elle a les livres? Je ne sais pas si je les lui ai donnés.
10. Est-ce que vous avez les livres? Je ne sais pas si je vous les ai donnés.
11. Est-ce que vous avez l'adresse? Je ne sais pas si je vous l'ai donnée.
12. Est-ce qu'il a l'adresse? Je ne sais pas si je la lui ai donnée.
13. Est-ce qu'ils ont le numéro? Je ne sais pas si je le leur ai donné.
14. Est-ce que vous avez le numéro? Je ne sais pas si je vous l'ai donné.

Practice A-8

Tutor : Avez-vous donné le billet à votre soeur?
Student: Oui, je le lui ai donné.

1. Votre ami vous a-t-il donné le   Oui, il me l'a donné.
   billet?
2. Avez-vous donné les billets à   Oui, je les leur ai donnés.
   vos amis?
3. Vos amis vous ont-ils donné   Oui, ils me les ont donnés.
   les billets?
4. Avez-vous envoyé le livre à   Oui, je le leur ai envoyé.
   vos amis?
5. Avez-vous envoyé les livres à   Oui, je les lui ai envoyés.
   votre ami?
6. Votre ami vous a-t-il envoyé   Oui, il me les a envoyés.
   les livres?
7. Vos amis vous ont-ils envoyé   Oui, ils me l'ont envoyé.
   le livre?
8. Votre ami vous a-t-il laissé   Oui, il me l'a laissé.
   son numéro?
9. Avez-vous apporté les livres   Oui, je les leur ai apportés.
   à vos amis?
10. Vos amis vous ont-ils apporté   Oui, ils me les ont apportés.
    les livres?
11. Avez-vous apporté les livres à   Oui, je les lui ai apportés.
    votre ami?

Practice A-9

Tutor : Vos amis vous ont-ils envoyé des livres?
Student: Oui, ils m'en ont envoyé.

1. Avez-vous envoyé des cartes à   Oui, je leur en ai envoyé.
   vos amis?
2. Vos amis vous en ont-ils envoyé? Oui, ils m'en ont envoyé.
3. Avez-vous donné le nom de   Oui, je le leur ai donné.
   l'hôtel à vos amis?
4. Vos amies vous ont-elles laissé Oui, elles me l'ont laissée.
   leur adresse?
5. Votre ami vous a-t-il apporté   Oui, il me les a apportés.
   les livres?
6. Avez-vous donné les livres à   Oui, je les lui ai donnés.
   votre ami?
7. Votre amie vous a-t-elle demandé Oui, elle me l'a demandé.
   le numéro?
8. Avez-vous demandé le numéro à   Oui, je le leur ai demandé.
   vos amis?
9. Votre ami vous a-t-il traduit   Oui, il me l'a traduit.
   le texte?
10. Le lui avez-vous traduit?   Oui, je le lui ai traduit.
11. Vos amis vous ont-ils apporté   Oui, ils m'en ont apporté.
    des cigarettes?
12. Avez-vous apporté des cigarettes Oui, je leur en ai apporté.
    à vos amis?

Practice A-10

Tutor : Avez-vous conduit vos amis à la gare?
Student: Oui, je les y ai conduits.

1. Vos amis vous ont-ils conduits   Oui, ils m'y ont conduit.
   à la gare?
2. Avez-vous retrouvé votre ami   Oui, je l'y ai retrouvé.
   à Paris?
3. Votre amie vous a-t-elle   Oui, elle m'y a retrouvé.
   retrouvé à Paris?
4. Avez-vous conduit vos amis à   Oui, je les y ai conduits.
   la gare?
5. Vos amis vous ont-ils retrouvé Oui, ils m'y ont retrouvé.
   à Paris?
6. Avez-vous conduit votre ami à   Oui, je l'y ai conduit.
   la gare?
7. Votre ami vous a-t-il conduit   Oui, il m'y a conduit.
   à la gare?
8. Avez-vous retrouvé vos amis   Oui, je les y ai retrouvés.
   à Paris?
9. Votre ami vous a-t-il retrouvé Oui, il m'y a retrouvé.
   à Paris?

Practice A-11

Tutor : Avez-vous parlé de cette affaire à votre ami?
Student: Oui, je lui en ai parlé.

1. Votre ami vous a-t-il parlé de   Oui, il m'en a parlé.
   ses vacances?
2. M'avez-vous laissé l'adresse?   Oui, je vous l'ai laissée.
3. Vos amis vous ont-ils donné   Oui, ils me l'ont donnée.
   l'adresse?
4. Avez-vous retrouvé votre ami   Oui, je l'y ai retrouvé.
   à Paris?
5. Vous a-t-on présenté mes amis?   Oui, on me les a présentés.
6. M'avez-vous apporté des jour-   Oui, je vous en ai apporté.
   naux?
7. Votre amie vous a-t-elle conduit   Oui, elle m'y a conduit.
   à la gare?
8. Est-ce que je vous ai dit le   Oui, vous me l'avez dit.
   nom de l'hôtel?
9. Vous a-t-on donné des rensei-   Oui, on m'en a donné.
   gnements?
10. M'avez-vous traduit le texte?   Oui, je vous l'ai traduit.
11. Avez-vous envoyé le paquet à   Oui, je le lui ai envoyé.
    votre ami?
12. Est-ce que je vous ai parlé   Oui, vous m'en avez parlé.
    de l'affaire de transport?
13. M'a-t-on monté les bagages?   Oui, on vous les a montés.
14. Est-ce que je vous ai montré   Oui, vous me l'avez montrée.
    ma villa?
15. Vos amis vous ont-ils apporté   Oui, ils me l'ont apportée.
    la lettre?
16. Avez-vous donné la lettre à   Oui, je la leur ai donnée.
    vos amis?
17. Vous a-t-on donné les rensei-   Oui, on me les a donnés.
    gnements?

*Practice A-12

1. Il a dû lire le courrier; je le lui ai monté à neuf heures.
2. Elle a dû lire le courrier; je le lui ai monté à neuf heures.
3. Ils ont dû lire la lettre; je la leur ai montée à neuf heures.
4. Elle a dû lire les journaux; je les lui ai montés à neuf heures.
5. Il a dû lire les journaux; je les lui ai montés à neuf heures.
6. Elles ont dû lire le courrier; je le leur ai monté à neuf heures.
7. Ils ont dû lire les journaux; je les leur ai montés à neuf heures.

*Practice A-13

1. Vous connaissez Mlle Lelong; on vous l'a présentée la semaine dernière.
2. Elle connaît M. Lelong; on le lui a présenté la semaine dernière.
3. Nous connaissons vos amis; on nous les a présentés la semaine dernière.
4. Je connais Mlle Lelong; on me l'a présentée la semaine dernière.
5. Elle connaît M. et Mme Lelong; on les lui a présentés la semaine dernière.

6. Vous connaissez M. Lelong; on vous l'a présenté la semaine dernière.
7. Il connaît Janine; on la lui a présentée la semaine dernière.
8. Nous connaissons Roger; on nous l'a présenté la semaine dernière.
9. Il connaît vos amis; on les lui a présentés la semaine dernière.
10. Elle connaît Roger; on le lui a présenté la semaine dernière.
11. Roger la connaît; on la lui a présentée la semaine dernière.
12. Vous le connaissez; on vous l'a présenté la semaine dernière.
13. Elle les connaît; on les lui a présentés la semaine dernière.
14. Nous la connaissons; on nous l'a présentée la semaine dernière.
15. Je les connais; on me les a présentés la semaine dernière.

*Practice A-14

1. Ils m'en ont demandé, mais je ne leur en ai pas donné.
2. Vous m'en avez demandé, mais je ne vous en ai pas donné.
3. Elle m'en a demandé, mais je ne lui en ai pas donné.
4. Je vous en ai demandé, mais vous ne m'en avez pas donné.
5. Ils nous en ont demandé, mais nous ne leur en avons pas donné.
6. Elle vous en a demandé, mais vous ne lui en avez pas donné.
7. Ils m'ont demandé le numéro, mais je ne le leur ai pas donné.
8. Il me les a demandés, mais je ne les lui ai pas donnés.
9. Je vous les ai demandés, mais vous ne me les avez pas donnés.
10. Elles m'ont demandé l'adresse, mais je ne la leur ai pas donnée.
11. J'ai demandé le numéro à Janine, mais elle ne me l'a pas donné.
12. Elle m'a demandé votre adresse, mais je ne la lui ai pas donnée.
13. Il a demandé le numéro à Roger, mais il ne le lui a pas donné.
14. Nous vous en avons demandé, mais vous ne nous en avez pas donné.
15. Nous vous avons demandé le numéro, mais vous ne nous l'avez pas donné.
16. Elles en ont demandé à leurs parents, mais ils ne leur en ont pas donné.
17. Elle nous en a demandé, mais nous ne lui en avons pas donné.
18. Nous en avons demandé à Janine, mais elle ne nous en a pas donné.
19. Ils me les ont demandés, mais je ne les leur ai pas donnés.
20. Elles vous en ont demandé, mais vous ne leur en avez pas donné.
21. Il nous les a demandés, mais nous ne les lui avons pas donnés.
22. Nous avons demandé le numéro à Roger, mais il ne nous l'a pas donné.

*Practice A-15

1. On me les a envoyés, mais je ne les ai pas reçus.
2. On les lui a envoyés, mais il ne les a pas reçus.
3. On les leur a envoyés, mais ils ne les ont pas reçus.
4. On nous les a envoyés, mais nous ne les avons pas reçus.
5. On nous en a envoyé, mais nous n'en avons pas reçu.
6. On lui en a envoyé, mais il n'en a pas reçu.
7. On vous les a envoyés, mais vous ne les avez pas reçus.
8. On m'en a envoyé, mais je n'en ai pas reçu.
9. On les lui a envoyés, mais il ne les a pas reçus.
10. On leur en a envoyé, mais ils n'en ont pas reçu.
11. On les leur a envoyés, mais ils ne les ont pas reçus.
12. On vous en a envoyé, mais vous n'en avez pas reçu.
13. On lui en a envoyé, mais il n'en a pas reçu.

*Practice A-16

1. Je n'ai pas reçu la lettre; me l'avez-vous envoyée?
2. Nous n'avons pas reçu la lettre; nous l'avez-vous envoyée?
3. Elle n'a pas reçu ses billets; les lui avez-vous envoyés?
4. Je n'ai pas reçu mes billets; me les avez-vous envoyés?
5. Il n'a pas reçu le paquet; le lui avez-vous envoyé?
6. Elles n'ont pas reçu les billets; les leur avez-vous envoyés?
7. Elle n'a pas reçu son billet; le lui avez-vous envoyé?
8. Je n'ai pas reçu mes bagages; me les avez-vous envoyés?
9. Nous n'avons pas reçu nos billets; nous les avez-vous envoyés?
10. Ils n'ont pas reçu les billets; les leur avez-vous envoyés?
11. Je n'ai pas reçu la lettre; me l'avez-vous envoyée?
12. Il n'a pas reçu ses billets; les lui avez-vous envoyés?

Practice A-17

Tutor   : Je vous le donne.
Student: Je vous l'ai donné.

1. Je vous les donne.	Je vous les ai donnés.
2. On vous l'envoie.	On vous l'a envoyé.
3. On me l'envoie.	On me l'a envoyé.
4. On me les apporte.	On me les a apportés.
5. On vous les apporte.	On vous les a apportés.
6. Nous le lui montons.	Nous le lui avons monté.
7. Vous vous le laissons.	Nous vous l'avons laissé.
8. Vous me la laissez.	Vous me l'avez laissée.
9. Nous la leur laissons.	Nous la leur avons laissée.
10. Je vous les apporte.	Je vous les ai apportés.
11. Je la lui envoie.	Je la lui ai envoyée.
12. Nous vous la présentons.	Nous vous l'avons présentée.
13. Vous me le dites.	Vous me l'avez dit.
14. Je le leur dis.	Je le leur ai dit.
15. Vous nous le dites.	Vous nous l'avez dit.
16. Vous le lui apportez.	Vous le lui avez apporté.
17. Je vous la laisse.	Je vous l'ai laissée.

Practice A-18

Tutor   : Je vous donne la monnaie.
Student: Je vous la donne.

Tutor   : Je vous ai donné la monnaie.
Student: Je vous l'ai donnée.

1. Je montre la villa à mes amis.	Je la leur montre.
2. J'ai montré la villa à mes amis.	Je la leur ai montrée.
3. Mes amis me montrent la villa.	Mes amis me la montrent.
4. Elles m'ont envoyé les billets.	Elles me les ont envoyés.
5. J'envoie le billet à mon frère.	Je le lui envoie.
6. Nous déposons nos amis à la gare.	Nous les y déposons.
7. Ils ont laissé les bagages à la gare.	Ils les y ont laissés.

8.	Je vous conduis à la gare.	Je vous y conduis.
9.	Elle m'a envoyé la date.	Elle me l'a envoyée.
10.	Elles envoient la date à leurs amis.	Elles la leur envoient.
11.	Elle a envoyé la date à ses amis.	Elle la leur a envoyée.
12.	Je vous donne le nom de l'hôtel.	Je vous le donne.
13.	On vous a apporté des livres.	On vous en a apporté.
14.	Il nous a conduits à la gare.	Il nous y a conduits.
15.	Je laisse l'adresse à Janine.	Je la lui laisse.
16.	Mon ami m'a envoyé des cartes postales.	Mon ami m'en a envoyé.
17.	On vous envoie à Paris.	On vous y envoie.
18.	J'ai présenté mon frère à Christiane.	Je le lui ai présenté.
19.	Je vous ai apporté la valise.	Je vous l'ai apportée.
20.	Je vous ai apporté les valises.	Je vous les ai apportées.
21.	On nous a apporté les bagages.	On nous les a apportés.

Practice A-19

Tutor : Je vous ai envoyé la lettre.
Student: Quand me l'avez-vous envoyée?

1.	Il vous a envoyé la lettre.	Quand me l'a-t-il envoyée?
2.	On vous a apporté les bagages.	Quand me les a-t-on apportés?
3.	J'ai conduit mes amis à la gare.	Quand les y avez-vous conduits?
4.	Roger m'a parlé de ses vacances.	Quand vous en a-t-il parlé?
5.	J'ai donné votre adresse à mon ami.	Quand la lui avez-vous donnée?
6.	Janine m'a parlé de ses vacances.	Quand vous en a-t-elle parlé?
7.	Roger m'a montré sa villa.	Quand vous l'a-t-il montrée?
8.	Le gérant m'a donné le renseignement.	Quand vous l'a-t-il donné?
9.	On a déposé vos bagages à la gare.	Quand les y a-t-on déposés?
10.	Je vous ai parlé de mon affaire de transport.	Quand m'en avez-vous parlé?

*Practice A-20

Tutor : J'ai vu Roger, mais je ne lui en ai pas parlé.
Student: Pourquoi ne lui en avez-vous pas parlé?

1.	Roger m'a vu, mais il ne m'en a pas parlé.	Pourquoi ne vous en a-t-il pas parlé?
2.	J'ai vu Janine, mais je ne le lui ai pas dit.	Pourquoi ne le lui avez-vous pas dit?
3.	Janine a téléphoné à Pierre, mais elle ne lui en a pas parlé.	Pourquoi ne lui en a-t-elle pas parlé?

4. Mes parents m'ont téléphoné,   Pourquoi ne vous l'ont-ils pas dit?
   mais ils ne me l'ont pas dit.
5. Christiane a téléphoné à ses   Pourquoi ne leur en a-t-elle pas parlé?
   parents, mais elle ne leur en
   a pas parlé.
6. On vous a téléphoné, mais on ne   Pourquoi ne m'en a-t-on pas parlé?
   vous en a pas parlé.
7. J'ai vu Christiane, mais je ne   Pourquoi ne lui en avez-vous pas parlé?
   lui en ai pas parlé.
8. Mes parents ont téléphoné à   Pourquoi ne le lui ont-ils pas dit?
   Pierre, mais ils ne le lui ont
   pas dit.
9. Roger a téléphoné à ses parents   Pourquoi ne le leur a-t-il pas dit?
   mais il ne le leur a pas dit.
10. On m'a téléphoné, mais on ne   Pourquoi ne vous en a-t-on pas parlé?
    m'en a pas parlé.

*Practice A-21

Tutor : On ne m'a pas envoyé de livres.
Student: Pourquoi ne vous en a-t-on pas envoyé?

1. L'employé ne m'a pas donné de   Pourquoi ne vous en a-t-il pas donné?
   fiches.
2. Je ne vous ai pas traduit le   Pourquoi ne me l'avez-vous pas traduit?
   discours.
3. Le garçon ne m'a pas apporté   Pourquoi ne vous l'a-t-il pas apportée?
   l'addition.
4. Mon frère ne m'a pas envoyé   Pourquoi ne vous les a-t-il pas envoyés?
   les paquets.
5. Janine ne m'a pas présenté   Pourquoi ne vous l'a-t-elle pas présenté?
   son ami.
6. Je n'ai pas donné les renseigne-   Pourquoi ne les lui avez-vous pas donnés?
   ments à l'employé.
7. On ne vous a pas envoyé de   Pourquoi ne m'en a-t-on pas envoyé?
   livres.
8. L'employé ne m'a pas donné   Pourquoi ne vous les a-t-il pas données?
   les fiches.
9. Roger n'a pas laissé son   Pourquoi ne l'a-t-il pas laissée?
   adresse.
10. On n'a pas envoyé votre ami à   Pourquoi ne l'y a-t-on pas envoyé?
    Paris.
11. Je n'ai pas conduit mes amis   Pourquoi ne les y avez-vous pas conduits?
    à la gare.
12. Le pharmacien ne m'a pas vendu   Pourquoi ne vous en a-t-il pas vendu?
    de médicaments.

Practice A-22

Tutor : Est-ce que je vous le dis?
Student: Non, ne me le dites pas.

1. Est-ce que je le leur dis?   Non, ne le leur dites pas.

2. Est-ce que je le lui dis?   Non, ne le lui dites pas.
3. Est-ce que je vous les envoie?   Non, ne me les envoyez pas.
4. Est-ce que je vous en apporte?   Non, ne m'en apportez pas.
5. Est-ce que je leur en demande?   Non, ne leur en demandez pas.
6. Est-ce que je le lui montre?   Non, ne le lui montrez pas.
7. Est-ce que je lui en parle?   Non, ne lui en parlez pas.
8. Est-ce que je le leur envoie?   Non, ne le leur envoyez pas.
9. Est-ce que je lui en demande?   Non, ne lui en demandez pas.
10. Est-ce que je la lui laisse?   Non, ne la lui laissez pas.
11. Est-ce que je leur en apporte?   Non, ne leur en apportez pas.

Practice A-23

1. S'ils en veulent, donnez-leur en.
2. Si elle en veut, donnez-lui en.
3. S'il n'en veut pas, ne lui en donnez pas.
4. S'il les veut, donnez-les lui.
5. S'ils le veulent, donnez-le leur.
6. Si elle ne la veut pas, ne la lui donnez pas.
7. Si elles n'en veulent pas, ne leur en donnez pas.
8. Si elle la veut, donnez-la lui.
9. S'il en veut, donnez-lui en.
10. S'il ne les veut pas, ne les lui donnez pas.
11. Si elles en veulent, donnez-leur en.

*Practice A-24

1. Si vous pouvez me l'envoyer, envoyez-le moi.
2. Si vous ne pouvez pas me l'envoyer, ne me l'envoyez pas.
3. Si nous pouvons leur en envoyer, envoyons-leur en.
4. Si vous pouvez m'en envoyer, envoyez-m'en.
5. Si vous ne pouvez pas m'en envoyer, ne m'en envoyez pas.
6. Si vous ne voulez pas la lui donner, ne la lui donnez pas.
7. Si vous ne pouvez pas les y conduire, ne les y conduisez pas.
8. Si nous ne pouvons pas la lui apporter, ne la lui apportons pas.
9. Si vous pouvez me les laisser, laissez-les moi.
10. Si vous voulez nous en acheter, achetez-nous en.
11. Si vous ne voulez pas leur en parler, ne leur en parlez pas.
12. Si nous n'avons pas le temps de la lui traduire, ne la lui traduisons pas.
13. Si vous voulez me les traduire, traduisez-les moi.
14. Si vous ne voulez pas me les présenter, ne me les présentez pas.
15. Si vous voulez nous en monter, montez-nous en.
16. Si vous ne voulez pas nous en apporter, ne nous en apportez pas.
17. Si vous ne voulez pas me le dire, ne me le dites pas.
18. Si nous avons le temps de les lui traduire, traduisons-les lui.
19. Si vous voulez m'en parler, parlez-m'en.
20. Si vous pouvez nous en trouver, trouvez-nous en.

Grammar 4: de + Adjective + Noun Plural

Grammar Note

Avez-vous des nouvelles de votre frère?
Avez-vous de bonnes nouvelles de votre frère?

Avez-vous des modèles en marron?
Avez-vous d'autres modèles en marron?

If a noun in the plural form is preceded by an adjective, <u>de</u> should be used instead of the indefinite article <u>des</u>.

(see L.1-Gr.4)

Learning Drills

Learning 1

1. Est-ce que vous avez de gros colis?
2. Est-ce que vous avez de grosses valises?
3. Est-ce que vous avez de vieux journaux?
4. Est-ce que vous avez d'autres paquets?
5. Est-ce que vous avez de bons livres?
6. Est-ce que vous avez de bonnes cigarettes?
7. Est-ce que vous avez de jolies cartes postales?
8. Est-ce que vous avez de vieux vêtements?
9. Est-ce que vous avez de nouvelles assiettes?
10. Est-ce que vous avez de jolies fleurs?
11. Est-ce que vous avez de beaux timbres?
12. Est-ce que vous avez de bons souvenirs?

Learning 2

1. Ils ont trouvé de grosses valises.
2. Ils ont trouvé les grosses valises.
3. Ils ont trouvé de vieux journaux.
4. Ils ont trouvé les vieux journaux.
5. Ils ont trouvé de bons livres.
6. Ils ont trouvé les petites tables.
7. Ils ont trouvé de bonnes places.
8. Ils ont trouvé les nouvelles revues.
9. Ils ont trouvé les autres fiches.
10. Ils ont trouvé d'autres modèles.

Practice Drills

Practice A-1

Tutor : Voilà le gros colis.
Student: Voilà les gros colis.

Tutor : Voilà un gros colis.
Student: Voilà de gros colis.

1. Voilà le bel hôtel.
2. Voilà un bel hôtel.
3. Voilà une bonne nouvelle.
4. Voilà la belle route.

Voilà les beaux hôtels.
Voilà de beaux hôtels.
Voilà de bonnes nouvelles.
Voilà les belles routes.

5. Voilà une autre valise.   Voilà d'autres valises.
6. Voilà un bon restaurant.   Voilà de bons restaurants.
7. Voilà le vieux magasin.   Voilà les vieux magasins.
8. Voilà un vieux magasin.   Voilà de vieux magasins.
9. Voilà un grand magasin.   Voilà de grands magasins.
10. Voilà un beau modèle.   Voilà de beaux modèles.
11. Voilà le grand lit.   Voilà les grands lits.
12. Voilà une jolie femme.   Voilà de jolies femmes.
13. Voilà une grande pointure.   Voilà de grandes pointures.

Practice A-2

Tutor   : Les colis sont-ils gros?
Student: Oui, ce sont de gros colis.

1. Les magasins sont-ils nouveaux?   Oui, ce sont de nouveaux magasins.
2. Les journaux sont-ils vieux?   Oui, ce sont de vieux journaux.
3. Les lits sont-ils grands?   Oui, ce sont de grands lits.
4. Les routes sont-elles jolies?   Oui, ce sont de jolies routes.
5. Les restaurants sont-ils bons?   Oui, ce sont de bons restaurants.
6. Les livres sont-ils mauvais?   Oui, ce sont de mauvais livres.
7. Les médicaments sont-ils bons?   Oui, ce sont de bons médicaments.
8. Les chambres sont-elles grandes? Oui, ce sont de grandes chambres.
9. Les villes sont-elles vieilles?   Oui, ce sont de vieilles villes.
10. Les lettres sont-elles belles?   Oui, ce sont de belles lettres.
11. Les tables sont-elles petites?   Oui, ce sont de petites tables.
12. Les timbres sont-ils beaux?   Oui, ce sont de beaux timbres.

Practice A-3

Tutor   : Les hôtels sont-ils neufs?
Student: Oui, ce sont des hôtels neufs.

Tutor   : Les hôtels sont-ils bons?
Student: Oui, ce sont de bons hôtels.

1. Les cartes postales sont-elles   Oui, ce sont de jolies cartes postales.
   jolies?
2. Les cheveux sont-ils blonds?   Oui, ce sont des cheveux blonds.
3. Les robes sont-elles courtes?   Oui, ce sont des robes courtes.
4. Les robes sont-elles chères?   Oui, ce sont des robes chères.
5. Les robes sont-elles jolies?   Oui, ce sont de jolies robes.
6. Les nouvelles sont-elles   Oui, ce sont de mauvaises nouvelles.
   mauvaises?
7. Les autos sont-elles neuves?   Oui, ce sont des autos neuves.
8. Les autos sont-elles vieilles?   Oui, ce sont de vieilles autos.
9. Les colis sont-ils recommandés?   Oui, ce sont des colis recommandés.
10. Les colis sont-ils gros?   Oui, ce sont de gros colis.
11. Les avions sont-ils nouveaux?   Oui, ce sont de nouveaux avions.
12. Les tables sont-elles petites?   Oui, ce sont de petites tables.
13. Les livres sont-ils chers?   Oui, ce sont des livres chers.
14. Les livres sont-ils bons?   Oui, ce sont de bons livres.
15. Les assiettes sont-elles belles? Oui, ce sont de belles assiettes.
16. Les serviettes sont-elles   Oui, ce sont des serviettes blanches.
    blanches?

Grammar 5: Verbs ending in 'ire'

Grammar Note

La femme de chambre va vous y conduire.

Dites-moi que nous allons au café.
Que veut dire ce mot?
Tous les clients disent la même chose.

Ne lisez pas la leçon.
Avez-vous lu le discours du Président?

In this chapter, we are going to give the forms of the present tense of verbs with infinitive ending in ire.

conduire 'to drive'	je conduis il conduit	'I drive' 'he drives'
	ils conduisent nous conduisons vous conduisez	'they drive' 'we drive' 'you drive'

Past participle: conduit (e)

Other verbs like conduire:

construire:	Ils construisent une route. 'They're building a road.'
détruire:	Je détruis ces vieux livres. 'I'm destroying these old books.'
introduire:	La France introduit de nouveaux vins en Amérique. 'France is introducing new wines in America.'
produire:	Nous produisons deux cents autos par jour. 'We produce two hundred cars a day.'
traduire:	Traduisez-vous la lettre en français? 'Are you translating the letter into French?'

Similarly conjugated, except for the vous dites form, is:

dire 'to say'	je dis il dit	'I say' 'he says'
	ils disent nous disons vous dites	'they say' 'we say' 'you say'

Past participle: dit (e)

The verb lire differs only in its past participle from 'conduire':

lire 'to read'	je lis il lit	'I read' 'he reads'

ils lisent   ᶠthey read'
nous lisons   'we read'
vous lisez   'you read'

Past participle: lu

All these verbs, except 'lire', have a gender-marking consonant in their
past participle forms indicated by parentheses. This phenomenon is discussed
in detail in Unit 19, Gr. 4.

Learning Drills
Learning 1

1. Qu'est-ce qu'il dit?
2. Qu'est-ce qu'il conduit?
3. Qu'est-ce qu'il traduit?
4. Qu'est-ce qu'il produit?
5. Qu'est-ce qu'il construit?
6. Qu'est-ce qu'il lit?
7. Qu'est-ce qu'il détruit?
8. Qu'est-ce qu'il introduit?

Learning 2

1. Ils construisent quelque chose d'autre.
2. Ils conduisent quelque chose d'autre.
3. Ils disent quelque chose d'autre.
4. Ils lisent quelque chose d'autre.
5. Ils détruisent quelque chose d'autre.
6. Ils introduisent quelque chose d'autre.
7. Ils produisent quelque chose d'autre.
8. Ils traduisent quelque chose d'autre.

Learning 3

1. Savez-vous ce qu'il dit?
2. Savez-vous ce qu'ils disent?
3. Savez-vous ce qu'il traduit?
4. Savez-vous ce qu'ils traduisent?
5. Savez-vous ce qu'il lit?
6. Savez-vous ce qu'ils lisent?
7. Savez-vous ce qu'il détruit?
8. Savez-vous ce qu'ils détruisent?

Learning 4

1. Les conduit-on dans ce quartier?
2. Les conduisent-ils dans ce quartier?
3. Les construit-on dans ce quartier?
4. Les construisent-ils dans ce quartier?
5. Les produit-on dans ce quartier?
6. Les produisent-ils dans ce quartier?
7. Les détruit-on dans ce quartier?
8. Les détruisent-ils dans ce quartier?

Learning 5

1. Ne les conduisez-vous pas?
2. Ne les finissez-vous pas?
3. Ne les finissons-nous pas?
4. Ne les traduisons-nous pas?
5. Ne les remplissons-nous pas?
6. Ne les remplissez-vous pas?
7. Ne les traduisez-vous pas?
8. Ne les conduisez-vous pas?
9. Ne les lisez-vous pas?
10. Ne les finissons-nous pas?
11. Ne les lisons-nous pas?
12. Ne les choisissons-nous pas?
13. Ne les détruisons-nous pas?
14. Ne les finissez-vous pas?
15. Ne les détruisez-vous pas?

Learning 6

1. Je dis que ce n'est pas la peine.
2. Janine dit que ce n'est pas la peine.
3. Vous dites que ce n'est pas la peine.
4. On dit que ce n'est pas la peine.
5. Mes amis disent que ce n'est pas la peine.
6. Nous disons que ce n'est pas la peine.
7. Vous dites que ce n'est pas la peine.
8. Elle dit que ce n'est pas la peine.
9. Elles disent que ce n'est pas la peine.

Learning 7

1. Lisent-ils un autre texte?
2. Produisent-ils un autre texte?
3. Traduit-il un autre texte?
4. Introduisent-ils un autre texte?
5. Produit-il un autre texte?
6. Lit-il un autre texte?
7. Traduisent-ils un autre texte?
8. Introduit-il un autre texte?

Learning 8

1. Que produisent-ils?
2. Que disent-ils?
3. Que choisissent-ils?
4. Que remplissent-ils?
5. Que lisent-ils?
6. Que finissent-ils?
7. Que détruisent-ils?
8. Que produisent-ils?

Practice Drills

Practice A-1

Tutor   : Elle dit que c'est ça.
Student: Elles disent que c'est ça.

1. Il conduit trop vite.   Ils conduisent trop vite.
2. Il lit beaucoup.   Ils lisent beaucoup.
3. Il finit à cinq heures.   Ils finissent à cinq heures.
4. Il construit un autre immeuble. Ils construisent un autre immeuble.
5. Il choisit de bons légumes.   Ils choisissent de bons légumes.
6. Il introduit un nouveau livre. Ils introduisent un nouveau livre.

7. Il produit très peu.   Ils produisent très peu.
8. Il remplit des fiches.   Ils remplissent des fiches.

Practice A-2

1. Ils ne sont pas satisfaits et ils le disent.
2. Je ne suis pas satisfait et je le dis.
3. Vous n'êtes pas satisfaite et vous le dites.
4. On n'est pas satisfait et on le dit.
5. Il n'est pas satisfait et il le dit.
6. Nous ne sommes pas satisfaits et nous le disons.
7. Le gérant n'est pas satisfait et il le dit.
8. Vous n'êtes pas satisfait et vous le dites.

Practice A-3

1. Nous finissons plus tôt parce que nous la conduisons à la gare.
2. Je finis plus tôt parce que je la conduis à la gare.
3. M. Perrier finit plus tôt parce qu'il la conduit à la gare.
4. On finit plus tôt parce qu'on la conduit à la gare.
5. Vous finissez plus tôt parce que vous la conduisez à la gare.
6. Elles finissent plus tôt parce qu'elles la conduisent à la gare.
7. Il finit plus tôt parce qu'il la conduit à la gare.
8. Vous finissez plus tôt parce que vous la conduisez à la gare.

* Practice A-4

1. Je ne sais pas si j'ai bien traduit cette lettre.
2. Vous ne savez pas si vous avez bien traduit cette lettre.
3. Elles ne savent pas si elles ont bien traduit cette lettre.
4. On ne sait pas si on a bien traduit cette lettre.
5. Il ne sait pas s'il a bien traduit cette lettre.
6. Nous ne savons pas si nous avons bien traduit cette lettre.
7. Ma secrétaire ne sait pas si elle a bien traduit cette lettre.
8. Il ne sait pas s'il a bien traduit cette lettre.

* Practice A-5

1. Elle a pris ce livre, mais elle ne l'a pas encore lu.
2. J'ai pris ce livre, mais je ne l'ai pas encore lu.
3. Vous avez pris ce livre, mais vous ne l'avez pas encore lu.
4. Janine a pris ce livre, mais elle ne l'a pas encore lu.
5. Les enfants ont pris ce livre, mais ils ne l'ont pas encore lu.
6. Nous avons pris ce livre, mais nous ne l'avons pas encore lu.
7. J'ai pris ce livre, mais je ne l'ai pas encore lu.
8. Elles ont pris ce livre, mais elles ne l'ont pas encore lu.

* Practice A-6

Tutor : Est-ce que vous conduisez Janine en ville aujourd'hui?
Student: Non, je ne l'y conduis pas.

1. Est-ce que je conduis Janine en   Non, vous ne l'y conduisez pas.
   ville aujourd'hui?

2. Est-ce qu'il conduit Janine   Non, il ne l'y conduit pas.
    en ville aujourd'hui?

3. Est-ce qu'elles conduisent   Non, elles ne l'y conduisent pas.
    Janine en ville aujourd'hui?

4. Est-ce que vous conduisez   Non, je ne l'y conduis pas.
    Janine en ville aujourd'hui?

5. Est-ce que je conduis Janine   Non, vous ne l'y conduisez pas.
    en ville aujourd'hui?

6. Est-ce qu'elle conduit Janine   Non, elle ne l'y conduit pas.
    en ville aujourd'hui?

7. Est-ce qu'ils conduisent Janine   Non, ils ne l'y conduisent pas.
    en ville aujourd'hui?

8. Est-ce que vous conduisez   Non, je ne l'y conduis pas.
    Janine en ville aujourd'hui?

*Practice A-7

1. Ils disent qu'ils introduisent un nouveau modèle.
2. Je dis que j'introduis un nouveau modèle.
3. Vous dites que vous introduisez un nouveau modèle.
4. On dit qu'on introduit un nouveau modèle.
5. Elle dit qu'elle introduit un nouveau modèle.
6. Nous disons que nous introduisons un nouveau modèle.
7. Elles disent qu'elles introduisent un nouveau modèle.
8. Il dit qu'il introduit un nouveau modèle.

*Practice A-8

Tutor   : Avez-vous lu ce livre?
Student: Oui, je l'ai lu.

1. Conduisez-vous votre femme au   Oui, je l'y conduis.
    magasin?

2. Est-ce que je traduis cette   Oui, vous la traduisez.
    lettre?

3. Vous a-t-on dit ça?   Oui, on me l'a dit.

4. Est-ce qu'on construit beaucoup   Oui, on y construit beaucoup.
    dans ce quartier?

5. Lit-il beaucoup?   Oui, il lit beaucoup.

6. Avez-vous lu la rubrique   Oui, je l'ai lue.
    sportive?

7. Est-ce que je détruis ces vieux   Oui, vous les détruisez.
    billets?

8. Produit-on du sucre dans cette   Oui, on en produit.
    région?

9. Est-ce qu'on a introduit ce   Oui, on l'a introduit depuis peu.
    modèle depuis peu?

10. Lisez-vous bien le français?   Oui, je le lis bien.

11. Construit-on des immeubles dans   Oui, on en construit.
    cette rue?

* Practice A-9

1. Je sais que je conduis trop vite.
2. <u>Elle sait</u> qu'elle conduit trop vite.
3. <u>Nous savons</u> que nous conduisons trop vite.
4. <u>Ils savent</u> qu'ils conduisent trop vite.
5. <u>Il sait</u> qu'il conduit trop vite.
6. <u>Vous savez</u> que vous conduisez trop vite.
7. <u>Elles savent</u> qu'elles conduisent trop vite.

* SITUATION I

R. Avez-vous vu cette jeune femme?
P. Quelle jeune femme? Celle qui porte un manteau noir?
R. Non, la blonde qui est à côté de la porte.
P. Ah! Oui, je vois. Elle est très jolie, mais un peu trop grande.
R. Je l'ai déjà vue quelque part, mais je ne sais plus où.
P. Elle a l'air d'être italienne, vous ne trouvez pas?
R. Si, vous avez raison. J'aimerais bien faire sa connaissance.
P. Allez vous présenter.
R. Vous exagérez, ça ne se fait pas.

Roger regarde une jeune <u>femme</u> blonde et la montre à Pierre. Celui-ci la trouve jolie mais trop grande. Roger croit l'avoir <u>déjà</u> vue, il ne sait plus où. Pierre <u>trouve</u> qu'elle a l'air d'être italienne. Roger aimerait bien faire sa connaissance, mais se présenter seul, ça ne se fait pas.

'woman'
'already'

* SITUATION II

D. Voici le texte de mon discours. Voulez-vous le voir et me dire ce que vous en pensez?
C. D'accord. Est-ce que vous êtes pressé?
D. Oui, je dois le faire taper avant 4 heures, le président m'a demandé de le lui apporter.
C. Ah! Dites-moi, on m'a téléphoné du journal. Ils veulent savoir si vous allez leur donner le texte.
D. J'en ai parlé au président et il a dit que oui. Alors, je vais le leur porter dans la soirée.

M. Durand montre le texte de son discours à M. Courtois. Il doit le faire <u>taper</u> ensuite, car le président veut le <u>voir</u>. Quelqu'un a téléphoné du journal pour demander si M. Durand allait leur donner le texte. Comme le président est d'accord, M. Durand va le leur porter dans la soirée.

'to type'

*SITUATION III

P. Vous ne voudriez pas ralentir un peu?
L. Si. Est-ce que nous arrivons?
P. Je crois que oui, mais je n'en suis pas sûr. Il faut que je regarde les numéros.

M. Perrier demande à M. Lelong de ralentir. Il faut qu'il regarde les numéros. Ce n'est pas la première fois qu'il va chez <u>ces gens</u>, mais il y est toujours allé avec Roger et il n'a pas <u>fait attention</u>.

L. C'est la première fois que vous
allez chez eux?

'those people'
'paid attention'

P. Non, mais j'y suis toujours allé
avec Roger.

L. Quel est le numéro de leur maison?

P. 342. Voilà, nous y sommes.

* Question Drill

1. Allez-vous souvent au restaurant?
2. Après le repas, que laisse-t-on au garçon?
3. Laisse-t-on toujours un pourboire?
4. Vend-on des cigarettes au café ou au restaurant?
5. Comment s'appellent les cigarettes françaises?
6. En France, les cigarettes françaises ne sont-elles pas moins chères que les cigarettes américaines?
7. Combien coûte un paquet de Gauloises?
8. Que pensez-vous des fromages français?
9. Sont-ils meilleurs que les fromages américains?
10. Que pensez-vous des vins français?
11. Sont-ils meilleurs que les vins américains?
12. Avez-vous bu du vin français?
13. Par quoi finissez-vous vos repas? Par un hors-d'oeuvre ou par un dessert?
14. Où avez-vous déjeuné aujourd'hui?
15. A quelle heure avez-vous déjeuné?
16. Avez-vous déjeuné seul?
17. Avez-vous pris du vin?
18. Combien avez-vous laissé de pourboire?
19. Vers quelle heure avez-vous faim?
20. Quel temps fait-il aujourd'hui?
21. A-t-il plu hier?
22. Les routes sont-elles glissantes aujourd'hui?
23. Qu'a dit M. X?
24. Combien de livres français avez-vous?
25. Combien vous en a-t-on donné?
26. Où l'avez-vous mis?
27. N'est-il pas sur la table?
28. Ne m'avez-vous pas compris?
29. Votre livre, est-il fermé ou ouvert?
30. N'avez-vous pas oublié votre livre?
31. Avez-vous lu le journal ce matin?
32. Que dit-on dans le journal?
33. M'avez-vous téléphoné hier soir?
34. Qu'avez-vous fait hier soir?
35. Avez-vous fait des courses pendant le week-end?

* Response Drill

1. Demandez à ... s'il habite dans un grand immeuble.
2. Demandez à ... où il a déjeuné aujourd'hui.
3. Demandez à ... par quoi il a commencé son repas.

4. Demandez à ... s'il a pris du vin.
5. Demandez à ... s'il a lu les journaux ce matin.
6. Demandez à ... s'il lit le journal le soir ou le matin.
7. Demandez à ... si ses amis lui ont téléphoné.
8. Dites que vos amis ne vous ont pas téléphoné.
9. Demandez à ... où il a laissé son auto.
10. Dites que vous prenez toujours du vin avec vos repas.
11. Dites que vous avez rendez-vous avec un ami à 4 heures.
12. Demandez à ... s'il a reçu du courrier.
13. Demandez-lui s'il a répondu à son courrier.
14. Dites qu'on vous a dit que les routes étaient glissantes.
15. Dites à ... que vous ne m'avez pas écouté.
16. Dites à ... de ne pas oublier de laisser un pourboire.
17. Dites que vous avez très faim après avoir tant travaillé.
18. Dites à ... de vous traduire votre lettre.
19. Dites à ... de ne pas m'oublier.
20. Demandez à ... s'il a pris votre numéro de téléphone.
21. Dites à ... de vous téléphoner et de vous dire où il est.
22. Dites à de fermer sa valise et de la laisser au rez-de-chaussée.

Review Drills (not recorded)

Review 1

Tutor : Cette rue est très longue, n'est-ce pas?
Student: Oui, c'est la plus longue de la ville.

1. Le restaurant de la gare est très cher, n'est-ce pas?	Oui, c'est le plus cher de la ville.
2. Cet immeuble est très grand, n'est-ce pas?	Oui, c'est le plus grand de la ville.
3. Ce quartier est très vieux, n'est-ce pas?	Oui, c'est le plus vieux de la ville.
4. La rue de Versailles est très mauvaise, n'est-ce pas?	Oui, c'est la plus mauvaise de la ville.
5. L'Hôtel de Lyon est très petit, n'est-ce pas?	Oui, c'est le plus petit de la ville.
6. La villa d'Henri est très vieille, n'est-ce pas?	Oui, c'est la plus vieille de la ville.
7. La blanchisserie du coin est très mauvaise, n'est-ce pas?	Oui, c'est la plus mauvaise de la ville.
8. La villa des Lelong est très belle, n'est-ce pas?	Oui, c'est la plus belle de la ville.

Review 2

Tutor : Henri est aussi grand que son père.
Student: Non, il est moins grand que son père.

1. Janine parle aussi bien que sa soeur.	Non, elle parle moins bien que sa soeur.
2. La nouvelle vendeuse est plus jolie que l'autre.	Non, elle est moins jolie que l'autre.
3. Vous lisez plus que moi.	Non, je lis moins que vous.

4. Votre fille conduit plus vite que votre femme.

Non, elle conduit moins vite que ma femme.

5. Cette auto vous a coûté plus cher que l'autre.

Non, elle m'a coûté moins cher que l'autre.

6. Il a bu plus que vous.

Non, il a bu moins que moi.

7. Je traduis plus vite que vous.

Non, vous traduisez moins vite que moi.

Review 3

Tutor : Je vous en laisse?
Student: Oui, laissez-m'en.

Tutor : Nous lui en achetons?
Student: Oui, achetons-lui en.

1. Je le leur dis?
Oui, dites-le leur.

2. Je vous l'achète?
Oui, achetez-le moi.

3. Je vous les apporte?
Oui, apportez-les moi.

4. Nous lui en laissons?
Oui, laissons-lui en.

5. Je la leur paie?
Oui, payez-la leur.

6. Nous le lui donnons?
Oui, donnons-le lui.

7. Je la lui lis?
Oui, lisez-la lui.

8. Je les leur traduis?
Oui, traduisez-les leur.

9. Nous leur en parlons?
Oui, parlons-leur en.

10. Je vous en coupe?
Oui, coupez-m'en.

11. Je la lui loue?
Oui, louez-la lui.

12. Nous la lui présentons?
Oui, présentons-la lui.

13. Je la leur envoie?
Oui, envoyez-la leur.

14. Je les lui montre?
Oui, montrez-les lui.

15. Nous lui en envoyons?
Oui, envoyons-lui en.

16. Je vous en parle?
Oui, parlez-m'en.

Review 4

Tutor : M'y avez-vous vu?
Student: Oui, je vous y ai vu.

1. Les y a-t-on conduits?
Oui, on les y a conduits.

2. Est-ce que je vous en ai donné?
Oui, vous m'en avez donné.

3. Y a-t-elle pensé?
Oui, elle y a pensé.

4. Vous l'a-t-on dit?
Oui, on me l'a dit.

5. En construit-on?
Oui, on en construit.

6. La lavez-vous?
Oui, je la lave.

7. Est-ce que je les lui ai payés?
Oui, vous les lui avez payés.

8. Est-ce que vous les y avez retrouvés?
Oui, je les y ai retrouvés.

9. Le lui a-t-elle lu?
Oui, elle le lui a lu.

10. M'en avez-vous donné?
Oui, je vous en ai donné.

11. En a-t-on eu?
Oui, on en a eu.

12. Y avez-vous pensé?
Oui, j'y ai pensé.

13. M'en a-t-on donné?
Oui, on vous en a donné.

14. Est-ce qu'on vous en a retenu?
Oui, on m'en a retenu.

15. Les leur réparez-vous?
Oui, je les leur répare.

16. Me les avez-vous présentés?
Oui, je vous les ai présentés.

17. Y en a-t-il?
Oui, il y en a.

18. Les lui lit-il?
Oui, il les lui lit.

19. M'y a-t-on vu?   Oui, on vous y a vu.
20. Vous les a-t-on envoyés?   Oui, on me les a envoyés.

Review 5

Tutor : M'avez-vous apporté des oeufs?
Student: Oui, je vous en ai apporté.

1. Vous a-t-on présenté le gérant?   Oui, on me l'a présenté.
2. Vous a-t-on dit son nom?   Oui, on me l'a dit.
3. Avez-vous donné votre numéro à   Oui, je le lui ai donné.
   Janine?
4. Est-ce que je vous ai donné du   Oui, vous m'en avez donné.
   fromage?
5. M'avez-vous payé le livre?   Oui, je vous l'ai payé.
6. Me recommandez-vous ce restau-   Oui, je vous le recommande.
   rant?
7. Y a-t-il du vin?   Oui, il y en a.
8. Vous ont-ils vendu leur auto?   Oui, ils me l'ont vendue.
9. A-t-elle bu du vin rouge?   Oui, elle en a bu.
10. Est-ce qu'on construit de   Oui, on en construit.
    nouveaux immeubles près de chez
    vous?
11. Avez-vous reçu des livres au   Oui, j'en ai reçu.
    bureau?
12. Est-ce que je vous ai vu chez   Oui, vous m'y avez vu.
    les Durand?
13. M'a-t-on cherché?   Oui, on vous a cherché.
14. Vous ai-je pris des billets?   Oui, vous m'en avez pris.
15. Avez-vous pensé à cette affaire? Oui, j'y ai pensé.
16. L'employé vous a-t-il donné la   Oui, il me l'a donnée.
    fiche?
17. M'avez-vous apporté les ren-   Oui, je vous les ai apportés.
    seignements?
18. Est-ce que je vous ai parlé de   Oui, vous m'en avez parlé.
    ma nouvelle affaire?

Review 6

Tutor : J'ai présenté Henri à Janine.
Student: Pourquoi le lui avez-vous présenté?

1. On a conduit Henri au grand   Pourquoi l'y a-t-on conduit?
   magasin.
2. J'ai vendu mon auto à Henri.   Pourquoi la lui avez-vous vendue?
3. Je lis sa lettre.   Pourquoi la lisez-vous?
4. Il a payé le gérant.   Pourquoi l'a-t-il payé?
5. On vous a appelé.   Pourquoi m'a-t-on appelé?
6. J'ai montré le nouveau modèle   Pourquoi le leur avez-vous montré?
   aux employés.
7. On a donné du vin aux enfants.   Pourquoi leur en a-t-on donné?
8. J'ai loué l'appartement à vos   Pourquoi le leur avez-vous loué?
   amis.

9. J'ai demandé des fiches à   Pourquoi lui en avez-vous demandé?
   l'employé.
10. J'ai écrit à ses parents.   Pourquoi leur avez-vous écrit?

Review 7

1. Si vous ne voulez pas conduire Janine en ville, ne l'y conduisez pas.
2. Si vous ne voulez pas lire ce livre aux enfants, ne le leur lisez pas.
3. Si vous ne voulez pas me dire son nom, ne me le dites pas.
4. Si vous ne voulez pas montrer cette lettre au gérant, ne la lui montrez
   pas.
5. Si vous ne voulez pas nous apporter des cigarettes, ne nous en apportez
   pas.
6. Si vous ne voulez pas me prendre des billets, ne m'en prenez pas.
7. Si vous ne voulez pas demander des renseignements à l'employé, ne lui en
   demandez pas.
8. Si vous ne voulez pas nous envoyer des cartes postales, ne nous en envoyez
   pas.
9. Si vous ne voulez pas habiter dans ce quartier, n'y habitez pas.
10. Si vous ne voulez pas essayer ces chaussures, ne les essayez pas.
11. Si vous ne voulez pas détruire cette lettre, ne la détruisez pas.
12. Si vous ne voulez pas laisser votre livre sur mon bureau, ne l'y laissez
    pas.
13. Si vous ne voulez pas recevoir Christiane au bureau, ne l'y recevez pas.
14. Si vous ne voulez pas donner de dessert aux enfants, ne leur en donnez
    pas.
15. Si vous ne voulez pas nous parler de cette affaire, ne nous en parlez pas.

Review 8

Tutor   : Je n'ai pas retenu les places.
Student : Pourquoi ne les avez-vous pas retenues?

1. Je n'ai pas téléphoné à mon ami.   Pourquoi ne lui avez-vous pas téléphoné?
2. Je ne vous ai pas présenté mes   Pourquoi ne me les avez-vous pas présentés?
   amis.
3. On ne vous a pas obéi.   Pourquoi ne m'a-t-on pas obéi?
4. On ne m'a pas donné les rensei-   Pourquoi ne vous les a-t-on pas donnés?
   gnements.
5. Je n'ai pas coupé le gigot.   Pourquoi ne l'avez-vous pas coupé?
6. On ne m'a pas monté le courrier.   Pourquoi ne vous l'a-t-on pas monté?
7. Je n'ai pas aimé le match de   Pourquoi ne l'avez-vous pas aimé?
   football.
8. Je ne vous ai pas apporté les   Pourquoi ne me les avez-vous pas apportés?
   renseignements.
9. Je n'ai pas bu de vin.   Pourquoi n'en avez-vous pas bu?
10. On n'a pas pesé les paquets.   Pourquoi ne les a-t-on pas pesés?
11. Je n'ai pas ouvert le télé-   Pourquoi ne l'avez-vous pas ouvert?
    gramme.

*Narration: "Chez Maurice"

Si vous n'êtes jamais allé "Chez Maurice", allez-y <u>donc</u>. C'est un bon petit restaurant au coin de l'avenue de Neuilly. Il est assez cher, mais pas mal du tout.

Sa spécialité est la <u>bouillabaisse</u> et il la fait <u>fort</u> bien, mais ses pâtés ne sont pas mauvais non plus. Et ses vins. Oh! Ses <u>vins</u>! On n'en trouve pas de meilleurs en France.

M. Maurice a commencé il y a vingt ans par un tout petit café de rien du tout. On y <u>servait</u> des pommes de terre frites, du fromage et du vin rouge, rien de plus et les chauffeurs de taxi du quartier <u>venaient</u> y écouter les nouvelles sportives que le <u>patron</u> était toujours <u>prêt à</u> leur donner.

Maintenant, il n'y a plus beaucoup de chauffeurs de taxi chez Maurice. Ses clients sont tous présidents de quelque chose, et le patron est beaucoup trop pressé pour se mettre à table avec eux.

On ne donne plus les dernières nouvelles sportives, mais on parle politique ou affaires et c'est <u>dommage</u>.

<u>Tout de même</u>, "Chez Maurice" est un bon restaurant que vous pouvez essayer si vous allez à Paris.

donc	'interjection to emphasize a command'
fort	'quite'
bouillabaisse	'seafood soup'
servait	'served, used to serve'
venaient	'would come'
patron	'owner'
prêt à	'ready to'
tout de même	'anyway'
dommage	'too bad'

Written Exercises (not recorded)

Exercise 1

Répondez affirmativement aux questions suivantes en utilisant les pronoms.

1. Avez-vous donné la lettre à votre soeur? _____

2. Ont-ils acheté les livres? _____

3. Vous a-t-elle dit le nom? _____

4. A-t-elle écrit à ses amis? _____

5. Avons-nous reçu des billets? _____

6. A quelle heure lisez-vous le journal? _____

7. Avez-vous envoyé des nouvelles à vos parents? _____

8. A-t-il montré le télégramme au gérant? _____

9. A-t-on envoyé le colis à la gare? _____

10. Vous a-t-on apporté de la monnaie? _____

Exercise 2

Mettez les phrases suivantes au présent.

1. Ont-ils conduit pendant les heures d'affluence? _____

2. Avez-vous traduit ma lettre? _____

3. On a détruit les vieilles fiches. _____

4. Ils ont construit une jolie villa. _____

5. Vous avez lu le discours du président? _____

6. Qu'avez-vous dit? _____

7. Nous en avons traduit deux pages chaque jour. _____

8. J'ai lu ce livre en anglais. _____

9. Avez-vous conduit vos amis à la gare? _____

10. Ont-ils dit oui ou non? _____

Exercise 3

Mettez les verbes des phrases suivantes au passé composé.

Example: Nous déjeunons à midi.   Nous avons déjeuné à midi.

1. Il peut partir tout de suite. _____

2. J'ouvre le livre à la page 25. _____

3. Finissez-vous cette lettre? _____

4. Elle ne va pas en France cette année. _____

5. Il est heureux de déjeuner avec vous. _____

6. Ils ont des nouvelles de leur fils. _____

7. Il pleut tous les jours en novembre. _____

8. Sait-il sa leçon ce matin? _____

9. Il dit quelque chose. _____

10. Détruit-on ces vieilles autos? _____

Exercise 4

Traduisez en français.

1. Did you receive good news from your family?
   _____

2. Is the blue suit less expensive than the brown one?
   _____

3. My daughter bought some very pretty dresses.
   _____

4. Why don't you take the train? It's cheaper than the plane.
   _____

5. The last lesson is the most important.
   _____

6. The first one is not as nice as the second.
   _____

7. February is the shortest month of the year.
   _____

8. They destroyed some old buildings.
   _____

9. The United States produces good wine.
   _____

10. This sentence is as difficult as the last one.
    _____

(Answers on page 274)

Unit 10

DIALOGUE

Au bureau	At the office

M. Morin, ayant reçu une lettre de
M. Pelletier, appelle sa secrétaire.
Il est dans son bureau.

Mr. Morin, having received a letter from
Mr. Pelletier, calls his secretary. He
is in his office.

LA SECRETAIRE

Vous m'avez appelée,
Monsieur?

You called me, Sir?

M. MORIN

Oui, Mademoiselle.

Yes.

Vous souvenez-vous de la
dernière commande de
M. Pelletier?

Do you remember the last order from
Mr. Pelletier?

se souvenir de
(vous souvenez-vous)
commande (f)

to remember
(do you remember)
order

LA SECRETAIRE

Oui, Monsieur. Je m'en
suis occupée
moi-même.

Yes, Sir. I took care of it myself.

s'occuper de
(je m'en suis occupé)
moi-même

to take care of
(I took care of it)
myself

M. MORIN

Quand l'avez-
vous envoyée?

When did you send it?

M. Pelletier se
plaint de ne
pas l'avoir reçue.

Mr. Pelletier is complaining that he
hasn't received it.

se plaindre
(il se plaint)
recevoir
(avoir reçue)

to complain
(he is complaining)
to receive
(to have received)

LA SECRETAIRE

Nous
l'avons expédiée
il y a huit jours
environ.

We sent it out about a week ago.

expédier	to dispatch
environ	approximately, about

M. MORIN

Oh! Alors,
il n'y a
pas lieu de
s'inquiéter.

Oh! Then, there's no reason to worry.

lieu (m)	place
s'inquiéter	to worry

LA SECRETAIRE

Allons-nous
lui répondre,
Monsieur?

Are we going to answer him, Sir?

répondre	to reply

M. MORIN

Oui.
Voulez-vous prendre
la lettre en sténo?

Yes. Will you take the letter in
shorthand?

sténo (f)	shorthand

LA SECRETAIRE

Certainement, Monsieur.
Je vais chercher
un bloc
et des crayons.

Certainly, Sir. I'll get a pad and
some pencils.

aller chercher	to go get
(je vais chercher)	I'll get
bloc (m)	pad
crayon (m)	pencil

(M. Morin dicte la lettre)

(M. Morin dictates the letter)

dicter	to dictate

LA SECRETAIRE

Je tape
la lettre en
trois exemplaires
comme d'habitude?

Shall I type the letter in three copies
as usual?

taper (je tape)	to type (I type)
exemplaire (m)	copy

M. MORIN

Oui, et vous me

Yes, and bring it to me to sign right away.

l'apporterez à
signer
immédiatement.

    apporter   to bring
    (vous apporterez)   (you will bring)
    signer   to sign
    immédiatement   immediately

    LA SECRETAIRE

Entendu, Monsieur.   Yes, Sir.

    entendre   to hear
    (entendu)   (understood)

(Un client entre   (A customer comes into the office a few
dans le bureau   minutes later)
quelques minutes
plus tard)

    M. LARUE

J'ai rendez-vous   I have an appointment with Mr. Morin at
avec M. Morin   4 o'clock.
à 4 heures.

    rendez-vous (m)   appointment, date

Je crois que je suis un   I think I'm a little early.
peu en avance.

    LA SECRETAIRE

Vous êtes   You're Mr. Jean Larue, aren't you?
Monsieur Jean Larue,
n'est-ce pas?

    M. LARUE

Oui, c'est cela.   Yes, that's right.

    LA SECRETAIRE

Veuillez vous asseoir,   Won't you sit down, Sir.
Monsieur.

    s'asseoir   to sit down

M. Morin   Mr. Morin is still in conference.
est encore
en conférence.

    conférence (f)   conference

M. LARUE

En a-t-il pour longtemps?	Will he be long?

LA SECRÉTAIRE

Non, il a presque terminé et vous prie de l'attendre.	No, he has almost finished and asks you to wait for him.

presque	almost
terminer	to finish
(terminé)	(finished)
attendre	to wait for

DIALOGUE NOTE

Huit jours is used to express the passage of a week's time. Similarly, quinze jours is a fortnight, two weeks' time.

USEFUL WORDS

1. J'ai mis la machine à écrire sur le bureau de la dactylo.	I put the typewriter on the typist's desk.
2. J'ai mis l'annuaire sur le bureau de la dactylo.	I put the telephone directory on the typist's desk.
3. J'ai mis l'encre sur le bureau de la dactylo.	I put the ink on the typist's desk.
4. J'ai mis le dictionnaire sur le bureau de la dactylo.	I put the dictionary on the typist's desk.
5. J'ai mis le buvard sur le bureau de la dactylo.	I put the blotter on the typist's desk.

1. La clef se trouve dans le tiroir de droite.	The key is in the right hand drawer.
2. Le papier à lettre se trouve dans le tiroir de droite.	The stationary is in the right hand drawer.
3. La gomme se trouve dans le tiroir de droite.	The eraser is in the right hand drawer.
4. Les enveloppes se trouvent dans le tiroir de droite.	The envelopes are in the right hand drawer.
5. La boîte de trombones se trouve dans le tiroir de droite.	The box of paper clips is in the right hand drawer.

1. C'est un travail agréable.	It's a pleasant job.
2. C'est un travail urgent.	It's an urgent job.
3. C'est un travail intéressant.	It's an interesting job.
4. C'est un travail nécessaire.	It's a necessary job.
5. C'est un travail difficile.	It's a difficult job.
6. C'est un travail important.	It's an important job.
7. C'est un travail utile.	It's a useful job.
8. C'est un travail efficace.	It's an effective job.

Vocabulary Awareness (not recorded)

About 8 days ago.	Il y a huit jours environ.
Come and get me around 7 o'clock.	Venez me chercher vers sept heures.
He called around 3.	Il a téléphoné vers trois heures.
It was about 3 when he called.	Il était environ trois heures quand il a téléphoné.
He's going to leave in about 6 months.	Il va partir dans six mois environ.
He's going to leave around July.	Il va partir vers le mois de juillet.
Will he be long?	En a-t-il pour longtemps?
He'll be 5 minutes.	Il en a pour cinq minutes.
I won't be long.	Je n'en ai pas pour longtemps.
I won't be much longer, I'm almost finished.	Je n'en ai plus pour longtemps, j'ai presque terminé.
As short as usual.	Aussi court que d'habitude.
Shorter than usual.	Plus court que d'habitude.
Very short, as usual.	Très court, comme d'habitude.
Very short, as always.	Très court, comme toujours.
Very short, just as last time.	Très court, comme la dernière fois.
As short as last time.	Aussi court que la dernière fois.

Lexical Drills

Lexical A-1

1. Vous m'avez appelée, Monsieur?
2. Vous les avez vus, Monsieur?
3. Vous lui avez téléphoné, Monsieur?
4. Vous nous avez appelés, Monsieur?
5. Vous en avez trouvé, Monsieur?
6. Vous l'avez retenu, Monsieur?
7. Vous y avez répondu, Monsieur?
8. Vous les avez envoyés, Monsieur?
9. Vous en avez acheté, Monsieur?
10. Vous les avez comptés, Monsieur?
11. Vous m'avez appelée, Monsieur?

Lexical A-2

1. Vous souvenez-vous de la dernière commande?
2. Vous souvenez-vous de vos dernières vacances?
3. Vous souvenez-vous des premières semaines?
4. Vous souvenez-vous de son dernier discours?
5. Vous souvenez-vous de votre premier accident?
6. Vous souvenez-vous du dernier match de football?
7. Vous souvenez-vous du nom de l'auteur?
8. Vous souvenez-vous du numéro de la chambre?
9. Vous souvenez-vous de la date de votre arrivée?
10. Vous souvenez-vous de l'heure du départ?
11. Vous souvenez-vous du premier rendez-vous?
12. Vous souvenez-vous de la dernière commande?

Lexical A-3

1. Je m'en suis occupé moi-même.
2. Je leur ai téléphoné moi-même.
3. Je les ai servis moi-même.
4. Je l'ai réparé moi-même.
5. Je les ai tapés moi-même.
6. Je l'ai expédié moi-même.
7. Je les ai choisis moi-même.
8. Je l'ai monté moi-même.
9. Je les ai remplis moi-même.
10. Je le lui ai dit moi-même.
11. Je m'en suis occupé moi-même.

Lexical A-4

1. Quand l'avez-vous envoyé?
2. Quand l'avez-vous vu?
3. Quand l'avez-vous apporté?
4. Quand l'avez-vous signé?
5. Quand l'avez-vous construit?
6. Quand l'avez-vous fait?
7. Quand l'avez-vous loué?
8. Quand l'avez-vous su?
9. Quand l'avez-vous retrouvé?
10. Quand l'avez-vous bu?
11. Quand l'avez-vous terminé?
12. Quand l'avez-vous ouvert?
13. Quand l'avez-vous eu?
14. Quand l'avez-vous écouté?
15. Quand l'avez-vous envoyé?

Lexical A-5

1. M. Pelletier se plaint de ne pas l'avoir reçu.
2. M. Pelletier se plaint de ne pas vous avoir parlé.
3. M. Pelletier se plaint de ne pas les avoir reçus.
4. M. Pelletier se plaint de ne pas en avoir reçu.
5. M. Pelletier se plaint de ne pas les avoir lus.
6. M. Pelletier se plaint de ne pas l'avoir lu.
7. M. Pelletier se plaint de ne pas leur avoir parlé.
8. M. Pelletier se plaint de ne pas les avoir signés.
9. M. Pelletier se plaint de ne pas lui avoir parlé.
10. M. Pelletier se plaint de ne pas l'avoir reçu.

Lexical A-6

1. Nous l'avons expédié il y a 8 jours.
2. Nous les avons vus il y a 8 jours.
3. Je l'ai reçu il y a 8 jours.
4. On les a retrouvés il y a 8 jours.
5. Elle en a acheté il y a 8 jours.
6. Nous l'avons terminé il y a 8 jours.

7. Ils l'ont expédié il y a 8 jours.
8. Je vous ai écrit il y a 8 jours.
9. On les a reçus il y a 8 jours.
10. Elle nous a quittés il y a 8 jours.
11. Ils m'ont téléphoné il y a 8 jours.
12. Je leur ai parlé il y a 8 jours.
13. Nous l'avons expédié il y a 8 jours.

Lexical A-7

1. Nous l'avons expédié il y a huit jours.
2. Nous l'avons expédié il y a un mois.
3. Nous l'avons expédié il y a trois jours.
4. Nous l'avons expédié il y a quinze jours.
5. Nous l'avons expédié il y a deux mois.
6. Nous l'avons expédié il y a dix minutes.
7. Nous l'avons expédié il y a trois semaines.
8. Nous l'avons expédié il y a quatre jours.
9. Nous l'avons expédié il y a longtemps.
10. Nous l'avons expédié il y a huit jours.

Lexical A-8

1. Allons-nous lui répondre?
2. Allons-nous y répondre?
3. Allons-nous leur obéir?
4. Allons-nous y obéir?
5. Allons-nous y aller?
6. Allons-nous les assurer?
7. Allons-nous lui parler?
8. Allons-nous leur téléphoner?
9. Allons-nous la finir?
10. Allons-nous en avoir?
11. Allons-nous lui répondre?

Lexical A-9

1. Je crois que je suis un peu en avance.
2. Je crois que j'ai un peu faim.
3. Je crois qu'ils sont un peu en avance.
4. Je crois que vous êtes un peu en retard.
5. Je crois que j'ai un peu peur.
6. Je crois qu'elle a un peu froid.
7. Je crois qu'ils ont un peu chaud.
8. Je crois que je suis un peu en retard.
9. Je crois que c'est un peu grand.
10. Je crois que c'est un peu cher.
11. Je crois que je suis un peu en avance.

Lexical A-10

1. En a-t-il pour longtemps?
2. En avez-vous pour longtemps?

3. <u>En a-t-elle</u> pour longtemps?
4. <u>En ont-ils</u> pour longtemps?
5. <u>En ont-elles</u> pour longtemps?
6. <u>En avons-nous</u> pour longtemps?
7. <u>En a-t-on</u> pour longtemps?
8. <u>En a-t-il</u> pour longtemps?

Lexical A-11

1. Voulez-vous prendre la lettre en sténo?
2. <u>Peut-elle</u> prendre la lettre en sténo?
3. <u>Va-t-elle</u> prendre la lettre en sténo?
4. <u>Pouvez-vous</u> prendre la lettre en sténo?
5. <u>Doit-elle</u> prendre la lettre en sténo?
6. <u>Allez-vous</u> prendre la lettre en sténo?
7. <u>Comptez-vous</u> prendre la lettre en sténo?
8. <u>Faut-il</u> prendre la lettre en sténo?
9. <u>Voudriez-vous</u> prendre la lettre en sténo?
10. <u>Devez-vous</u> prendre la lettre en sténo?
11. <u>Voulez-vous</u> prendre la lettre en sténo?

*Lexical B-1

1. M. Morin est encore en conférence.
2. M. Morin est encore <u>en vacances</u>.
3. <u>Roger</u> est encore en <u>vacances.</u>
4. <u>Roger</u> est encore <u>au bureau.</u>
5. <u>La dactylo</u> est encore au bureau.
6. <u>La dactylo</u> est encore <u>en retard.</u>
7. <u>La secrétaire</u> est encore en retard.
8. <u>La secrétaire</u> est encore <u>pressée.</u>
9. <u>M. Morin</u> est encore pressé.
10. M. Morin est encore <u>en conférence.</u>

*Lexical B-2

1. Allons-nous lui répondre?
2. <u>Vont-ils</u> lui répondre?
3. <u>Vont-ils</u> <u>les retrouver?</u>
4. Comptez-vous les retrouver?
5. <u>Comptez-vous</u> <u>leur parler?</u>
6. Voudriez-vous leur parler?
7. <u>Voudriez-vous</u> <u>l'emporter?</u>
8. Devez-vous l'emporter?
9. <u>Devez-vous</u> <u>le lire?</u>
10. <u>Allons-nous</u> le lire?
11. <u>Allons-nous</u> <u>lui répondre?</u>

*Lexical B-3

1. Nous l'avons expédié il y a 8 jours.
2. <u>Je l'ai terminé</u> il y a 8 jours.
3. <u>Je l'ai terminé</u> <u>il y a un mois.</u>

4. <u>On m'en a parlé</u> il y a un mois.
5. On m'en a parlé <u>il y a quelques minutes</u>.
6. <u>Je viens d'arriver</u> il y a quelques minutes.
7. Je viens d'arriver <u>il y a cinq minutes</u>.
8. <u>Il nous a quittés</u> il y a cinq minutes.
9. Il nous a quittés <u>il y a un an</u>.
10. <u>On l'a construit</u> il y a un an.
11. On l'a construit <u>il y a longtemps</u>.
12. <u>Nous l'avons expédié</u> il y a longtemps.
13. Nous l'avons expédié <u>il y a 8 jours</u>.

*Lexical B-4

1. Il vous prie de l'attendre.
2. <u>Vous n'avez pas besoin</u> de l'attendre.
3. <u>Vous n'avez pas besoin</u> <u>de les essayer</u>.
4. <u>J'ai oublié</u> de les essayer.
5. <u>J'ai oublié</u> <u>d'en acheter</u>.
6. <u>Il n'est pas nécessaire</u> d'en acheter.
7. <u>Il n'est pas nécessaire</u> <u>de leur téléphoner</u>.
8. <u>Nous avons essayé</u> de leur téléphoner.
9. <u>Nous avons essayé</u> <u>de la réparer</u>.
10. <u>On n'a pas besoin</u> de la réparer.
11. On n'a pas besoin <u>de l'attendre</u>.
12. <u>Il vous prie</u> de l'attendre.

*Lexical B-5

1. Je crois que je suis un peu en avance.
2. <u>Je sais</u> que je suis un peu en avance.
3. <u>Je sais</u> <u>qu'il n'y a pas lieu de s'inquiéter</u>.
4. <u>J'espère</u> qu'il n'y a pas lieu de s'inquiéter.
5. <u>J'espère</u> <u>que vous n'en avez pas pour longtemps</u>.
6. <u>Ils savent</u> que vous n'en avez pas pour longtemps.
7. <u>Ils savent</u> <u>que votre avion atterrit à 10 heures</u>.
8. <u>Il dit</u> que votre avion atterrit à 10 heures.
9. <u>Il dit</u> <u>qu'ils sont en train de fermer</u>.
10. <u>Je crois</u> qu'ils sont en train de fermer.
11. Je crois <u>que je suis un peu en avance</u>.

Questions on the Dialogue

1. M. Morin a-t-il appelé sa secrétaire? — Oui, il l'a appelée.
2. De quelle commande parle-t-il? — Il parle de la dernière commande.
3. De quoi M. Pelletier se plaint-il? — Il se plaint de ne pas l'avoir reçue.
4. La secrétaire a-t-elle envoyé la commande? — Oui, elle l'a envoyée.
5. Quand l'a-t-elle envoyée? — Il y a 8 jours environ.
6. M. Pelletier ne l'a-t-il pas reçue? — Non, il ne l'a pas reçue.

7. Y a-t-il lieu de s'inquiéter? | Non, il n'y a pas lieu de s'inquiéter.
8. M. Pelletier a-t-il envoyé une lettre à M. Morin ou à la secrétaire? | Il l'a envoyée à M. Morin.
9. De quoi se plaint-il dans sa lettre? | Il se plaint de ne pas avoir reçu sa commande.
10. Que vont faire M. Morin et sa secrétaire? | Ils vont répondre à M. Pelletier.
11. Comment la secrétaire prend-elle la lettre? | Elle la prend en sténo.
12. Que lui manque-t-il? | Il lui manque un bloc et des crayons.
13. Y en a-t-il au bureau? | Oui, il y en a.
14. Pourquoi la secrétaire va-t-elle chercher un bloc et des crayons? | Pour prendre la lettre en sténo.
15. M. Morin écrit-il sa lettre? | Non, il la dicte à sa secrétaire.
16. En combien d'exemplaires la tape-t-elle? | Elle la tape en trois exemplaires.
17. Faut-il que M. Morin signe la lettre? | Oui, il faut qu'il la signe.
18. Quand la lettre est terminée, M. Morin va-t-il la chercher? | Non, sa secrétaire la lui apporte.
19. Qui est M. Jean Larue? | C'est un client.
20. Pourquoi est-il au bureau? | Il a rendez-vous avec M. Morin.
21. A quelle heure est son rendez-vous? | Son rendez-vous est à 4 heures.
22. Est-il en retard? | Non, il est en avance.
23. Où est M. Morin? | Il est en conférence.
24. En a-t-il pour longtemps? | Non, il a presque terminé.

Grammar 1: Irregular Comparatives & Superlatives

Grammar Note

> Elle est meilleure que l'autre.
> Transmettez-lui mon meilleur souvenir.

Instead of using <u>plus</u> to form the comparative, a few adjectives and adverbs have a special comparison form.

<u>Adjectives</u>:

bon	meilleur	le meilleur
'good'	'better'	'the best'
mauvais	plus mauvais	le plus mauvais
	pire	le pire
'bad'	'worse'	'the worst'

(<u>pire</u> and <u>le pire</u> are less common than the regular form)

petit	plus petit	le plus petit
	moindre	le moindre
'small'	'smaller'	'the smallest'

(moindre is hardly ever used in the comparative, but often used in the superlative, in which case it may be translated by 'the slightest')

Il ne fait pas le moindre effort.   'He doesn't make the slightest effort.
Je n'ai pas la moindre idée de   'I don't have the slightest idea what
ce qu'il faut faire.   must be done.'

Adverbs

bien	mieux	le mieux
'well'	'better'	'the best'
mal	plus mal	le plus mal
	pis	le pis
'badly'	'worse'	'the worst'

(pis and le pis are very seldom used)

Learning Drills

Learning 1

1. Vous conduisez mieux que d'habitude.
2. Ils vont mieux que d'habitude.
3. Elle travaille mieux que d'habitude.
4. Il conduit mieux que d'habitude.
5. Elle va mieux que d'habitude.
6. Vous travaillez mieux que d'habitude.
7. Elle tape mieux que d'habitude.
8. Vous allez mieux que d'habitude.
9. J'entends mieux que d'habitude.

Learning 2

1. Cet hôtel est meilleur que l'autre.
2. Cet hôtel est plus grand que l'autre.
3. Cet hôtel est plus petit que l'autre.
4. Cet hôtel est meilleur que l'autre.
5. Cet hôtel est plus cher que l'autre.
6. Cet hôtel est plus beau que l'autre.
7. Cet hôtel est meilleur que l'autre.
8. Cet hôtel est plus joli que l'autre.
9. Cet hôtel est plus mauvais que l'autre.
10. Cet hôtel est meilleur que l'autre.

Learning 3

1. Vous entendez aussi bien que moi.
2. Vous comprenez mieux que moi.
3. Vous conduisez aussi bien que moi.
4. Vous conduisez mieux que moi.
5. Vous tapez aussi bien que moi.
6. Vous tapez mieux que moi.
7. Vous allez aussi bien que moi.

8. Vous allez mieux que moi.
9. Vous travaillez aussi bien que moi.
10. Vous travaillez mieux que moi.

Learning 4

1. Ce magasin est aussi bon que l'autre.
2. Ce magasin est meilleur que l'autre.
3. Cet hôtel est aussi bon que l'autre.
4. Cet hôtel est meilleur que l'autre.
5. Cette épicerie est aussi bonne que l'autre.
6. Cette épicerie est meilleure que l'autre.
7. Ce vin est aussi bon que l'autre.
8. Ce vin est meilleur que l'autre.
9. Ce costume est aussi bon que l'autre.
10. Ce costume est meilleur que l'autre.

Learning 5

1. Vous conduisez aussi mal que moi.
2. Vous conduisez plus mal que moi.
3. Vous travaillez aussi mal que moi.
4. Vous travaillez plus mal que moi.
5. Vous comprenez aussi mal que moi.
6. Vous comprenez plus mal que moi.
7. Vous tapez aussi mal que moi.
8. Vous tapez plus mal que moi.
9. Vous comptez aussi mal que moi.
10. Vous comptez plus mal que moi.

Learning 6

1. Ce crayon est aussi mauvais que l'autre.
2. Ce crayon est plus mauvais que l'autre.
3. Cette dactylo est aussi mauvaise que l'autre.
4. Cette dactylo est plus mauvaise que l'autre.
5. Cet apéritif est aussi mauvais que l'autre.
6. Cet apéritif est plus mauvais que l'autre.
7. Cette machine à écrire est aussi mauvaise que l'autre.
8. Cette machine à écrire est plus mauvaise que l'autre.
9. Cette coupe de cheveux est aussi mauvaise que l'autre.
10. Cette coupe de cheveux est plus mauvaise que l'autre.

Learning 7

1. Elle tape aussi bien que la secrétaire.
2. Elle tape mieux que la secrétaire.
3. Elle tape plus mal que la secrétaire.
4. Elle tape aussi mal que la secrétaire.
5. Elle tape moins bien que la secrétaire.
6. Elle tape moins mal que la secrétaire.

Learning 8

1. Elle est aussi jolie que la secrétaire.
2. Elle est plus jolie que la secrétaire.
3. Elle est aussi grande que la secrétaire.
4. Elle est plus grande que la secrétaire.
5. Elle est aussi bonne que la secrétaire.
6. Elle est meilleure que la secrétaire.

Learning 9

1. Cette auto est aussi bonne que l'autre.
2. Cette auto est meilleure que l'autre.
3. Cette auto marche aussi bien que l'autre.
4. Cette auto marche mieux que l'autre.
5. Cette auto est aussi mauvaise que l'autre.
6. Cette auto est plus mauvaise que l'autre.
7. Cette auto marche aussi mal que l'autre.
8. Cette auto marche plus mal que l'autre.
9. Cet employé est aussi bon que l'autre.
10. Cet employé est meilleur que l'autre.
11. Cet employé travaille aussi bien que l'autre.
12. Cet employé travaille mieux que l'autre.

Learning 10

1. Vous conduisez aussi mal que moi.
2. Vous conduisez plus mal que moi.
3. Vous travaillez aussi mal que moi.
4. Vous travaillez plus mal que moi.
5. Vous comprenez aussi mal que moi.
6. Vous comprenez plus mal que moi.
7. Vous tapez aussi mal que moi.
8. Vous tapez plus mal que moi.
9. Vous comptez aussi mal que moi.
10. Vous comptez plus mal que moi.

*Learning 11

1. Voilà de beaucoup le meilleur hôtel.
2. Voilà de beaucoup le plus mauvais restaurant.
3. Voilà de beaucoup la meilleure idée.
4. Voilà de beaucoup la pire boulangerie.
5. Voilà de beaucoup les meilleurs gâteaux.
6. Voilà de beaucoup la meilleure secrétaire.
7. Voilà de beaucoup le meilleur étudiant.
8. Voilà de beaucoup les plus mauvaises places.
9. Voilà de beaucoup la meilleure date.

*Learning 12

1. Je n'ai pas eu la moindre chose à dire.
2. Je n'ai pas eu le moindre travail à faire.
3. Je n'ai pas eu la moindre idée nouvelle.
4. Je n'ai pas eu le moindre effort à faire.
5. Je n'ai pas eu la moindre question difficile.
6. Je n'ai pas eu le moindre mal à le trouver.
7. Je n'ai pas eu la moindre lettre à écrire.
8. Je n'ai pas eu le moindre paquet à porter.
9. Je n'ai pas eu le moindre discours à lire.
10. Je n'ai pas eu le moindre transport à payer.

*Learning 13

1. C'est Janine qui traduit le mieux.
2. C'est Janine qui entend le mieux.
3. C'est Janine qui parle le mieux.
4. C'est Janine qui tape le mieux.
5. C'est Janine qui travaille le mieux.
6. C'est Janine qui écoute le mieux.
7. C'est Janine qui écrit le mieux.
8. C'est Janine qui compte le mieux.

Practice Drills

Practice A-1

Tutor : Quand la route est mauvaise, on conduit mal.
Student: Quand la route est bonne, on conduit bien.

1. Un bon employé travaille bien.   Un mauvais employé travaille mal.
2. Quand on a une mauvaise auto,   Quand on a une bonne auto, on conduit
   on conduit mal.   bien.
3. On déjeune bien dans un bon   On déjeune mal dans un mauvais restaurant.
   restaurant.
4. Je tape mal parce que la   Je tape bien parce que la machine est
   machine est mauvaise.   bonne.
5. Quand les routes sont mauvaises,   Quand les routes sont bonnes, on conduit
   on conduit mal.   bien.
6. La viande est toujours bonne   La viande est toujours mauvaise dans les
   dans les bons restaurants.   mauvais restaurants.
7. Une mauvaise voiture marche   Une bonne voiture marche bien.
   mal.
8. Un bon cordonnier répare bien   Un mauvais cordonnier répare mal les
   les chaussures.   chaussures.

Practice A-2

Tutor : On ne mange pas bien dans ce restaurant.
Student: C'est un mauvais restaurant.

1. On mange très bien dans ce   C'est un bon restaurant.
   restaurant.
2. Votre auto marche très bien.   C'est une bonne auto.
3. Votre auto ne marche pas bien   C'est une mauvaise auto.
   du tout.
4. Votre secrétaire travaille   C'est une bonne secrétaire.
   très bien.
5. On conduit mal sur cette route.   C'est une mauvaise route.
6. Cet étudiant parle très mal.   C'est un mauvais étudiant.
7. On conduit très bien sur cette   C'est une bonne route.
   route.
8. Ce cordonnier travaille mal.   C'est un mauvais cordonnier.
9. Ce pâtissier fait bien les   C'est un bon pâtissier.
   gâteaux.
10. Ce coiffeur coupe bien les   C'est un bon coiffeur.
    cheveux.
11. Ce chauffeur ne conduit pas   C'est un mauvais chauffeur.
    bien.

Practice A-3

Tutor : Cette route est bonne?
Student: Je crois qu'elle est bonne, mais pas meilleure que l'autre.

Tutor : On mange bien dans ce restaurant?
Student: Je crois qu'on y mange bien, mais pas mieux que dans l'autre.

1. Cette auto marche bien?	Je crois qu'elle marche bien, mais pas mieux que l'autre.
2. Cette auto marche mal?	Je crois qu'elle marche mal, mais pas plus mal que l'autre.
3. Cette auto est bonne?	Je crois qu'elle est bonne, mais pas meilleure que l'autre.
4. Ce restaurant est mauvais?	Je crois qu'il est mauvais, mais pas plus mauvais que l'autre.
5. On mange mal dans ce restaurant?	Je crois qu'on y mange mal, mais pas plus mal que dans l'autre.
6. Cette route est bonne?	Je crois qu'elle est bonne, mais pas meilleure que l'autre.
7. Ce cordonnier répare bien les chaussures?	Je crois qu'il les répare bien, mais pas mieux que l'autre.
8. Ces chaussures sont bonnes?	Je crois qu'elles sont bonnes, mais pas meilleures que les autres.
9. Cette dactylo est bonne?	Je crois qu'elle est bonne, mais pas meilleure que l'autre.
10. Cet hôtel est mauvais?	Je crois qu'il est mauvais, mais pas plus mauvais que l'autre.
11. Cette secrétaire travaille mal?	Je crois qu'elle travaille mal, mais pas plus mal que l'autre.

Practice A-4

Tutor   : C'est le meilleur restaurant du quartier.
Student: C'est le plus mauvais restaurant du quartier.

1. C'est le plus mauvais hôtel de la ville.   C'est le meilleur hôtel de la ville.
2. C'est ma meilleure paire de chaussures.   C'est ma plus mauvaise paire de chaussures.
3. C'est la meilleure route de la région.   C'est la plus mauvaise route de la région.
4. C'est le plus mauvais mois de l'année.   C'est le meilleur mois de l'année.
5. C'est le meilleur journal de la ville.   C'est le plus mauvais journal de la ville.
6. C'est la plus mauvaise chambre de l'hôtel.   C'est la meilleure chambre de l'hôtel.
7. C'est la plus mauvaise place du compartiment.   C'est la meilleure place du compartiment.
8. C'est le meilleur match de la saison.   C'est le plus mauvais match de la saison.
9. C'est notre plus mauvais client.   C'est notre meilleur client.
10. C'est le plus mauvais quartier de la ville.   C'est le meilleur quartier de la ville.

Practice A-5

Tutor   : Je ne tape pas aussi bien que vous.
Student: Je tape mieux que vous.

1. Je ne travaille pas aussi bien que vous.   Je travaille mieux que vous.
2. Je ne tape pas aussi bien que vous.   Je tape mieux que vous.
3. Je ne parle pas aussi bien que vous.   Je parle mieux que vous.
4. Je ne compte pas aussi bien que vous.   Je compte mieux que vous.
5. Je ne travaille pas aussi bien que vous.   Je travaille mieux que vous.
6. Je ne conduis pas aussi bien que vous.   Je conduis mieux que vous.
7. Je ne traduis pas aussi bien que vous.   Je traduis mieux que vous.
8. Je ne parle pas aussi bien que vous.   Je parle mieux que vous.
9. Je ne choisis pas aussi bien que vous.   Je choisis mieux que vous.

Practice A-6

Tutor   : Janine fait bien ce travail?
Student: Oui, elle le fait mieux que les autres.

1. Le restaurant est bon?   Oui, il est meilleur que les autres.
2. On mange bien dans ce restaurant?   Oui, on y mange mieux que dans les autres.
3. Ce chauffeur conduit bien?   Oui, il conduit mieux que les autres.
4. Ce quartier est-il mauvais?   Oui, il est plus mauvais que les autres.
5. Ce cordonnier répare bien les chaussures?   Oui, il les répare mieux que les autres.
6. Ces allumettes sont bonnes?   Oui, elles sont meilleures que les autres.
7. Votre machine à écrire est mauvaise?   Oui, elle est plus mauvaise que les autres.
8. Cette secrétaire tape bien?   Oui, elle tape mieux que les autres.
9. Cette lame de rasoir coupe bien?   Oui, elle coupe mieux que les autres.
10. Cette auto marche bien?   Oui, elle marche mieux que les autres.

Practice A-7

Tutor   : Ils conduisent bien.
Student: Ils ont bien conduit.

1. Vous parlez bien.   Vous avez bien parlé.
2. Elle conduit mal.   Elle a mal conduit.
3. Vous le dites bien.   Vous l'avez bien dit.
4. Je comprends mal.   J'ai mal compris.
5. Nous déjeunons bien.   Nous avons bien déjeuné.
6. Je la vois très bien.   Je l'ai très bien vue.
7. Il comprend mal.   Il a mal compris.
8. Vous travaillez bien.   Vous avez bien travaillé.
9. Elle les traduit bien.   Elle les a bien traduits.
10. On la lave bien.   On l'a bien lavée.

Grammar 2:   Passé Composé (auxiliary <u>être</u>)

Grammar Note

Je suis allé à Versailles.

In this chapter, we are going to study the 'passé composé' of the verbs conjugated with the auxiliary <u>être</u> (to be).

Only a few verbs are conjugated with the auxiliary 'être', but they are frequent in occurrence. Here is a list of the most commonly used ones and the past participle of each.

Infinitive	Past Participle	
aller	allé	to go
arriver	arrivé	to arrive
descendre	descendu	to go down
devenir	devenu	to become
entrer	entré	to enter
monter	monté	to go up
mourir	mort	to die
naître	né	to be born
partir	parti	to leave
passer	passé	to go by, to come by
rentrer	rentré	to come back, to go back
rester	resté	to stay
retourner	retourné	to return
revenir	revenu	to come back
sortir	sorti	to go out
tomber	tombé	to fall
venir	venu	to come
redescendre	redescendu	to go down again
remonter	remonté	to go up again
repartir	reparti	to leave again
resortir	resorti	to go out again
retomber	retombé	to fall again

Here is the Passé Composé of the verb 'arriver':

SP   <u>être</u>   +   Past Participle

Je suis arrivé	'I arrived'
il est arrivé	'he arrived'
ils sont arrivés	'they arrived'
nous sommes arrivés	'we arrived'
vous êtes arrivés	'you arrived'

<u>être</u>   SP   +   Past Participle

suis-je arrivé?	'did I arrive?'
est-il arrivé?	'did he arrive?'
sont-ils arrivés?	'did they arrive?'
sommes-nous arrivés?	'did we arrive?'
êtes-vous arrivés?	'did you arrive?'

SP	ne	être		pas	+	Past Participle

je ne suis pas arrivé   'I didn't arrive'
il n'est pas arrivé   'he didn't arrive'
ils ne sont pas arrivés   'they didn't arrive'
nous ne sommes pas arrivés   'we didn't arrive'
vous n'êtes pas arrivés   'you didn't arrive'

	ne	être	SP	pas	+	Past Participle

ne suis-je pas arrivé?   'didn't I arrive?'
n'est-il pas arrivé?   'didn't he arrive?'
ne sont-ils pas arrivés?   'didn't they arrive?'
ne sommes-nous pas arrivés?   'didn't we arrive?'
n'êtes-vous pas arrivés?   'didn't you arrive?'

Learning Drills

Learning 1

1. Ils sont arrivés en retard.
2. Elle est arrivée en retard.
3. Je suis arrivé en retard.
4. On est arrivé en retard.
5. Vous êtes arrivé en retard.
6. Il est arrivé en retard.
7. Nous sommes arrivés en retard.
8. Elles sont arrivées en retard.

Learning 2

1. Elle est partie jeudi soir.
2. Ils sont partis jeudi soir.
3. Il est arrivé jeudi soir.
4. Elles sont arrivées jeudi soir.
5. Je suis sorti jeudi soir.
6. Nous sommes sortis jeudi soir.
7. On est venu jeudi soir.
8. Vous êtes venu jeudi soir.
9. Elle est rentrée jeudi soir.
10. Nous sommes rentrés jeudi soir.
11. Ils sont revenus jeudi soir.
12. Elle est née jeudi soir.
13. Il est mort jeudi soir.

Learning 3

1. Elle est tombée dans le parc.
2. Ils sont tombés dans le parc.
3. Je suis resté dans le parc.
4. Nous sommes restés dans le parc.
5. Ils sont restés dans le parc.
6. Ils sont retournés dans le parc.
7. Il est venu dans le parc.
8. Nous sommes allés dans le parc.
9. Elle est allée dans le parc.
10. Ils sont entrés dans le parc.

Learning 4

1. Nous sommes descendus déjeuner à midi.
2. Ils sont descendus déjeuner à midi.
3. Elle est montée déjeuner à midi.
4. Nous sommes montés déjeuner à midi.
5. Vous êtes venu déjeuner à midi.
6. Je suis venu déjeuner à midi.
7. Elles sont allées déjeuner à midi.
8. On est allé déjeuner à midi.
9. Il est rentré déjeuner à midi.

Learning 5

1. Ils sont sortis ensemble.
2. Ils ont grandi ensemble.
3. Ils sont arrivés ensemble.
4. Ils ont déjeuné ensemble.
5. Nous sommes sortis ensemble.
6. Nous avons déjeuné ensemble.
7. Elles sont venues ensemble.
8. Elles ont travaillé ensemble.
9. Nous sommes partis ensemble.

Learning 6

1. Il est retourné à Paris.
2. Il a travaillé à Paris.
3. Elle est restée à Paris.
4. Elle a habité à Paris.
5. On est allé à Paris.
6. On a déjeuné à Paris.
7. Elle est venue à Paris.
8. Elle a grandi à Paris.
9. Il est revenu à Paris.
10. Il a atterri à Paris.

Learning 7

1. Est-il heureux?
2. Est-il resté?
3. Est-il en retard?
4. Est-il ici?
5. Est-il parti?
6. Est-il venu?
7. Est-il pressé?
8. Est-il sorti?
9. Est-il mort?

Practice Drills

Practice A-1

1. Il a pris l'auto et il est allé au bord de la mer.
2. Nous avons pris l'auto et nous sommes allés au bord de la mer.
3. Elles ont pris l'auto et elles sont allées au bord de la mer.
4. J'ai pris l'auto et je suis allée au bord de la mer.
5. On a pris l'auto et on est allé au bord de la mer.
6. Ils ont pris l'auto et ils sont allés au bord de la mer.
7. Elle a pris l'auto et elle est allée au bord de la mer.
8. Nous avons pris l'auto et nous sommes allés au bord de la mer.

Practice A-2

1. Je lui ai dit au revoir et je suis parti.
2. Elle m'a dit au revoir et elle est partie.
3. On leur a dit au revoir et on est parti.
4. Ils nous ont dit au revoir et ils sont partis.
5. Vous m'avez dit au revoir et vous êtes partis.
6. Elles m'ont dit au revoir et elles sont parties.
7. Il m'a dit au revoir et il est parti.
8. Nous leur avons dit au revoir et nous sommes partis.

Practice A-3

1. Elle a pris un taxi et elle est partie.
2. Ils ont pris un taxi et ils sont partis.
3. J'ai pris un taxi et je suis parti.
4. On a pris un taxi et on est parti.
5. Vous avez pris un taxi et vous êtes parti.
6. Il a pris un taxi et il est parti.
7. Nous avons pris un taxi et nous sommes partis.
8. Elles ont pris un taxi et elles sont parties.

Practice A-4

Tutor : J'arrive à six heures.
Student: Je suis arrivé à six heures.

1. Nous retournons à Paris.   Nous sommes retournés à Paris.
2. Je vais en ville.   Je suis allé en ville.

3.	Janine rentre tôt.	Janine est rentrée tôt.
4.	Mes amis retournent à Paris.	Mes amis sont retournés à Paris.
5.	Elle part par le train de dix heures.	Elle est partie par le train de dix heures.
6.	Je reste au bureau.	Je suis resté au bureau.
7.	Nous montons dans l'avion.	Nous sommes montés dans l'avion.
8.	On arrive par le train.	On est arrivé par le train.
9.	Roger reste jusqu'à dimanche.	Roger est resté jusqu'à dimanche.
10.	Je sors avec eux.	Je suis sorti avec eux.
11.	Il vient chez moi.	Il est venu chez moi.
12.	Ils vont à la campagne.	Ils sont allés à la campagne.

Practice A-5

Tutor   : Je ne suis pas parti.
Student: Pourquoi n'êtes-vous pas parti?

1.	Je ne suis pas resté.	Pourquoi n'êtes-vous pas resté?
2.	Ils ne sont pas partis.	Pourquoi ne sont-ils pas partis?
3.	Elles ne sont pas revenues.	Pourquoi ne sont-elles pas revenues?
4.	Il n'est pas monté.	Pourquoi n'est-il pas monté?
5.	Elle n'est pas restée.	Pourquoi n'est-elle pas restée?
6.	Je ne suis pas descendu.	Pourquoi n'êtes-vous pas descendu?
7.	Je ne suis pas entré.	Pourquoi n'êtes-vous pas entré?
8.	Ils ne sont pas revenus.	Pourquoi ne sont-ils pas revenus?

Practice A-6

Tutor   : Je ne vais pas à Paris.
Student: Je ne suis pas allé à Paris.

1.	Je ne déjeune pas à midi.	Je n'ai pas déjeuné à midi.
2.	Nous partons ensemble.	Nous sommes partis ensemble.
3.	Vous marchez vite.	Vous avez marché vite.
4.	Ils arrivent par le train.	Ils sont arrivés par le train.
5.	Ils atterrissent près d'ici.	Ils ont atterri près d'ici.
6.	Je reste jusqu'à jeudi.	Je suis resté jusqu'à jeudi.
7.	Elles entrent au magasin.	Elles sont entrées au magasin.
8.	Nous changeons de chambre.	Nous avons changé de chambre.
9.	Il habite à Paris.	Il a habité à Paris.
10.	Ils vont à la campagne.	Ils sont allés à la campagne.
11.	Il part en vacances.	Il est parti en vacances.

Practice A-7

Tutor   : Je n'ai pas déjeuné.
Student: Pourquoi n'avez-vous pas déjeuné?

1.	Il n'a pas déjeuné.	Pourquoi n'a-t-il pas déjeuné?
2.	Ils ne sont pas restés.	Pourquoi ne sont-ils pas restés?
3.	On n'est pas venu.	Pourquoi n'est-on pas venu?
4.	Je n'ai pas téléphoné.	Pourquoi n'avez-vous pas téléphoné?
5.	Ils n'ont pas accepté.	Pourquoi n'ont-ils pas accepté?
6.	Elle n'est pas partie.	Pourquoi n'est-elle pas partie?

```
 7. Je ne suis pas sorti.          Pourquoi n'êtes-vous pas sorti?
 8. Je n'ai pas conduit.           Pourquoi n'avez-vous pas conduit?
 9. Il n'est pas monté.            Pourquoi n'est-il pas monté?
10. Ils n'ont pas ralenti.         Pourquoi n'ont-ils pas ralenti?
```

Practice A-8

```
Tutor  : Est-ce qu'ils sont restés?
Student: Oui, ils sont restés.
```

```
 1. Est-ce qu'elle a écrit?        Oui, elle a écrit.
 2. Est-ce qu'ils vous ont         Oui, ils m'ont répondu.
    répondu?
 3. Est-ce qu'ils sont sortis?     Oui, ils sont sortis.
 4. Est-ce qu'il a eu peur?        Oui, il a eu peur.
 5. Est-ce qu'ils ont exagéré?     Oui, ils ont exagéré.
 6. Est-ce qu'elles ont obéi?      Oui, elles ont obéi.
 7. Est-ce qu'elles sont           Oui, elles sont descendues.
    descendues?
 8. Est-ce qu'il est parti?        Oui, il est parti.
 9. Est-ce qu'il a fini?           Oui, il a fini.
10. Est-ce qu'ils ont terminé la   Oui, ils l'ont terminée.
    route?
11. Est-ce qu'ils sont entrés dans Oui, ils y sont entrés.
    le magasin?
12. Est-ce qu'ils ont manqué le    Oui, ils l'ont manqué.
    train?
13. Est-ce qu'ils sont arrivés à   Oui, ils sont arrivés à temps.
    temps?
14. Est-ce qu'elle a fermé les     Oui, elle les a fermées.
    fenêtres?
15. Est-ce qu'elle est retournée   Oui, elle y est retournée.
    à Paris?
16. Est-ce qu'il est rentré?       Oui, il est rentré.
17. Est-ce qu'il a essayé le       Oui, il l'a essayé.
    costume?
```

*Practice A-9

```
 1. A quelle heure êtes-vous parti?
 2. A quelle heure avez-vous déjeuné?
 3. A quelle heure êtes-vous sorti?
 4. A quelle heure avez-vous téléphoné?
 5. A quelle heure avez-vous commencé?
 6. A quelle heure êtes-vous arrivé?
 7. A quelle heure êtes-vous revenu?
 8. A quelle heure avez-vous atterri?
 9. A quelle heure êtes-vous descendu?
10. A quelle heure avez-vous déjeuné?
11. A quelle heure êtes-vous rentré?
```

*Practice A-10

1. Nous avons déjeuné à midi.
2. Nous sommes partis à midi.
3. Nous sommes sortis à midi.
4. Nous avons téléphoné à midi.
5. Nous sommes arrivés à midi.
6. Nous avons atterri à midi.
7. Nous avons commencé à midi.
8. Nous sommes descendus à midi.
9. Nous avons terminé à midi.
10. Nous avons fini à midi.
11. Nous sommes venus à midi.

*Practice A-11

1. Est-ce qu'ils sont sortis?
2. Est-ce qu'ils sont restés?
3. Est-ce qu'ils ont travaillé?
4. Est-ce qu'ils ont marché?
5. Est-ce qu'ils sont venus?
6. Est-ce qu'ils ont téléphoné?
7. Est-ce qu'ils sont partis?
8. Est-ce qu'ils ont oublié?
9. Est-ce qu'ils sont descendus?
10. Est-ce qu'ils sont rentrés?
11. Est-ce qu'ils ont répondu?
12. Est-ce qu'ils sont montés?
13. Est-ce qu'ils ont ralenti?
14. Est-ce qu'ils sont entrés?
15. Est-ce qu'ils sont revenus?

Grammar 3: Expressions of Quantity

Grammar Note

When a word referring to a quantity or measure precedes a noun, that **noun** is preceded by de. That word can be:

a. A noun.   Noun expressing quantity + de + Noun.

Je prendrais bien un peu de pâté.
Apportez-nous une carafe de vin rouge.
Je voudrais un paquet de Gauloises.

b. An adverb.   Adverb expressing quantity + de + Noun.

Combien de malles avez-vous?   'How many trunks do you have?
J'ai beaucoup de travail.   'I've got a lot of work.'
J'ai trop de travail.   'I've got too much work.'
J'ai tant de travail.   'I've got so much work.'
J'ai peu de travail.   'I've got little work.'
J'ai pas mal de travail.   'I've got quite a bit of work.'

Comparison of quantities. When comparing quantities, de should precede both nouns. (see L.5-Gr.3)

plus
moins   de + Noun + que de + Noun   'more N than N'
autant

Il y a plus de vin rouge que de vin blanc.
Nous avons moins de malles que de valises.

Remember that a noun following 'plusieurs' is not preceded by de. (U.5-Gr.1)

Il a plusieurs livres.

Learning Drills

Learning 1

1. Il y a trop d'autos.
2. Il y a trop de monde.
3. Il y a beaucoup d'hôtels.
4. Il y a assez d'assiettes.
5. Il y a assez de tables.
6. Il y a pas mal d'étudiants.
7. Il y a pas mal de pages.
8. Il y a très peu d'accidents.
9. Il y a très peu de monde.
10. Il y a tant d'immeubles.
11. Il y a tant de choses.

Learning 2

1. Nous avons moins d'amis que vous.
2. Nous avons moins de travail que vous.
3. Nous avons moins d'étudiants que vous.
4. Nous avons moins de temps que vous.
5. Nous avons moins d'heures que vous.
6. Nous avons moins de commandes que vous.
7. Nous avons moins de pièces que vous.
8. Nous avons moins de clients que vous.
9. Nous avons moins d'employés que vous.

Learning 3

1. Vous avez plus de vacances que nous.
2. Vous avez plus de fiches que nous.
3. Vous avez plus d'amis que nous.
4. Vous avez plus de bagages que nous.
5. Vous avez plus d'enveloppes que nous.
6. Vous avez plus d'assiettes que nous.
7. Vous avez plus de temps que nous.
8. Vous avez plus de lettres que nous.
9. Vous avez plus de travail que nous.

Learning 4

1. Ils ont autant de livres que vous.
2. Ils ont moins de bagages que vous.
3. Ils ont plus de courrier que vous.
4. Ils ont autant d'enfants que vous.
5. Ils ont moins d'étudiants que vous.
6. Ils ont plus d'employés que vous.
7. Ils ont autant de travail que vous.
8. Ils ont moins de pièces que vous.
9. Ils ont autant de journaux que vous.

*Learning 5

1. Il y a plus de paquets que de lettres.
2. Il y a plus de fourchettes que de couteaux.
3. Il y a autant de valises que de malles.
4. Il y a moins de chemises blanches que de bleues.
5. Il y a moins de vin blanc que de vin rouge.
6. Il y a autant de chambres que de salles de bains.
7. Il y a plus de pommes de terre que de viande.
8. Il y a moins de livres que de journaux.
9. Il y a autant de café que de lait.

Practice Drills

Practice A-1

Tutor : J'ai beaucoup d'amis.
Student: J'ai autant d'amis que vous.

1. J'ai beaucoup de vacances.	J'ai autant de vacances que vous.
2. J'ai reçu pas mal de courrier.	J'ai reçu autant de courrier que vous.
3. J'ai beaucoup de lames de rasoir.	J'ai autant de lames de rasoir que vous.
4. J'ai pas mal d'enveloppes.	J'ai autant d'enveloppes que vous.
5. J'ai beaucoup de travail.	J'ai autant de travail que vous.
6. J'ai envoyé beaucoup de colis.	J'ai envoyé autant de colis que vous.
7. J'ai beaucoup d'étudiants.	J'ai autant d'étudiants que vous.
8. J'ai bu beaucoup de vin.	J'ai bu autant de vin que vous.
9. J'ai eu beaucoup de temps.	J'ai eu autant de temps que vous.
10. J'ai acheté beaucoup de livres.	J'ai acheté autant de livres que vous.

Practice A-2

Tutor : Il n'y a presque pas de monde aujourd'hui.
Student: Il n'y a pas beaucoup de monde aujourd'hui.

Tutor : Il y a un client.
Student: Il n'y a pas beaucoup de clients.

1. Il n'y a presque pas de vent.	Il n'y a pas beaucoup de vent.
2. Il y a deux hôtels dans la ville.	Il n'y a pas beaucoup d'hôtels dans la ville.
3. Il reste quelques places.	Il ne reste pas beaucoup de places.
4. Il y a deux étages dans l'immeuble.	Il n'y a pas beaucoup d'étages dans l'immeuble.
5. Il y a un seul guichet à la poste.	Il n'y a pas beaucoup de guichets à la poste.
6. Ils ont quelques textes.	Ils n'ont pas beaucoup de textes.
7. Il n'y a presque pas d'air.	Il n'y a pas beaucoup d'air.
8. Ils ont deux exemplaires.	Ils n'ont pas beaucoup d'exemplaires.
9. Il y a trois ou quatre étudiants.	Il n'y a pas beaucoup d'étudiants.
10. Ils ont quelques vêtements chauds.	Ils n'ont pas beaucoup de vêtements chauds.

Practice A-3

Tutor : On ne fait pas beaucoup d'affaires.
Student: On fait très peu d'affaires.

1. Je n'ai pas bu beaucoup de vin. | J'ai bu très peu de vin.
2. Il n'y a pas beaucoup de monde. | Il y a très peu de monde.
3. Ils n'ont pas fait beaucoup d'efforts. | Ils ont fait très peu d'efforts.
4. Je n'ai pas reçu beaucoup de courrier. | J'ai reçu très peu de courrier.
5. Il ne me reste pas beaucoup d'encre. | Il me reste très peu d'encre.
6. Nous n'avons pas beaucoup de vacances. | Nous avons très peu de vacances.
7. Ils n'ont pas beaucoup de retard. | Ils ont très peu de retard.
8. Je ne prends pas beaucoup de viande. | Je prends très peu de viande.
9. Nous n'avons pas beaucoup d'exemplaires. | Nous avons très peu d'exemplaires.
10. Elle n'a pas beaucoup de travail. | Elle a très peu de travail.

Practice A-4

Tutor : Vous avez beaucoup de travail?
Student: Non, nous n'avons pas assez de travail.

1. Vous avez beaucoup d'employés? | Non, nous n'avons pas assez d'employés.
2. Vous avez beaucoup de clients? | Non, nous n'avons pas assez de clients.
3. Vous avez beaucoup de monde? | Non, nous n'avons pas assez de monde.
4. Vous avez fait beaucoup d'affaires? | Non, nous n'avons pas fait assez d'affaires.
5. Vous avez beaucoup d'étudiants? | Non, nous n'avons pas assez d'étudiants.
6. Vous lisez beaucoup de livres? | Non, nous ne lisons pas assez de livres.
7. Vous construisez beaucoup d'immeubles? | Non, nous ne construisons pas assez d'immeubles.
8. Vous avez pris beaucoup de pain? | Non, nous n'avons pas pris assez de pain.
9. Vous avez beaucoup de temps? | Non, nous n'avons pas assez de temps.
10. Vous avez laissé beaucoup de pourboire? | Non, nous n'avons pas laissé assez de pourboire.

Practice A-5

Tutor : Ils veulent des vacances?
Student: Non, ils ont déjà trop de vacances.

1. Ils veulent du pain? | Non, ils ont déjà trop de pain.
2. Vous voulez du temps? | Non, j'ai déjà trop de temps.
3. Elle veut du travail? | Non, elle a déjà trop de travail.
4. Vous cherchez un costume? | Non, j'ai déjà trop de costumes.
5. Voulez-vous de la monnaie? | Non, j'ai déjà trop de monnaie.

6. Veut-elle des bijoux?   Non, elle a déjà trop de bijoux.
7. Elle achète une robe?   Non, elle a déjà trop de robes.
8. Vous voulez un livre?   Non, j'ai déjà trop de livres.

Practice A-6

Tutor   : Avez-vous des valises?
Student: Oui, j'ai pas mal de valises.

1. A-t-on reçu des commandes?	Oui, on a reçu pas mal de commandes.
2. Avez-vous acheté des livres?	Oui, j'ai acheté pas mal de livres.
3. Est-ce qu'il vous reste des enveloppes?	Oui, il me reste pas mal d'enveloppes.
4. Avez-vous reçu du courrier?	Oui, j'ai reçu pas mal de courrier.
5. Avez-vous écrit des lettres?	Oui, j'ai écrit pas mal de lettres.
6. Avez-vous envoyé des cartes postales?	Oui, j'ai envoyé pas mal de cartes postales.
7. Y a-t-il des restaurants dans ce quartier?	Oui, il y a pas mal de restaurants dans ce quartier.
8. Vous reste-t-il des timbres?	Oui, il me reste pas mal de timbres.

*Practice B-1

1. Il y a beaucoup de routes.
2. Il y a assez de routes.
3. Il y a assez d'hôtels.
4. Il y a trop d'hôtels.
5. Il y a trop de travail.
6. Il y a moins de travail.
7. Il y a moins d'autos.
8. Il y a pas mal d'autos.
9. Il y a pas mal de courrier.
10. Il y a peu de courrier.
11. Il y a peu d'accidents.
12. Il y a beaucoup d'accidents.
13. Il y a beaucoup de routes.

Grammar 4: Expressions of Quantity with en

Grammar Note

In the preceding grammar note, we studied expressions of quantity. If such expressions occur without a noun following, the verb should be preceded by en.

Je prendrais bien un peu de pâté.	J'en prendrais bien un peu.
Combien de malles avez-vous?	Combien en avez-vous?
Nous vendons beaucoup de chemises.	Nous en vendons beaucoup.

This also occurs with:
    a. 'un' as an indefinite article.
    b. Numbers.
    c. 'plusieurs'.
    d. 'quelques'.   (L.1,2,3-Gr.4)

a. Je voudrais une chambre   J'en voudrais une avec salle de bains.
    avec salle de bains.
    Je crois qu'il y a un res-   Je crois qu'il y en a un au coin de
    taurant au coin de la rue.   la rue.

b. J'ai deux coins fenêtres.   J'en ai deux.
    Voici trois modèles en marron.   En voici trois en marron.
    Donnez-moi quatre chemises.   Donnez-m'en quatre.

c. Nous avons plusieurs   Nous en avons plusieurs de libres.
    chambres de libres.
    N'y a-t-il pas plusieurs   N'y en a-t-il pas plusieurs dans le
    restaurants dans le quartier?   quartier?

d. Nous avons quelques livres.   Nous en avons quelques-uns.
    Nous avons quelques chemises.   Nous en avons quelques-unes.

<u>Note</u> that 'quelques' is never used alone.

Learning Drills

Learning 1

1. On en sert peu.
2. On en sert <u>plusieurs</u>.
3. On en sert <u>trop</u>.
4. On en sert <u>assez</u>.
5. On en sert <u>autant</u>.
6. On en sert <u>plus</u>.
7. On en sert <u>beaucoup</u>.
8. On en sert <u>moins</u>.
9. On en sert <u>pas mal</u>.

Learning 2

1. Ils en lisent assez.
2. Ils en lisent <u>plusieurs</u>.
3. Ils en lisent <u>trop</u>.
4. Ils en lisent <u>plus</u>.
5. Ils en lisent <u>autant</u>.
6. Ils en lisent <u>pas mal</u>.
7. Ils en lisent <u>beaucoup</u>.
8. Ils en lisent <u>peu</u>.
9. Ils en lisent <u>moins</u>.

Learning 3

1. J'en ai vu trois.
2. J'en ai vu <u>un</u>.
3. J'en ai vu <u>cinq</u>.
4. J'en ai vu <u>quatre</u>.
5. J'en ai vu <u>une</u>.
6. J'en ai vu <u>sept</u>.
7. J'en ai vu <u>deux</u>.
8. J'en ai vu <u>six</u>.

Practice Drills

Practice A-1

Tutor : J'ai assez de monnaie.
Student: J'en ai assez.

1. Elle a trop de bagages.   Elle en a trop.
2. J'ai reçu deux lettres   J'en ai reçu deux aujourd'hui.
   aujourd'hui.
3. Nous avons vu beaucoup   Nous en avons vu beaucoup.
   d'accidents.

4. Elle a une fiche.   Elle en a une.
5. Il y a très peu de soleil ici.   Il y en a très peu ici.
6. Je cherche un buvard.   J'en cherche un.
7. Nous avons expédié plusieurs   Nous en avons expédié plusieurs.
commandes.
8. Je prendrais bien un apéritif.   J'en prendrais bien un.
9. Vous laissez trop de pourboire.   Vous en laissez trop.
10. Il prend trop de pâté.   Il en prend trop.
11. Je bois beaucoup de lait.   J'en bois beaucoup.

Practice A-2

Tutor : Avez-vous beaucoup de travail?
Student: Oui, j'en ai beaucoup.

1. Critique-t-il beaucoup de   Oui, il en critique beaucoup.
choses?
2. Emportez-vous assez de   Oui, j'en emporte assez.
vêtements chauds?
3. Y a-t-il beaucoup de monde?   Oui, il y en a beaucoup.
4. Est-ce qu'il reste plusieurs   Oui, il en reste plusieurs.
paquets?
5. Avez-vous deux autos?   Oui, j'en ai deux.
6. Est-ce qu'il y a plusieurs   Oui, il y en a plusieurs.
restaurants dans ce quartier?
7. Est-ce qu'elle a eu beaucoup   Oui, elle en a eu beaucoup.
d'accidents?
8. Avez-vous reçu moins de comman-   Oui, j'en ai reçu moins.
des la semaine dernière?

Practice A-3

Tutor : Il y a plus de soleil ici que là-bas.
Student: Il y en a plus ici que là-bas.

1. Aujourd'hui, il y a moins de   Aujourd'hui, il y en a moins qu'hier.
monde qu'hier.
2. Je crois qu'il y a plus de   Je crois qu'il y en a plus dans ce coin
soleil dans ce coin que dans   que dans l'autre.
l'autre.
3. Nous avons expédié autant de   Nous en avons expédié autant que le mois
commandes que le mois dernier.   dernier.
4. Il me reste moins de travail que   Il m'en reste moins que ce matin.
ce matin.
5. J'ai moins de valises que vous.   J'en ai moins que vous.
6. D'habitude, je bois plus de   D'habitude, j'en bois plus que ça.
vin que ça.
7. Quand il fait mauvais, on voit   Quand il fait mauvais, on en voit moins
moins d'avions que d'habitude.   que d'habitude.
8. J'ai reçu autant de courrier   J'en ai reçu autant qu'hier.
qu'hier.
9. Nous avons eu moins de temps   Nous en avons eu moins que vous.
que vous.

10. J'ai fumé autant de cigarettes   J'en ai fumé autant que d'habitude.
    que d'habitude.

Practice A-4

Tutor : Il y a beaucoup de vent là-bas, n'est-ce pas?
Student: Oui, c'est vrai, il y en a beaucoup.

1. Il y a très peu de soleil dans   Oui, c'est vrai, il y en a très peu.
   cette région, n'est-ce pas?
2. Il y a moins de vent ici,   Oui, c'est vrai, il y en a moins.
   n'est-ce pas?
3. Il y a beaucoup de lettres   Oui, c'est vrai, il y en a beaucoup.
   aujourd'hui, n'est-ce pas?
4. Il y a assez de papier,   Oui, c'est vrai, il y en a assez.
   n'est-ce pas?
5. Il y a trop de fourchettes,   Oui, c'est vrai, il y en a trop.
   n'est-ce pas?
6. Il y a autant de places ici,   Oui, c'est vrai, il y en a autant.
   n'est-ce pas?
7. Il y a plus de soleil dans ce   Oui, c'est vrai, il y en a plus.
   coin, n'est-ce pas?
8. Il y a plusieurs restaurants   Oui, c'est vrai, il y en a plusieurs.
   dans ce quartier, n'est-ce pas?

Practice A-5

Tutor : Avez-vous assez de timbres?
Student: Oui, j'en ai assez.

1. Avez-vous acheté assez de vin?   Oui, j'en ai acheté assez.
2. Avez-vous eu beaucoup de   Oui, j'en ai eu beaucoup.
   clients?
3. N'avez-vous pas assez de   Si, j'en ai assez.
   renseignements?
4. Avez-vous pris assez de café?   Oui, j'en ai pris assez.
5. Vous faut-il plusieurs places?   Oui, il m'en faut plusieurs.
6. Avez-vous emporté assez de   Oui, j'en ai emporté assez.
   monnaie?
7. Vous a-t-on donné assez de   Oui, on m'en a donné assez.
   temps?
8. Avez-vous assez de fiches pour   Oui, j'en ai assez pour tout le monde.
   tout le monde?
9. Avez-vous emporté beaucoup de   Oui, j'en ai emporté beaucoup.
   vêtements chauds?
10. Avez-vous rempli plusieurs   Oui, j'en ai rempli plusieurs.
    fiches?

Practice A-6

Tutor : Vous a-t-on donné assez de temps?
Student: Non, on m'en a donné très peu.

1. Vous a-t-on donné assez de   Non, on m'en a donné très peu.
   travail?

2. Avez-vous acheté beaucoup de   Non, j'en ai acheté très peu.
   vêtements cette année?
3. M'avez-vous apporté plus de   Non, je vous en ai apporté très peu
   renseignements aujourd'hui?
4. Vous faut-il beaucoup de temps?   Non, il m'en faut très peu.
5. A-t-on donné trop de gâteaux   Non, on leur en a donné très peu.
   aux enfants?
6. Avez-vous mis beaucoup de   Non, j'en ai mis très peu.
   beurre sur les légumes?
7. Vous a-t-on servi beaucoup de   Non, on m'en a servi très peu.
   gigot?
8. A-t-on donné assez de fiches   Non, on leur en a donné très peu.
   aux employés?
9. Y a-t-il beaucoup de vent dans   Non, il y en a très peu.
   cette région?
10. Vous reste-t-il assez de vin?   Non, il m'en reste très peu.

Practice A-7

Tutor : J'ai envoyé dix cartes postales.
Student: Moi, je n'en ai pas envoyé autant.

1. J'ai bu trois apéritifs.   Moi, je n'en ai pas bu autant.
2. J'ai traduit quatre textes.   Moi, je n'en ai pas traduit autant.
3. J'ai apporté trois paquets de   Moi, je n'en ai pas apporté autant.
   cigarettes.
4. J'ai écouté trois discours.   Moi, je n'en ai pas écouté autant.
5. J'ai lu 90 pages du livre.   Moi, je n'en ai pas lu autant.
6. Je vous ai envoyé cinq cartes   Moi, je ne vous en ai pas envoyé autant.
   postales.
7. J'ai dormi pendant dix heures.   Moi, je n'ai pas dormi autant.
8. On m'a donné quatre fiches.   Moi, on ne m'en a pas donné autant.
9. J'ai tapé dix lettres.   Moi, je n'en ai pas tapé autant.

*Practice A-8

Tutor : Avez-vous travaillé autant que moi?
Student: Oui, j'ai travaillé autant que vous.

Tutor : Avez-vous autant de travail que moi?
Student: Oui, j'en ai autant que vous.

1. Est-ce que j'ai travaillé plus   Oui, vous avez travaillé plus que moi.
   que vous?
2. Est-ce que j'ai autant de   Oui, vous en avez autant que moi.
   travail que vous?
3. A-t-il neigé moins que le mois   Oui, il a neigé moins que le mois dernier.
   dernier?
4. Y a-t-il moins de neige qu'hier?   Oui, il y en a moins qu'hier.
5. Avez-vous attendu autant que   Oui, j'ai attendu autant que vous.
   moi?
6. Avez-vous laissé assez de   Oui, j'en ai laissé assez.
   pourboire?

7. Etes-vous sorti autant que moi?   Oui, je suis sorti autant que vous.
8. Avez-vous attendu moins que   Oui, j'ai attendu moins que vous.
   moi?
9. Avez-vous bu autant de café   Oui, j'en ai bu autant que d'habitude.
   que d'habitude?
10. Faites-vous plus d'affaires   Oui, j'en fais plus que d'habitude.
    que d'habitude?

*Practice B-1

Tutor   : Ont-ils bu trop de vin?
Student: Oui, ils en ont trop bu.

Tutor   : Ont-ils acheté assez de vin?
Student: Oui, ils en ont acheté assez.

1. Avez-vous retenu plusieurs   Oui, j'en ai retenu plusieurs.
   places?
2. N'avez-vous pas mis assez de   Si, j'en ai mis assez.
   timbres?
3. Avez-vous coupé trop de   Oui, j'en ai trop coupé.
   viande?
4. Avez-vous reçu assez de   Oui, j'en ai reçu assez.
   renseignements?
5. Avez-vous bu trop de vin?   Oui, j'en ai trop bu.
6. Avez-vous essayé plusieurs   Oui, j'en ai essayé plusieurs.
   costumes?
7. Avez-vous emporté un diction-   Oui, j'en ai emporté un.
   naire?
8. A-t-on construit beaucoup de   Oui, on en a construit beaucoup.
   parcs?
9. Avez-vous pris trop de   Oui, j'en ai trop pris.
   hors-d'oeuvre?
10. La dactylo a-t-elle tapé assez   Oui, elle en a tapé assez.
    d'exemplaires?

Grammar 5: Certain infinitives ending in ir (like partir)

Grammar Note

Par quel train partez-vous?
Le train part à l'heure.
Il fallait partir plus tôt.

In this chapter, we are going to give the forms of the present tense of a
few verbs ending in ir. Their peculiarity is modification of the stem from
the singular to the plural.

        partir   to leave, to depart

The plural stem is obtained by dropping the final ir.

        plural stem   =   part-

The singular stem is like the plural stem minus the final consonant.

singular stem = <u>par-</u>

	Pronoun	Stem	Ending
Singular	je	singular	s
	il, elle, on	stem	t
Plural	ils, elles	plural	ent
	nous	stem	ons
	vous		ez

Following the same two-stem pattern are:

		Plural Stem	Singular Stem
sortir	'to go out'	sort-	sor-
mentir	'to lie'	ment-	men-
sentir	'to feel, to smell'	sent-	sen-
dormir	'to sleep'	dorm-	dor-
servir	'to serve'	serv-	ser-

The past participle for all these verbs is made with the ending <u>i</u> added to the plural stem.

Infinitive	Past Participle
partir	parti
dormir	dormi
sortir	sorti
mentir	menti
sentir	senti
servir	servi

<u>Remember</u> that 'sortir' and 'partir' are conjugated with the auxiliary 'être' in the 'passé composé'.

Learning Drills
Learning 1

1. Je pars à cinq heures.
2. <u>Nous partons</u> à cinq heures.
3. <u>Les enfants partent</u> à cinq heures.
4. <u>Vous partez</u> à cinq heures.
5. <u>Monsieur Durand part</u> à cinq heures.
6. <u>On part</u> à cinq heures.
7. <u>Les employés partent</u> à cinq heures.
8. <u>Mon train part</u> à cinq heures.

Learning 2

1. Je crois qu'il part malgré tout.

2. Je crois qu'ils partent malgré tout.
3. Je crois qu'il sort malgré tout.
4. Je crois qu'ils sortent malgré tout.
5. Je crois qu'il ment malgré tout.
6. Je crois qu'ils mentent malgré tout.
7. Je crois qu'il dort malgré tout.
8. Je crois qu'ils dorment malgré tout.

Learning 3

1. Dort-il encore?
2. Sort-il encore?
3. Mentent-ils encore?
4. Ment-il encore?
5. Dorment-ils encore?
6. Sortent-ils encore?
7. Mentent-ils encore?

Learning 4

1. On ne sert pas de café après le déjeuner.
2. Je ne sers pas de café après le déjeuner.
3. Vous ne servez pas de café après le déjeuner.
4. Elles ne servent pas de café après le déjeuner.
5. Nous ne servons pas de café après le déjeuner.
6. Il ne sert pas de café après le déjeuner.
7. Je ne sers pas de café après le déjeuner.
8. Ils ne servent pas de café après le déjeuner.

Learning 5

1. Pourquoi sort-il?
2. Pourquoi mentent-elles?
3. Pourquoi sort-on?
4. Pourquoi dort-elle?
5. Pourquoi partent-ils?
6. Pourquoi dormez-vous?
7. Pourquoi ment-il?
8. Pourquoi sortons-nous?
9. Pourquoi part-il?
10. Pourquoi partez-vous?

Learning 6

1. Je ne suis pas sorti plus tôt.
2. Vous n'êtes pas sorti plus tôt.
3. Elle n'est pas partie plus tôt.
4. Nous ne sommes pas partis plus tôt.
5. Je ne suis pas parti plus tôt.
6. Ils ne sont pas sortis plus tôt.
7. Je ne suis pas parti plus tôt.
8. Il n'est pas sorti plus tôt.
9. Elles ne sont pas parties plus tôt.

Learning 7

1. Avez-vous dormi pendant dix heures?
2. Est-ce que j'ai dormi pendant dix heures?
3. Avons-nous dormi pendant dix heures?
4. A-t-elle dormi pendant dix heures?
5. Ont-ils dormi pendant dix heures?
6. A-t-on dormi pendant dix heures?
7. Ont-elles dormi pendant dix heures?
8. A-t-il dormi pendant dix heures?

Learning 8

1. On a servi du gigot froid.
2. Nous avons servi du gigot froid.
3. Elle a servi du gigot froid.
4. J'ai servi du gigot froid.
5. Vous avez servi du gigot froid.
6. Ils ont servi du gigot froid.
7. Il a servi du gigot froid.
8. J'ai servi du gigot froid.

Learning 9

1. Pourquoi est-ce que vous avez menti?
2. Pourquoi est-ce que j'ai menti?
3. Pourquoi est-ce qu'ils ont menti?
4. Pourquoi est-ce qu'on a menti?
5. Pourquoi est-ce que nous avons menti?
6. Pourquoi est-ce qu'elle a menti?
7. Pourquoi est-ce que j'ai menti?
8. Pourquoi est-ce qu'il a menti?
9. Pourquoi est-ce qu'elles ont menti?

Practice Drills

Practice A-1

Tutor   : Il ment souvent.
Student: Ils mentent souvent.

1. Il part ce soir.	Ils partent ce soir.
2. Elle sort souvent.	Elles sortent souvent.
3. Il dort mal quand il fait chaud.	Ils dorment mal quand il fait chaud.
4. Il ment moins qu'avant.	Ils mentent moins qu'avant.
5. Elle sent bon.	Elles sentent bon.
6. Il sert toujours l'apéritif avant le repas.	Ils servent toujours l'apéritif avant le repas.
7. Il sort samedi soir.	Ils sortent samedi soir.
8. Elle part en avance.	Elles partent en avance.

Practice A-2

1. Il sort trop et il ne dort pas assez.
2. Je sors trop et je ne dors pas assez.
3. On sort trop et on ne dort pas assez.
4. Nous sortons trop et nous ne dormons pas assez.
5. Ils sortent trop et ils ne dorment pas assez.
6. Vous sortez trop et vous ne dormez pas assez.
7. Elle sort trop et elle ne dort pas assez.
8. Nous sortons trop et nous ne dormons pas assez.
9. Ils sortent trop et ils ne dorment pas assez.

Practice A-3

1. Elle apporte les verres et elle sert l'apéritif.
2. Nous apportons les verres et nous servons l'apéritif.
3. On apporte les verres et on sert l'apéritif.
4. J'apporte les verres et je sers l'apéritif.
5. Vous apportez les verres et vous servez l'apéritif.
6. Ils apportent les verres et ils servent l'apéritif.
7. J'apporte les verres et je sers l'apéritif.
8. Vous apportez les verres et vous servez l'apéritif.

Practice A-4

1. Elle exagère, mais elle ne ment pas.
2. Vous exagérez, mais vous ne mentez pas.
3. On exagère, mais on ne ment pas.
4. J'exagère, mais je ne mens pas.
5. Ils exagèrent, mais ils ne mentent pas.
6. Elle exagère, mais elle ne ment pas.
7. Nous exagérons, mais nous ne mentons pas.
8. Elles exagèrent, mais elles ne mentent pas.

Practice A-5

1. Est-ce qu'il dit qu'il part ce soir?
2. Est-ce qu'on dit qu'on part ce soir?
3. Est-ce qu'elles disent qu'elles partent ce soir?
4. Est-ce que vous dites que vous partez ce soir?
5. Est-ce qu'elle dit qu'elle part ce soir?
6. Est-ce que je dis que je pars ce soir?
7. Est-ce que nous disons que nous partons ce soir?
8. Est-ce qu'ils disent qu'ils partent ce soir?

Practice A-6

1. J'ai tout fini, alors je suis parti.
2. Elle a tout fini, alors elle est partie.
3. Vous avez tout fini, alors vous êtes parti.
4. On a tout fini, alors on est parti.
5. Ils ont tout fini, alors ils sont partis.
6. Nous avons tout fini, alors nous sommes partis

7. <u>Il a tout fini</u>, alors il est parti.
8. <u>Elles ont tout fini</u>, alors elles sont parties.

Practice A-7

1. Il est rentré tard et il a dormi jusqu'à midi.
2. <u>Ils sont rentrés tard</u> et ils ont dormi jusqu'à midi.
3. <u>Je suis rentré tard</u> et j'ai dormi jusqu'à midi.
4. <u>Nous sommes rentrés tard</u> et nous avons dormi jusqu'à midi.
5. <u>On est rentré tard</u> et on a dormi jusqu'à midi.
6. <u>Elles sont rentrées tard</u> et elles ont dormi jusqu'à midi.
7. <u>Je suis rentré tard</u> et j'ai dormi jusqu'à midi.
8. <u>Vous êtes rentré tard</u> et vous avez dormi jusqu'à midi.

Practice A-8

Tutor : Etes-vous parti plus tôt?
Student: Oui, je suis parti plus tôt.

1. Ment-elle souvent à son père?   Oui, elle lui ment souvent.
2. Choisit-elle le dessert mainte-   Oui, elle le choisit maintenant.
   nant?
3. Sortent-ils à cinq heures?   Oui, ils sortent à 5 heures.
4. Dormez-vous bien quand il fait   Oui, je dors bien quand il fait chaud.
   chaud?
5. Part-elle demain?   Oui, elle part demain.
6. M'ont-ils menti?   Oui, ils vous ont menti.
7. Est-ce qu'ils remplissent leurs   Oui, ils les remplissent.
   fiches?
8. Avez-vous sorti assez d'exem-   Oui, j'en ai sorti assez.
   plaires?
9. Etes-vous sorti tard?   Oui, je suis sorti tard.
10. Est-ce qu'elles sentent bon?   Oui, elles sentent bon.
11. Choisissent-ils le dessert   Oui, ils le choisissent maintenant.
    maintenant?
12. Est-ce qu'il dort encore?   Oui, il dort encore.
13. Lisent-ils les journaux du soir?   Oui, il les lisent.
14. Est-ce que je conduis vite?   Oui, vous conduisez vite.
15. Sentez-vous la chaleur d'ici?   Oui, je la sens d'ici.
16. Est-ce que les enfants vous   Oui, ils m'ont menti.
    ont menti?
17. Sort-on plus tôt ce soir?   Oui, on sort plus tôt ce soir.
18. Sortez-vous plus tôt ce soir?   Oui, je sors plus tôt ce soir.
19. Vous a-t-on bien servi?   Oui, on m'a bien servi.

*Practice B-1

Tutor : Il atterrit à 10 heures.
Student: Ils atterrissent à 10 heures.

1. Il ne sait pas la leçon?   Ils ne savent pas la leçon?
2. Il dort très mal quand il fait   Ils dorment très mal quand il fait chaud.
   chaud.
3. Il part par le train de   Ils partent par le train de 21 heures.
   21 heures.

4. Quand elle peut mentir, elle
    ment.
5. Il n'a pas l'air de comprendre.
6. Elle ne conduit pas très bien.
7. Il lit le discours du président.
8. Il dit toujours la même chose.
9. Il sert toujours la même chose.
10. Il traduit les nouveaux textes.
11. Elle rougit assez souvent.
12. Il en lit beaucoup.
13. Il ne dort pas assez.
14. Il ment plus que d'habitude.
15. Il ne sort pas avant 6 heures.

Quand elles peuvent mentir, elles
mentent.
Ils n'ont pas l'air de comprendre.
Elles ne conduisent pas très bien.
Ils lisent le discours du président.
Ils disent toujours la même chose.
Ils servent toujours la même chose.
Ils traduisent les nouveaux textes.
Elles rougissent assez souvent.
Ils en lisent beaucoup.
Ils ne dorment pas assez.
Ils mentent plus que d'habitude.
Ils ne sortent pas avant 6 heures.

*SITUATION I

P. Bonjour Henri. Comment allez-
    vous?
H. Mal, très mal. J'ai si peu
    dormi que je n'ai pas pu me
    réveiller à temps.
P. C'est tout?
H. Oui, mais à cause de ça, j'ai
    manqué M. Dupont. Il m'avait
    apporté ma nouvelle machine et
    voulait être payé tout de suite.
P. Et alors?
H. Comme je n'étais pas là, il n'a
    pas voulu attendre et ma dactylo
    n'a pas de machine.

Henri va mal. Il a si peu dormi qu'il ne
s'est pas réveillé à temps. Il a manqué
M. Dupont qui avait apporté une machine
à écrire, mais voulait être payé tout de
suite. Comme Henri n'était pas là, sa
dactylo est <u>sans</u> machine.

'so'
'without'

*SITUATION II

M. Mademoiselle, vous êtes encore en
    retard.
S. Mais Monsieur, je suis allée
    faire une course pour vous.
M. Ne me dites pas qu'il vous a
    fallu deux heures.
S. Si, car M. Larue ne m'a pas
    reçue immédiatement. J'ai dû
    attendre plus d'une demi-heure.
M. Ah! Bon. Mais dépêchez-vous
    maintenant. Vous savez qu'il y
    a du travail urgent à faire.
    Commencez par chercher le numéro
    de Robert et appelez-le.
S. Est-ce que je lui dis de venir
    ce matin même?
M. Oui, car je dois le présenter à
    des clients importants.

La secrétaire de M. Morin est en retard.
Elle est allée faire une course pour lui.
M. Morin ne croit pas qu'elle <u>ait eu
besoin</u> de deux heures pour la <u>faire</u>;
mais <u>la</u> secrétaire a dû attendre M. Larue.
M. Morin lui dit qu'il y a du travail
urgent. Elle doit appeler Robert et lui
dire de venir ce matin même. M. Morin
doit le présenter à des clients.

'needed'

* SITUATION III

X. Connaissez-vous cet auteur?

Y. Nous avons fait sa connaissance en Italie.

X. Avez-vous lu un de ses livres?

Y. Oui, j'ai lu le dernier, qui est très bien.

X. J'aimerais bien le lire. On dit que l'auteur y parle de ma famille.

Y. C'est vrai, j'avais tout à fait oublié. Voulez-vous l'emporter?

X. Volontiers. Vous savez que je lis très vite.

M. Y a fait la connaissance de l'auteur en Italie. Il a lu son dernier livre. M. X voudrait bien le lire. On y parle de sa famille. M. Y va le lui prêter, et M. X va le rapporter dans huit jours.

'Italy'
'to lend'
'to return'

* Question Drill

1. Comment tapez-vous à la machine?
2. Tapez-vous vos lettres?
3. Pourquoi ne tapez-vous pas vos lettres?
4. Qu'avez-vous fait pendant le week-end?
5. Etes-vous sorti?
6. Où êtes-vous allé le week-end dernier?
7. Etes-vous rentré tôt ou tard?
8. Comment êtes-vous venu ce matin?
9. Où allez-vous déjeuner aujourd'hui?
10. Où êtes-vous allé hier?
11. Avez-vous une auto?
12. Comment conduisez-vous?
13. Conduisez-vous mieux quand il neige?
14. Conduit-on vite quand les routes sont glissantes?
15. Avez-vous bien dormi hier soir?
16. Comment dormez-vous à l'hôtel?
17. Dormez-vous aussi bien que chez vous?
18. Aimez-vous l'apéritif?
19. Que vous a-t-on servi la dernière fois que vous êtes allé au restaurant?
20. A quelle heure avez-vous quitté l'immeuble hier?
21. Y a-t-il beaucoup d'immeubles dans ce quartier?
22. Comment sont-ils?
23. Quand avez-vous commencé les cours de français?
24. Cherchez-vous un appartement?
25. Combien de livres de français vous a-t-on donnés?
26. En avez-vous pour longtemps ici?
27. Quelle est la date de votre départ?
28. Avez-vous lu les journaux ce matin?
29. Y a-t-il un coiffeur dans l'immeuble?
30. Y êtes-vous allé?
31. Dans combien de semaines partez-vous?
32. Combien de semaines vous reste-t-il?
33. Combien de jours par semaine travaillez-vous?
34. Avez-vous un bon dictionnaire?

35. Où l'avez-vous acheté?
36. En avez-vous besoin en classe?

*Response Drill

1. Demandez à ... s'il est déjà allé à un match de football.
2. Dites que vous êtes allé à un match de football il y a un mois.
3. Dites que vous avez vu plusieurs bons matchs de football.
4. Demandez à ... si le discours du président est important.
5. Dites à ... de lire la rubrique sportive.
6. Dites à ... de vous apporter la boîte de trombones.
7. Dites à ... de vous conduire à la gare.
8. Demandez à ... s'il est descendu déjeuner.
9. Dites à ... de ne pas oublier le courrier.
10. Dites à ... que vous avez un rendez-vous très important.
11. Demandez à ... s'il a manqué son train.
12. Demandez à ... s'il est sorti hier soir.
13. Demandez à ... s'il dort bien quand il est à l'hôtel.
14. Demandez à ... comment il conduit quand il neige.
15. Demandez à ... s'il pense qu'il va neiger.
16. Demandez à ... s'il n'a pas chaud quand il marche beaucoup.
17. Demandez à ... de vous servir encore un peu de vin.
18. Dites à ... de ne pas mentir.
19. Dites à ... que vous savez qu'il ne ment pas.
20. Dites à ... que vous ne lui avez pas menti.
21. Demandez à ... s'il est en train de faire quelque chose d'important.
22. Demandez à ... s'il a mis assez de timbres sur sa lettre.
23. Demandez à ... de vous apporter le livre qu'il a lu.
24. Dites à ... que vous avez peur de ne pas le retrouver.
25. Demandez à ... s'il est parti tout de suite après vous.
26. Demandez à ... pourquoi il n'est pas resté plus longtemps.
27. Demandez à ... s'il est parti plus tôt que d'habitude ce matin.
28. Dites que vous êtes parti plus tôt que d'habitude mais que vous êtes
     arrivé en retard à cause du mauvais temps.
29. Demandez à ... à quelle heure on a descendu le courrier.
30. Demandez à ... si la secrétaire est descendue avec le courrier.
31. Demandez à ... à quelle heure on a apporté le courrier.
32. Dites que vous n'avez pas lu le courrier.
33. Dites que vous êtes resté au bureau jusqu'à 8 heures.
34. Demandez à ... pourquoi il n'est pas parti plus tôt.

Review Drills (not recorded)

Review 1

Tutor : Ils ont bien compris?
Student: Non, ils ont très mal compris.

1. Ce restaurant est bon?   Non, il est très mauvais.
2. On mange bien dans ce restaurant? Non, on mange très mal dans ce restaurant.
3. Les affaires sont bonnes?   Non, elles sont très mauvaises.
4. Vous faites de bonnes affaires?   Non, je fais de très mauvaises affaires.

5.	C'est un mauvais dictionnaire?	Non, c'est un très bon dictionnaire.
6.	Les employés travaillent-ils mal?	Non, ils travaillent très bien.
7.	C'est une mauvaise étudiante?	Non, c'est une très bonne étudiante.
8.	Est-ce que vous dormez bien?	Non, je dors très mal.
9.	Le service est-il bon?	Non, il est très mauvais.
10.	Vous a-t-on bien servi?	Non, on m'a très mal servi.
11.	Les chauffeurs de taxi conduisent-ils mal?	Non, ils conduisent très bien.
12.	C'est un bon quartier?	Non, c'est un très mauvais quartier.
13.	Vos couteaux coupent-ils bien?	Non, ils coupent très mal.
14.	Le président a-t-il fait un bon discours?	Non, il a fait un très mauvais discours.

Review 2

Tutor : Ils sont sortis?
Student: Oui, ils sont sortis.

1.	Ils ont téléphoné?	Oui, ils ont téléphoné.
2.	Ils sont partis?	Oui, ils sont partis.
3.	Ils ont déjeuné?	Oui, ils ont déjeuné.
4.	Ils ont commencé?	Oui, ils ont commencé.
5.	Ils ont marché?	Oui, ils ont marché.
6.	Ils sont revenus?	Oui, ils sont revenus.
7.	Ils ont fini?	Oui, ils ont fini.
8.	Ils ont fermé?	Oui, ils ont fermé.
9.	Ils ont réussi?	Oui, ils ont réussi.
10.	Ils sont rentrés?	Oui, ils sont rentrés.
11.	Ils ont accepté?	Oui, ils ont accepté.
12.	Ils sont montés?	Oui, ils sont montés.

Review 3

Tutor : Ils sont fermés?
Student: Oui, ils sont fermés.

1.	Ils ont fermé?	Oui, ils ont fermé.
2.	Ils sont fermés?	Oui, ils sont fermés.
3.	Il est fermé?	Oui, il est fermé.
4.	Il a fermé?	Oui, il a fermé.
5.	Ils ont ouvert?	Oui, ils ont ouvert.
6.	Ils sont ouverts?	Oui, ils sont ouverts.
7.	Il est ouvert?	Oui, il est ouvert.
8.	Il a ouvert?	Oui, il a ouvert.
9.	Ils ont compris?	Oui, ils ont compris.
10.	Ils sont compris?	Oui, ils sont compris.
11.	Il est compris?	Oui, il est compris.
12.	Il a compris?	Oui, il a compris.
13.	Il a fini?	Oui, il a fini.
14.	Il est fini?	Oui, il est fini.
15.	Ils sont finis?	Oui, ils sont finis.

Review 4

1. Nous sommes arrivés à une heure.
2. Nous avons déjeuné à une heure.
3. Nous avons téléphoné à une heure.
4. Nous avons commencé à une heure.
5. Nous sommes partis à une heure.
6. Nous avons atterri à une heure.
7. Nous sommes venus à une heure.
8. Nous sommes sortis à une heure.
9. Nous avons terminé à une heure.
10. Nous sommes rentrés à une heure.
11. Nous avons fini à une heure.
12. Nous sommes repartis à une heure.

Review 5

Tutor : Avez-vous acheté une auto?
Student: Oui, j'en ai acheté une.

Tutor : Avez-vous acheté de l'aspirine?
Student: Oui, j'en ai acheté.

1. Avez-vous acheté un billet?   Oui, j'en ai acheté un.
2. Avez-vous trouvé un hôtel?   Oui, j'en ai trouvé un.
3. Avez-vous pris du vin?   Oui, j'en ai pris.
4. Avez-vous reçu une lettre?   Oui, j'en ai reçu une.
5. Avez-vous une couchette?   Oui, j'en ai une.
6. Avez-vous apporté des cigarettes? Oui, j'en ai apporté.
7. Avez-vous fait du café?   Oui, j'en ai fait.
8. Avez-vous des bagages?   Oui, j'en ai.
9. Avez-vous une valise?   Oui, j'en ai une.

Review 6

Tutor : Combien de courrier avez-vous reçu?
Student: J'en ai reçu beaucoup.

Tutor : Combien de lettres avez-vous reçu?
Student: J'en ai reçu deux.

1. Combien de monnaie vous   Il m'en reste beaucoup.
   reste-t-il?
2. Combien de billets vous   Il m'en reste deux.
   reste-t-il?
3. Combien de lettres avez-vous   J'en ai écrit deux.
   écrites?
4. Combien d'encre avez-vous?   J'en ai beaucoup.
5. Combien de tranches avez-vous   J'en ai coupé deux.
   coupées?
6. Combien de bagages avez-vous?   J'en ai beaucoup.
7. Combien de fiches avez-vous   J'en ai rempli deux.
   remplies?
8. Combien de courrier avez-vous   J'en ai reçu beaucoup.
   reçu?

9. Combien de temps reste-t-il?	Il en reste beaucoup.
10. Combien de couchettes voulez-vous?	J'en veux deux.

Review 7

Tutor : Vous leur téléphonez aujourd'hui?
Student: Non, je leur ai téléphoné hier.

1. Vous allez au restaurant aujourd'hui?	Non, j'y suis allé hier.
2. Vous déjeunez au restaurant aujourd'hui?	Non, j'y ai déjeuné hier.
3. Vous travaillez au bureau aujourd'hui?	Non, j'y ai travaillé hier.
4. Vous retournez au magasin aujourd'hui?	Non, j'y suis retourné hier.
5. Vous finissez le texte aujourd'hui?	Non, je l'ai fini hier.
6. Vous lavez l'auto aujourd'hui?	Non, je l'ai lavée hier.
7. Vous prenez vos billets aujourd'hui?	Non, je les ai pris hier.
8. Vous allez en ville aujourd'hui?	Non, j'y suis allé hier.
9. Vous téléphonez à votre ami aujourd'hui?	Non, je lui ai téléphoné hier.
10. Vous expédiez le paquet aujourd'hui?	Non, je l'ai expédié hier.
11. Vous payez les employés aujourd'hui?	Non, je les ai payés hier.

Review 8

1. Je ne suis pas sorti, j'ai lu.
2. Il n'est pas sorti, il a lu.
3. Ils ne sont pas sortis, ils ont lu.
4. Nous ne sommes pas sortis, nous avons lu.
5. Je ne suis pas sorti, j'ai lu.
6. On n'est pas sorti, on a lu.
7. Elle n'est pas sortie, elle a lu.
8. Elles ne sont pas sorties, elles ont lu.

Review 9

Tutor : Combien de lettres avez-vous envoyées?
Student: J'en ai envoyé deux.

1. Combien de lettres m'avez-vous envoyées?	Je vous en ai envoyé deux.
2. Combien de lettres vos amis vous ont-ils envoyées?	Ils m'en ont envoyé deux.
3. Combien de valises avez-vous emportées?	J'en ai emporté deux.
4. Combien de fiches vous reste-t-il?	Il m'en reste deux.

5. Combien de fiches votre amie   Elle en veut deux.
    veut-elle?
6. Combien de fiches m'avez-vous   Je vous en ai demandé deux.
    demandées?
7. Combien de discours le président   Il en a fait deux.
    a-t-il faits?
8. Combien d'apéritifs a-t-on   On en a apporté deux.
    apportés?
9. Combien de journaux achetez-vous?   J'en achète deux.
10. Combien de tiroirs y a-t-il?   Il y en a deux.

Review 10

Tutor   : Qu'avez-vous fait pendant le week-end?
Student: J'ai pris l'auto et je suis allé au bord de la mer.

1. Qu'a-t-elle fait pendant le   Elle a pris l'auto et elle est allée
    week-end?   au bord de la mer.
2. Qu'ont-ils fait samedi dernier?   Ils ont pris l'auto et ils sont allés
                                         au bord de la mer.
3. Qu'avez-vous fait hier après-   J'ai pris l'auto et je suis allé au bord
    midi?   de la mer.
4. Qu'a-t-il fait dimanche dernier?   Il a pris l'auto et il est allé au bord
                                         de la mer.
5. Que faites-vous le dimanche?   Je prends l'auto et je vais au bord de
                                         la mer.
6. Que fait-on le dimanche?   On prend l'auto et on va au bord de la
                                         mer.
7. Qu'ont-elles fait pendant le   Elles ont pris l'auto et elles sont
    week-end?   allées au bord de la mer.
8. Que font-ils pendant le week-end?   Ils prennent l'auto et ils vont au bord
                                         de la mer.
9. Qu'avez-vous fait dimanche   J'ai pris l'auto et je suis allé au bord
    dernier?   de la mer.

*Narration

Quelle narration allons-nous vous donner pour cette leçon?

Vous savez dire bonjour à quelqu'un, lui demander des nouvelles de sa
famille, le présenter à quelqu'un et l'inviter à déjeuner ... à condition d'être
près du 'Café de Paris'.

Vous savez comment demander un chambre à l'hôtel, et vous tombez sur un
hôtel qui a plusieurs chambres libres, ce qui n'arrive pas tous les jours.

Vous pouvez partir à la troisième leçon, mais seulement par le train et
pour aller à Lyon, Lille ou Paris. Le reste viendra plus tard.

Le grand magasin vous est familier, mais ne sortez pas du rayon des
chemises ou des chaussures. C'est tout ce que vous pouvez acheter maintenant
comme vêtements.

Après avoir fini la cinquième leçon, si vous ne savez pas quoi dire dans
une conversation, vous pouvez toujours parler du temps en toute saison, ce qui

est très utile.

A la sixième leçon, vous l'avez vu, on rappelle ses souvenirs: la petite chambre, le gérant, la famille, la Normandie, le restaurant, la malle verte, le train pour Lille, les chemises en solde, etc ...

Etes-vous sûrs de vos dialogues? Pouvez-vous me les répéter? Oui? Alors, je vous conduis à la septième leçon. Mais vous allez à toute vitesse! Vous pouvez déjà envoyer des lettres et téléphoner à qui vous voulez.

Vous avez ensuite droit à une coupe de cheveux chez le coiffeur. J'espère que vous n'avez pas besoin d'autre chose, sinon il faudra revenir dans quelques ... leçons.

A la neuvième leçon, nous pouvons enfin déjeuner. Si vous n'aimez pas le chateaubriand ou le gigot, vous pouvez toujours essayer le 'plat du jour'. Vous n'y avez pas encore droit, c'est un mot nouveau, mais je ne veux pas vous voir rester à table sans rien prendre.

Nous avons le temps de finir le repas avant d'aller voir comment M. Morin et sa secrétaire s'occupent de leurs affaires.

Avez-vous pris en sténo ce que je viens de vous lire? Non? Vous n'avez pas tout compris? Alors, je recommence.

Et la narration ...?

quelqu'un	'someone'
arriver	'to happen'
à condition de	'provided'
viendra	'will come'
quoi	'what'
rappelle	'recall'
sinon	'otherwise'
droit	'right'
plat du jour	'daily special'
recommence	'begin again'

Written Exercises (not recorded)

Exercise 1

Mettez les phrases suivantes au passé composé.

1. Nous sortons cet après-midi. _____

2. Il passe vers 7 heures. _____

3. Ils viennent nous voir pendant les vacances. _____

4. Elle part par le train de midi quinze. _____

5. Ils descendent immédiatement. _____

6. Restez-vous longtemps à la campagne? _____

7. Il rentre tard. _____

8. Quand revenez-vous? _____

9. Il monte voir le gérant. _____

10. Un client entre dans le bureau. _____

Exercise 2

Mettez les phrases suivantes au présent.

1. S'ils ont dit cela, ils ont menti. _____

2. Nous sommes sortis vers 6 heures. _____

3. J'ai dormi jusqu'à midi. _____

4. Ils ont servi beaucoup de hors-d'oeuvre. _____

5. Le train est parti à l'heure. _____

6. Il n'a pas menti. _____

7. Aujourd'hui je ne suis pas sorti. _____

8. Nous sommes partis avant eux. _____

9. Avez-vous dormi dans l'avion? _____

10. Elle n'a pas servi d'alcool. _____

Exercise 3

Traduisez.

1. You have many packages; give me some. _____

2. Don't take as much cheese as bread. _____

3. If you are going out, would you buy some milk? _____

4. Do you have some envelopes? I would like some. _____

5. The Lelongs have several children. _____

6. He cannot go out; he has too much work. _____

7. There are as many offices as there are employees. _____

8. Give me twelve, please. _____

9. How many do you want? _____

10. I would like a little less. _____

Exercise 4

Traduisez.

1. Now, he sleeps much better than before.
   _____

2. He didn't make the slightest effort.
   _____

3. Did you have time to do it?
   _____

4. At what time did they leave?
   _____

5. Did you think about it?
   _____

6. We were very happy to see them last weekend.
   _____

7. I went to New York last week.
   _____

8. Was he able to give you an answer?
   _____

9. They have not left yet.
   _____

10. Did you read it?
   _____

(Answers on page 275)

Unit 11

DIALOGUE

Maison à louer	House for rent

M. et Mme Chevron viennent visiter une maison à louer dont ils ont vu l'annonce.	Mr. and Mrs. Chevron come to visit a house for rent for which they saw an ad.

LA PROPRIETAIRE   THE LANDLADY

Vous venez visiter?	You've come to see the house?
venir (vous venez)	to come (you're coming)
visiter	to visit

M. CHEVRON

Oui, Madame. Nous avons vu votre annonce dans le journal.	Yes. We saw your ad in the paper.
La maison est-elle toujours libre?	Is the house still available?
annonce (f)	advertisement
journal (m) (journaux-pl)	newspaper

LA PROPRIETAIRE

Pour le moment, oui, mais j'ai plusieurs locataires en vue.	For the time being, yes, but I have several prospective tenants.
moment (m)	moment
locataire (m)	tenant
vue (f)	view, sight

MME CHEVRON

Combien de pièces a-t-elle?	How many rooms does it have?
pièce (f)	room

LA PROPRIETAIRE

Sept, et deux salles de bain.	Seven, and two bathrooms.
(Ils entrent)	(They go in)
Voici d'abord l'entrée avec une grande penderie.	First of all, here's the entrance hallway with a large closet.
d'abord	first
entrée (f)	entrance

penderie (f)	closet

MME CHEVRON

Comme c'est commode! Nous n'avons pas cela dans notre appartement.	How convenient! We don't have that in our apartment.
commode appartement (m)	convenient apartment

LA PROPRIETAIRE

De ce côté il y a une grande bibliothèque.	On this side there is a large library.
bibliothèque (f)	library

M. CHEVRON

Quelle belle pièce! Je pourrais très bien y installer mon bureau.	What a beautiful room! I could easily put my desk in here.
pouvoir (je pourrais) installer	to be able (I could) to install

LA PROPRIETAIRE

A droite, le salon donnant sur la terrasse.	On the right, the living room looking out on the terrace.
salon (m) donner (donnant) terrasse (f)	living room to give (giving) terrace

MME CHEVRON

Il est beaucoup plus ensoleillé que le nôtre.	It is much sunnier than ours.
ensoleillé nôtre	sunny ours

LA PROPRIETAIRE

Passons maintenant dans la salle à manger.	Now, let's go into the dining room.
passer salle à manger (f)	to pass dining room

MME CHEVRON

Pouvons-nous aussi
jeter
un coup d'oeil
à la cuisine?

    jeter
    coup d'oeil (m)
    oeil (m) (yeux-pl)
    cuisine (f)

Could we also have a look at the kitchen?

    to throw
    glance
    eye (eyes)
    kitchen

LA PROPRIETAIRE

Mais certainement.
Vous verrez qu'elle est
tout à fait moderne.

    voir (verrez)
    tout à fait

Certainly. You'll see that it's
completely modern.

    to see (will see)
    entirely, completely

MME CHEVRON

Est-ce que
les appareils
sont au gaz?

    appareils (m)
    gaz (m)

Are they gas appliances?

    appliances
    gas

LA PROPRIETAIRE

Non, ils sont
tous électriques
et très faciles
à entretenir.

    électrique
    entretenir

No, they're all electric and very easy
to take care of.

    electric
    to maintain, to care for

MME CHEVRON

Cela me plaît beaucoup.
Pourrions-nous
voir les chambres?

    plaîre (plaît)

I like that very much. Could we see the
bedrooms?

    to please (pleases)

LA PROPRIETAIRE

Bien sûr.
Voici l'escalier.
Attention!
Les marches sont cirées.

    escalier (m)
    marche (f)

Of course. Here's the stairway. Be
careful. The steps are waxed.

    stairway
    step

ciré   waxed

M. CHEVRON

Y a-t-il   Is there a maid's room?
une chambre de bonne?

  bonne (f)   maid

  LA PROPRIETAIRE

Oui,   Yes, on the next floor.
à l'étage suivant.

  suivant   following

  M. CHEVRON

C'est vraiment   It's really a charming house.
une charmante maison.

Nous vous donnerons   We'll give you our answer in the evening.
la réponse
dans la soirée.

  donner (nous donnerons) to give (we'll give)
  réponse (f)   answer
  soirée (f)   evening

USEFUL WORDS

1. Passez l'aspirateur sous les chaises. Vacuum under the chairs.
2. Passez l'aspirateur sous les fauteuils. Vacuum under the armchairs.
3. Passez l'aspirateur sous les lits. Vacuum under the beds.
4. Passez l'aspirateur sous le sofa. Vacuum under the sofa.
5. Passez l'aspirateur sous l'armoire. Vacuum under the wardrobe.
6. Passez l'aspirateur sous la commode. Vacuum under the dresser.

1. Rangez les rideaux sur ce rayon. Put the curtains on that shelf.
2. Rangez les couvertures sur ce rayon. Put the blankets on that shelf.
3. Rangez les draps sur ce rayon. Put the sheets on that shelf.
4. Rangez les nappes sur ce rayon. Put the tablecloths on that shelf.
5. Rangez les serviettes sur ce rayon. Put the napkins on that shelf.
6. Rangez les couvre-lits sur ce rayon. Put the bedspreads on that shelf.

1. Vous trouverez la concierge en haut.   You will find the concierge upstairs.
2. Vous trouverez la concierge en bas.   You will find the concierge downstairs.
3. Vous trouverez la concierge au sous-sol.   You will find the concierge in the basement.
4. Vous trouverez la concierge dans la cour.   You will find the concierge in the courtyard.
5. Vous trouverez la concierge dans le couloir.   You will find the concierge in the corridor.

Vocabulary Awareness (not recorded)

during the evening	dans la soirée
during the day	dans la journée
during the year	dans l'année
during the morning	dans la matinée
the whole evening	toute la soirée
the whole day	toute la journée
the whole year	toute l'année
the whole morning	toute la matinée
every evening	tous les soirs
every day	tous les jours
every year	tous les ans
every morning	tous les matins
this year	cette année
last year	l'année dernière
next year	l'année prochaine
this evening	ce soir
yesterday evening	hier soir
today	aujourd'hui
tomorrow	demain
how many years	combien d'années
several years	plusieurs années
a few years	quelques années
each year	chaque année
during the year	pendant l'année
Happy New Year	Bonne Année
three years ago	il y a trois ans
for three years	pendant trois ans
twice a year	deux fois par an
the year 2000	l'an 2000

Lexical Drills

Lexical A-1

1. Vous venez visiter?
2. Vous venez travailler?
3. Vous venez téléphoner?
4. Vous venez signer?
5. Vous venez écouter?
6. Vous venez déjeuner?
7. Vous venez choisir?
8. Vous venez visiter?

Lexical A-2

1. Vous venez visiter?
2. Vous allez visiter?
3. Ils veulent visiter?
4. Elles vont visiter?
5. Nous pouvons visiter?
6. On peut visiter?
7. Vous désirez visiter?
8. Il va visiter?
9. Nous allons visiter?
10. Il doit visiter?
11. Vous venez visiter?

Lexical A-3

1. Combien de pièces a-t-elle?
2. Combien de chambres a-t-elle?
3. Combien de billets a-t-elle?
4. Combien de temps a-t-elle?
5. Combien d'autos a-t-elle?
6. Combien de frères a-t-elle?
7. Combien d'heures a-t-elle?
8. Combien de couvertures a-t-elle?
9. Combien de journaux a-t-elle?
10. Combien d'étudiants a-t-elle?
11. Combien de pièces a-t-elle?

Lexical A-4

1. Comme c'est commode!
2. Comme c'est grand!
3. Comme c'est beau!
4. Comme c'est joli!
5. Comme c'est loin!
6. Comme c'est moderne!
7. Comme c'est cher!
8. Comme c'est facile!
9. Comme c'est commode!

Lexical A-5

1. De ce côté, il y a une grande bibliothèque.
2. De ce côté, il y a une petite salle de bains.
3. De ce côté, il y a une belle salle à manger.
4. De ce côté, il y a une cuisine moderne.
5. De ce côté, il y a une grande terrasse.
6. De ce côté, il y a une petite cour.
7. De ce côté, il y a une autre chambre.
8. De ce côté, il y a un très joli bureau.
9. De ce côté, il y a une grande bibliothèque.

Lexical A-6

1. Il est beaucoup plus ensoleillé que le nôtre.
2. Il est beaucoup plus grand que le nôtre.
3. Il est beaucoup plus moderne que le nôtre.
4. Il est beaucoup plus cher que le nôtre.
5. Il est beaucoup plus fort que le nôtre.
6. Il est beaucoup plus intéressant que le nôtre.
7. Il est beaucoup plus facile que le nôtre.
8. Il est beaucoup plus efficace que le nôtre.
9. Il est beaucoup plus difficile que le nôtre.
10. Il est beaucoup plus ensoleillé que le nôtre.

Lexical A-7

1. Pouvons-nous aussi jeter un coup d'oeil à la cuisine?
2. Pouvons-nous aussi jeter un coup d'oeil au salon?
3. Pouvons-nous aussi jeter un coup d'oeil à la chambre?
4. Pouvons-nous aussi jeter un coup d'oeil à la salle à manger?
5. Pouvons-nous aussi jeter un coup d'oeil à l'étage suivant?
6. Pouvons-nous aussi jeter un coup d'oeil aux appareils?
7. Pouvons-nous aussi jeter un coup d'oeil à la bibliothèque?
8. Pouvons-nous aussi jeter un coup d'oeil à la terrasse?
9. Pouvons-nous aussi jeter un coup d'oeil en haut?
10. Pouvons-nous aussi jeter un coup d'oeil dans la cour?
11. Pouvons-nous aussi jeter un coup d'oeil en bas?
12. Pouvons-nous aussi jeter un coup d'oeil à la cuisine?

Lexical A-8

1. Ils sont tous électriques.
2. Ils sont tous modernes.
3. Ils sont tous faciles.
4. Ils sont tous anciens.
5. Ils sont tous mauvais.
6. Ils sont tous sportifs.
7. Ils sont tous importants.
8. Ils sont tous utiles.
9. Ils sont tous urgents.
10. Ils sont tous électriques.

Lexical A-9

1. Cela me plaît beaucoup.
2. La terrasse me plaît beaucoup.
3. La maison me plaît beaucoup.
4. Le bureau me plaît beaucoup.
5. La bibliothèque me plaît beaucoup.
6. Cette pièce me plaît beaucoup.
7. La nappe me plaît beaucoup.
8. La secrétaire me plaît beaucoup.
9. La cour me plaît beaucoup.
10. Cela me plaît beaucoup.

Lexical A-10

1. C'est vraiment une charmante maison.
2. C'est vraiment une bonne affaire.
3. C'est vraiment une belle pièce.
4. C'est vraiment un bon match de football.
5. C'est vraiment une belle soirée.
6. C'est vraiment une affaire intéressante.
7. C'est vraiment une jolie femme.
8. C'est vraiment un bon dictionnaire.
9. C'est vraiment un locataire modèle.
10. C'est vraiment un fauteuil ancien.
11. C'est vraiment une charmante maison.

Lexical A-11

1. Quelle belle pièce!
2. Quelle grande terrasse!
3. Quel beau jardin!
4. Quelle charmante maison!
5. Quel bel immeuble!
6. Quelle jolie chambre!
7. Quel mauvais temps!
8. Quel bon déjeuner!
9. Quel long discours!
10. Quelle belle pièce!

Lexical A-12

1. <u>Pouvons-nous</u> aussi jeter un coup d'oeil à la cuisine?
2. <u>Allez-vous</u> aussi jeter un coup d'oeil à la cuisine?
3. <u>Doit-on</u> aussi jeter un coup d'oeil à la cuisine?
4. <u>Pourrions-nous</u> aussi jeter un coup d'oeil à la cuisine?
5. <u>Voulez-vous</u> aussi jeter un coup d'oeil à la cuisine?
6. <u>Fallait-il</u> aussi jeter un coup d'oeil à la cuisine?
7. <u>Vont-ils</u> aussi jeter un coup d'oeil à la cuisine?
8. <u>Voudriez-vous</u> aussi jeter un coup d'oeil à la cuisine?
9. <u>Pouvons-nous</u> aussi jeter un coup d'oeil à la cuisine?

*Lexical B-1

1. Vous venez visiter?
2. <u>Ils vont</u> visiter?
3. <u>Ils vont</u> <u>travailler</u>?
4. <u>Vous comptez</u> travailler?
5. <u>Vous comptez</u> <u>téléphoner</u>?
6. <u>Il doit</u> téléphoner?
7. <u>Il doit</u> <u>revenir</u>?
8. <u>Ils veulent</u> revenir?
9. <u>Ils veulent</u> <u>conduire</u>?
10. <u>Elle va</u> conduire?
11. <u>Elle va</u> <u>visiter</u>?
12. <u>Vous venez</u> visiter?

*Lexical B-2

1. Combien de pièces a-t-elle?
2. Combien de <u>temps</u> a-t-elle?
3. Combien de <u>temps</u> <u>avons-nous</u>?
4. Combien de <u>jours</u> avons-nous?
5. Combien de <u>jours</u> <u>reste-t-il</u>?
6. Combien de <u>lames</u> reste-t-il?
7. Combien de <u>lames</u> <u>y a-t-il</u>?
8. Combien de <u>chaises</u> y a-t-il?
9. Combien de <u>chaises</u> <u>faut-il</u>?
10. Combien de <u>pièces</u> faut-il?
11. Combien de <u>pièces</u> <u>a-t-elle</u>?

*Lexical B-3

1. De ce côté, il y a une grande bibliothèque.
2. <u>A droite</u>, il y a une grande bibliothèque.
3. <u>A droite</u>, il y a <u>un petit salon</u>.
4. <u>En face</u>, il y a un petit salon.
5. <u>En face</u>, il y a <u>un escalier</u>.
6. <u>A gauche</u>, il y a un escalier.
7. <u>A gauche</u>, il y a <u>une belle penderie</u>.
8. <u>De l'autre côté</u>, il y a une belle penderie.
9. <u>De l'autre côté</u>, il y a <u>une salle de bains</u>.
10. <u>De ce côté</u>, il y a une salle de bains.
11. <u>De ce côté</u>, il y a <u>une grande bibliothèque</u>.

*Lexical B-4

1. Je pourrais très bien y installer mon bureau.
2. Je pourrais très bien <u>y mettre un sofa</u>.
3. <u>Nous pourrions peut-être</u> y mettre un sofa.
4. <u>Nous pourrions peut-être</u> <u>leur envoyer un mandat</u>.
5. <u>Il fallait d'abord</u> leur envoyer un mandat.
6. <u>Il fallait d'abord</u> <u>y passer l'aspirateur</u>.
7. <u>On peut certainement</u> y passer l'aspirateur.
8. <u>On peut certainement</u> <u>les retrouver là-bas</u>.
9. <u>Je pourrais très bien</u> les retrouver là-bas.
10. <u>Je pourrais très bien</u> <u>y installer mon bureau</u>.

*Lexical B-5

1. J'ai plusieurs locataires en vue.
2. J'ai deux locataires en vue.
3. Nous avons deux locataires en vue.
4. Nous avons pas mal de locataires en vue.
5. Il y a pas mal de locataires en vue.
6. Il y a beaucoup de locataires en vue.
7. On a beaucoup de locataires en vue.
8. On a quelques locataires en vue.
9. Ils ont quelques locataires en vue.
10. Ils ont plusieurs locataires en vue.
11. J'ai plusieurs locataires en vue.

*Lexical B-6

1. Passons maintenant dans la salle à manger.
2. Allez maintenant dans la salle à manger.
3. Allez ensuite dans la salle à manger.
4. Allez ensuite au salon.
5. Venez ensuite au salon.
6. Venez d'abord au salon.
7. Venez d'abord sur la terrasse.
8. Passez d'abord sur la terrasse.
9. Passez maintenant sur la terrasse.
10. Passez maintenant dans la salle à manger.
11. Passons maintenant dans la salle à manger.

*Lexical B-7

1. Ils sont très faciles à entretenir.
2. La maison est très facile à entretenir.
3. La maison est très facile à trouver.
4. La maison est très difficile à trouver.
5. Ce livre est très difficile à trouver.
6. Ce livre est très difficile à lire.
7. Ce livre est très intéressant à lire.
8. C'est très intéressant à lire.
9. C'est très intéressant à traduire.
10. C'est très facile à traduire.
11. Ils sont très faciles à traduire.
12. Ils sont très faciles à entretenir.

*Lexical B-8

1. Nous n'avons pas cela dans notre appartement.
2. Nous n'avons pas cela dans la maison.
3. Il n'y a pas de sous-sol dans la maison.
4. Il n'y a pas de sous-sol dans la villa.
5. Il y a deux salles de bains dans la villa.
6. Il y a deux salles de bains au rez-de-chaussée.
7. Ils n'ont pas de locataires au rez-de-chaussée.
8. Ils n'ont pas de locataires dans l'immeuble.

9. Nous n'avons pas de concierge dans l'immeuble.
10. Nous n'avons pas de concierge à l'hôtel.
11. Nous n'avons pas cela à l'hôtel.
12. Nous n'avons pas cela dans notre appartement.

Questions on the Dialogue

1. Où M. et Mme Chevron ont-ils vu l'annonce?

   Ils l'ont vue dans le journal.

2. Qu'ont-ils fait après avoir vu l'annonce?

   Ils sont allés visiter la maison.

3. La maison est-elle toujours libre?

   Pour le moment, oui.

4. Y a-t-il des locataires dans la maison?

   Non, il n'y en a pas.

5. Combien de locataires la propriétaire a-t-elle en vue?

   Elle en a plusieurs en vue.

6. Combien de pièces y a-t-il dans cette maison?

   Il y en a sept.

7. Y a-t-il plusieurs salles de bains?

   Il y en a deux.

8. Que trouve-t-on dans l'entrée?

   On y trouve une grande penderie.

9. M. et Mme Chevron en ont-ils une dans leur appartement?

   Non, ils n'en ont pas dans leur appartement.

10. Que pensent-ils de cette grande penderie?

    Ils pensent qu'elle est commode.

11. Y a-t-il une bibliothèque dans la maison?

    Oui, il y en a une grande.

12. Comment est-elle?

    C'est une très belle pièce.

13. Qu'est-ce que M. Chevron pourrait y installer?

    Il pourrait y installer son bureau.

14. Qu'y a-t-il à droite?

    A droite, il y a le salon.

15. Le salon donne-t-il sur la rue?

    Non, il donne sur la terrasse.

16. Le salon est-il comme celui des Chevron?

    Non, il est beaucoup plus ensoleillé que leur salon.

17. Quel salon est le plus ensoleillé?

    Le salon de la maison à louer est le plus ensoleillé.

18. Que veut dire ensoleillé?

    Ensoleillé veut dire qu'il y a beaucoup de soleil.

19. Les Chevron visitent-ils aussi la salle à manger?

    Oui, ils la visitent aussi.

20. Vont-ils aussi jeter un coup d'oeil à autre chose?

    Oui, ils vont aussi jeter un coup d'oeil à la cuisine.

21. Comment est-elle?

    Elle est tout à fait moderne.

22. Et les appareils? Sont-ils au gaz?

    Non, ils sont tous électriques.

23. Sont-ils difficiles à entretenir?

    Non, ils sont très faciles à entretenir.

24. Y a-t-il encore quelque chose   Oui, il y a encore les chambres.
    à voir?
25. A quel étage sont-elles?   Elles sont au premier étage.
26. Les marches de l'escalier ne   Si, elles sont glissantes.
    sont-elles pas glissantes?
27. Pourquoi?   Parce qu'elles sont cirées.
28. Où est la chambre de bonne?   Elle est à l'étage suivant.
29. M. Chevron aime-t-il la maison?   Oui, il la trouve charmante.
30. Que vont faire les Chevron   Ils vont donner la réponse à la proprié-
    dans la soirée?   taire.

Grammar 1: Infinitive Verb Phrases

Grammar Note

Verb phrases are defined as two or more verb forms in sequence. There are
two types of verb phrases. The past participle verb phrases were discussed in
Grammar Notes 9.2 and 10.2:

> <u>avoir</u>   +   past participle   J'ai travaillé pour une compagnie
>   française.

> <u>être</u>   +   past participle   Je suis allé à la campagne.

Both these patterns carry the meaning of past time. All other verb phrases
in French are infinitive verb phrases.

Here is a list of the verbs (already encountered in the text) often
followed by an infinitive. Note that they have been divided into three groups:

1st column   -   verb + infinitive   (L.1,7,8,9,10-Gr.1)
2nd column   -   verb + de + infinitive   (L.2-Gr.1)
3rd column   -   verb + à + infinitive   (L.3,4,5,6-Gr.1)

aller	venir de	commencer à
faire	essayer de	tenir à
vouloir	avoir peur de	réussir à
pouvoir	avoir raison de	
savoir	avoir besoin de	
devoir	accepter de	
venir	dire de	
aimer	demander de	
compter	être heureux de	
désirer	être en train de	
espérer	finir de	
laisser	il y a lieu de	
monter	risquer de	
passer	remercier de	
rentrer	terminer de	
sortir	oublier de	
il faut		

Je vais faire apporter vos bagages.
Je voudrais faire enregistrer mes bagages pour Lille.

Learning Drills

Learning 1

1. Ils vont partir la semaine prochaine.
2. Nous devons partir la semaine prochaine.
3. Il doit partir la semaine prochaine.
4. Je voudrais partir la semaine prochaine.
5. Elles veulent partir la semaine prochaine.
6. Vous pouvez partir la semaine prochaine.
7. Je compte partir la semaine prochaine.
8. Il faut partir la semaine prochaine.
9. Nous espérons partir la semaine prochaine.
10. Je dois partir la semaine prochaine.
11. Il peut partir la semaine prochaine.
12. Elle veut partir la semaine prochaine.

Learning 2

1. Nous venons de téléphoner.
2. Elle essaie de téléphoner.
3. J'ai besoin de téléphoner.
4. Elles ont peur de téléphoner.
5. Il a dit de téléphoner.
6. J'ai fini de téléphoner.
7. Elle est en train de téléphoner.
8. On risque de téléphoner.
9. Nous essayons de téléphoner.
10. Ils acceptent de téléphoner.
11. On a peur de téléphoner.
12. Nous venons de téléphoner.

Learning 3

1. Il commence à neiger.
2. Il commence à pleuvoir.
3. Il commence à faire chaud.
4. Il commence à geler.
5. Il commence à travailler.
6. Il commence à servir.
7. Il commence à faire froid.
8. Il commence à déjeuner.
9. Il commence à fermer.

Learning 4

1. Je ne tiens pas à partir.
2. Il ne tient pas à partir.
3. Elles ne tiennent pas à partir.
4. Nous ne tenons pas à partir.
5. Elle ne tient pas à partir.
6. On ne tient pas à partir.
7. Ils ne tiennent pas à partir.
8. Vous ne tenez pas à partir.
9. Je ne tiens pas à partir.

Learning 5

1. Je n'ai pas réussi à voir vos amis.
2. Elle n'a pas réussi à voir vos amis.
3. On n'a pas réussi à voir vos amis.
4. Ils n'ont pas réussi à voir vos amis.
5. Vous n'avez pas réussi à voir vos amis.
6. Il n'a pas réussi à voir vos amis.

7. Nous n'avons pas réussi à voir vos amis.
8. Elles n'ont pas réussi à voir vos amis.

Learning 6

1. Elle commence à travailler.
2. Nous essayons de travailler.
3. Nous commençons à travailler.
4. On essaie de travailler.
5. On commence à travailler.
6. Nous tenons à travailler.
7. Nous avons besoin de travailler.
8. Je tiens à travailler.
9. Je suis heureux de travailler
10. Il commence à travailler.
11. Il est en train de travailler.
12. Je commence à travailler.

Learning 7

1. Elle ne sait pas conduire.
2. Il ne veut pas conduire.
3. Je ne veux pas conduire.
4. Nous n'aimons pas conduire.
5. Je ne compte pas conduire.
6. Ils ne vont pas conduire.
7. Vous ne savez pas conduire.
8. Il ne doit pas conduire.
9. Elles ne veulent pas conduire.
10. Je ne sais pas conduire.
11. Nous n'allons pas conduire.
12. Elle n'aime pas conduire.

Learning 8

1. Il fait laver l'auto.
2. On fait laver l'auto.
3. Nous faisons laver l'auto.
4. Elles font laver l'auto.
5. Je fais laver l'auto.
6. Elle fait laver l'auto.
7. Vous faites laver l'auto.
8. Ils font laver l'auto.

Learning 9

1. Elle n'a pas pu laver l'auto.
2. Elle n'a pas fait laver l'auto.
3. Ils n'ont pas voulu laver l'auto.
4. Ils n'ont pas fait laver l'auto.
5. Nous n'avons pas pu laver l'auto.
6. Nous n'avons pas fait laver l'auto.
7. On n'a pas voulu laver l'auto.
8. On n'a pas fait laver l'auto.

Learning 10

1. Je ne veux pas faire laver l'auto.
2. Il ne peut pas faire laver l'auto.
3. Nous n'allons pas faire laver l'auto.
4. Je ne compte pas faire laver l'auto.
5. Il ne doit pas faire laver l'auto.
6. Nous ne voulons pas faire laver l'auto.
7. Je n'aime pas faire laver l'auto.
8. Elles ne peuvent pas faire laver l'auto.
9. Il ne va pas faire laver l'auto.

Practice Drills

Practice A-1

1. Je voudrais téléphoner.
2. Il faut téléphoner.
3. Elles essaient de téléphoner.
4. Nous n'avons pas pu téléphoner.
5. Elle ne sait pas téléphoner.
6. Il a peur de téléphoner.

7. Vous n'avez pas besoin de téléphoner.
8. Je n'aime pas téléphoner.
9. Ils vont téléphoner.
10. Elle a fini de téléphoner.
11. Nous ne tenons pas à téléphoner.
12. Je ne compte pas téléphoner.
13. On doit téléphoner.
14. Ils sont en train de téléphoner.
15. Je ne tiens pas à téléphoner.
16. Nous ne pouvons pas téléphoner.

Practice A-2

Tutor   : Je suis arrivé il y a cinq minutes.
Student: Je viens d'arriver.

1. Ils sont partis il y a cinq minutes.   Ils viennent de partir.
2. J'ai téléphoné il y a cinq minutes.   Je viens de téléphoner.
3. Nous avons déjeuné il y a cinq minutes.   Nous venons de déjeuner.
4. Ils ont téléphoné il y a cinq minutes.   Ils viennent de téléphoner.
5. L'avion a atterri il y a cinq minutes.   L'avion vient d'atterrir.
6. Le facteur est passé il y a cinq minutes.   Le facteur vient de passer.
7. Ils sont sortis il y a cinq minutes.   Ils viennent de sortir.
8. Ils ont terminé il y a cinq minutes.   Ils viennent de terminer.
9. On a fermé il y a cinq minutes.   On vient de fermer.
10. Vous êtes arrivé il y a cinq minutes.   Vous venez d'arriver.

Practice A-3

Tutor   : Venez-vous déjeuner?
Student: Non, je ne viens pas déjeuner.

1. Pouvez-vous marcher?   Non, je ne peux pas marcher.
2. Savez-vous conduire?   Non, je ne sais pas conduire.
3. L'avion va-t-il atterrir?   Non, il ne va pas atterrir.
4. Allez-vous déjeuner?   Non, je ne vais pas déjeuner.
5. Avez-vous besoin de travailler? Non, je n'ai pas besoin de travailler.
6. Peut-on partir?   Non, on ne peut pas partir.
7. Va-t-il neiger?   Non, il ne va pas neiger.
8. Tenez-vous à sortir?   Non, je ne tiens pas à sortir.
9. Venez-vous travailler?   Non, je ne viens pas travailler.
10. Va-t-on ralentir?   Non, on ne va pas ralentir.
11. Essayez-vous de téléphoner?   Non, je n'essaie pas de téléphoner.
12. Voulez-vous maigrir?   Non, je ne veux pas maigrir.

Practice A-4

Tutor : Avez-vous essayé de comprendre?
Student: Oui, j'ai essayé de comprendre.

1. Etes-vous venu travailler?   Oui, je suis venu travailler.
2. Avez-vous réussi à ralentir?   Oui, j'ai réussi à ralentir.
3. Va-t-il pleuvoir?   Oui, il va pleuvoir.
4. Avez-vous commencé à travailler?   Oui, j'ai commencé à travailler.
5. Avez-vous pu déjeuner?   Oui, j'ai pu déjeuner.
6. Etes-vous heureux de partir?   Oui, je suis heureux de partir.
7. A-t-on essayé de téléphoner?   Oui, on a essayé de téléphoner.
8. Venez-vous de déjeuner?   Oui, je viens de déjeuner.
9. Vient-on de téléphoner?   Oui, on vient de téléphoner.

Practice A-5

1. J'ai un billet, mais je n'ai pas fait réserver ma place.
2. Il part demain, mais il n'a pas fait réserver sa place.
3. Nous avons nos billets, mais nous n'avons pas fait réserver nos places.
4. Elles partent demain, mais elles n'ont pas fait réserver leurs places.
5. J'ai mon billet, mais je n'ai pas fait réserver ma place.
6. Vous avez votre billet, mais vous n'avez pas fait réserver votre place.
7. Elle a son billet, mais elle n'a pas fait réserver sa place.
8. Ils partent demain, mais ils n'ont pas fait réserver leurs places.
9. Nous partons demain, mais nous n'avons pas fait réserver nos places.

Practice A-6

Tutor : Vous venez déjeuner?
Student: Oui, je viens déjeuner.

Tutor : Vous venez de déjeuner?
Student: Oui, je viens de déjeuner.

1. Vous venez de téléphoner?   Oui, je viens de téléphoner.
2. Vous venez nettoyer le bureau?   Oui, je viens le nettoyer.
3. Vous venez déjeuner?   Oui, je viens déjeuner.
4. Vous venez réparer la machine   Oui, je viens la réparer.
   à écrire?
5. Vous venez de commencer?   Oui, je viens de commencer.
6. Vous venez travailler?   Oui, je viens travailler.
7. Vous venez de décrocher?   Oui, je viens de décrocher.
8. Vous venez de déjeuner?   Oui, je viens de déjeuner.
9. Vous venez de taper la lettre?   Oui, je viens de la taper.
10. Vous venez signer?   Oui, je viens signer.

Grammar 2: Object Pronouns in Infinitive Verb Phrases

Grammar Note

Voulez-vous me la montrer?
La femme de chambre va vous y conduire.
Je vais les remplir tout de suite.

Je peux vous donner deux coins fenêtres.

Object pronouns in infinitive verb phrases precede the infinitive:

SP + verb + object pronoun + infinitive

Je vais les lire dans ma chambre.	'I'm going to read them in my room.'
Voulez-vous lui parler?	'Do you want to speak to him?'
Pourriez-vous me donner l'adresse du bureau de votre mari?	'Could you give me the address of your husband's office?'
Savons-nous les faire?	'Do we know how to make them?'
Elle doit y aller.	'She must go there.'
Venez-vous le prendre?	'Are you coming to get it?'
Il vient de l'apporter.	'He just brought it.'

However with certain verbs such as faire (L.2,3-Gr.2), the pattern will be as follows:

SP + object pronoun + verb + infinitive

faire with the meaning of 'to have something done'.

Je les fais traduire.   'I have them translated.'

Among the verbs already encountered which follow the same pattern are:

laisser with the meaning of 'to let'.

Je les laisse entrer.   'I let them come in.'

envoyer chercher with the meaning of 'to send for'.

Je les envoie chercher.   'I send for them.

Learning Drills

Learning 1

1. J'ai essayé de leur téléphoner.
2. J'ai essayé de les voir.
3. J'ai essayé de la voir.
4. J'ai essayé de le voir.
5. J'ai essayé de lui téléphoner.
6. J'ai essayé d'y aller.
7. J'ai essayé d'en faire.
8. J'ai essayé de la faire.
9. J'ai essayé d'en trouver.
10. J'ai essayé de les trouver.

Learning 2

1. Il les a fait faire.
2. Nous l'avons fait faire.
3. Vous en avez fait faire.
4. Ils en ont fait faire.
5. Vous les avez fait faire.
6. On en a fait faire.
7. Je l'ai fait faire.
8. Vous l'avez fait faire.
9. J'en ai fait faire.
10. Il en a fait faire.

Learning 3

1. Je les ai fait réparer.
2. Je les ai fait faire.
3. Je les ai fait construire.
4. Je les ai fait détruire.
5. Je les ai fait traduire.
6. Je les ai fait changer.

7. Je les ai fait <u>assurer</u>.
8. Je les ai fait <u>installer</u>.

Learning 4

1. On vient d'en trouver.
2. On vient <u>de les trouver</u>.
3. On vient <u>de la voir</u>.
4. On vient <u>de lui téléphoner</u>.
5. On vient <u>d'y répondre</u>.
6. On vient <u>d'y déjeuner</u>.
7. On vient <u>de leur en parler</u>.
8. On vient <u>de l'acheter</u>.
9. On vient <u>de l'écouter</u>.
10. On vient <u>de les apporter</u>.

Learning 5

1. On vient <u>de leur en envoyer</u>.
2. <u>On commence à</u> leur en envoyer.
3. <u>On essaie de</u> leur en envoyer.
4. <u>On a accepté de</u> leur en envoyer.
5. <u>Ils tiennent à</u> leur en envoyer.
6. <u>On a peur de</u> leur en envoyer.
7. <u>On a réussi à</u> leur en envoyer.
8. <u>On a essayé de</u> leur en envoyer.

Learning 6

1. Nous allons vous y conduire.
2. <u>On doit</u> vous y conduire.
3. <u>Ils vont</u> vous y conduire.
4. <u>Nous pouvons</u> vous y conduire.
5. <u>J'espère</u> vous y conduire.
6. <u>Je voudrais</u> vous y conduire.
7. <u>Nous espérons</u> vous y conduire.
8. <u>Elle va</u> vous y conduire.
9. <u>Je peux</u> vous y conduire.
10. <u>Il ne peut pas</u> vous y conduire.

Learning 7

1. On m'a dit de les vendre.
2. On m'a dit <u>de lui en apporter</u>.
3. On m'a dit <u>de vous téléphoner</u>.
4. On m'a dit <u>d'en acheter beaucoup</u>.
5. On m'a dit <u>d'en emporter deux</u>.
6. On m'a dit <u>de vous en donner une</u>.
7. On m'a dit <u>d'y aller demain</u>.
8. On m'a dit <u>de l'oublier</u>.
9. On m'a dit <u>de les détruire</u>.
10. On m'a dit <u>d'en demander plusieurs</u>.

Practice Drills

Practice A-1

Tutor : Il va apporter l'addition.
Student: Il va l'apporter.

1. Nous allons téléphoner à nos amis.

   Nous allons leur téléphoner.
2. Je suis heureux d'aller à Paris.

   Je suis heureux d'y aller.
3. Ils sont heureux d'être en France.

   Ils sont heureux d'y être.
4. Je tiens à voir vos amis.

   Je tiens à les voir.
5. Elle a peur de traverser la forêt.

   Elle a peur de la traverser.
6. Ils veulent aller à Paris.

   Ils veulent y aller.
7. La secrétaire est en train de taper la lettre.

   La secrétaire est en train de la taper.
8. N'oubliez pas de jeter un coup d'oeil au courrier.

   N'oubliez pas d'y jeter un coup d'oeil.
9. Il faut être au bureau.

   Il faut y être.
10. Nous risquons de manquer le train.

    Nous risquons de le manquer.

11. J'ai réussi à retrouver mes amis.   J'ai réussi à les retrouver.
12. Il essaie d'aider les étudiants.   Il essaie de les aider.
13. Je monte chercher la valise.   Je monte la chercher.
14. Vous oubliez toujours de fermer la porte.   Vous oubliez toujours de la fermer.
15. Je ne veux pas déranger le gérant.   Je ne veux pas le déranger.

Practice A-2

Tutor   : Je fais réparer mon auto.
Student: Je la fais réparer.

1. Ils font installer le téléphone.   Ils le font installer.
2. Nous faisons assurer nos bagages.   Nous les faisons assurer.
3. La secrétaire fait entrer les clients.   La secrétaire les fait entrer.
4. Je fais faire un costume.   J'en fais faire un.
5. Il fait taper la lettre.   Il la fait taper.
6. On fait construire une villa.   On en fait construire une.
7. Elle fait faire une robe.   Elle en fait faire une.
8. Vous faites enregistrer vos bagages.   Vous les faites enregistrer.
9. Il fait nettoyer ses vêtements.   Il les fait nettoyer.
10. On fait réveiller le concierge.   On le fait réveiller.

Practice A-3

Tutor   : Vous faites installer le téléphone?
Student: Oui, je le fais installer.

Tutor   : Vous désirez voir l'auteur?
Student: Oui, je désire le voir.

1. Vous faites monter les bagages?   Oui, je les fais monter.
2. Vous venez de voir le gérant?   Oui, je viens de le voir.
3. Vous allez parler à la secrétaire?   Oui, je vais lui parler.
4. Vous comptez prendre l'auto?   Oui, je compte la prendre.
5. Vous faites retenir vos places?   Oui, je les fais retenir.
6. Vous êtes en train de répondre à la lettre?   Oui, je suis en train d'y répondre.
7. Vous espérez aller en France?   Oui, j'espère y aller.
8. Vous tenez à parler au gérant?   Oui, je tiens à lui parler.
9. Vous savez conduire mon auto?   Oui, je sais la conduire.
10. Vous allez jeter vos vieux livres?   Oui, je vais les jeter.
11. Vous commencez à comprendre les Français?   Oui, je commence à les comprendre.
12. Vous faites laver le linge?   Oui, je le fais laver.

Practice A-4

Tutor : J'envoie chercher les enfants.
Student: Je les envoie chercher.

1. Je laisse entrer les enfants.	Je les laisse entrer.
2. Je fais entrer l'étudiant.	Je le fais entrer.
3. On envoie chercher le gérant.	On l'envoie chercher.
4. Nous faisons assurer nos bagages.	Nous les faisons assurer.
5. J'envoie chercher la dactylo.	Je l'envoie chercher.
6. Je regarde tomber la pluie.	Je la regarde tomber.
7. Nous laissons partir les employés.	Nous les laissons partir.
8. On regarde passer les autos.	On les regarde passer.
9. Elle fait faire une robe.	Elle en fait faire une.
10. Je fais construire une villa.	J'en fais construire une.

Practice A-5

Tutor : Laissez entrer les enfants.
Student: Laissez-les entrer.

Tutor : Ne laissez pas partir les enfants.
Student: Ne les laissez pas partir.

1. Faites taper cette lettre.	Faites-la taper.
2. Ne faites pas taper vos lettres.	Ne les faites pas taper.
3. Faites enregistrer la valise.	Faites-la enregistrer.
4. Laissez entrer les clients.	Laissez-les entrer.
5. N'envoyez pas chercher le gérant.	Ne l'envoyez pas chercher.
6. Ne laissez pas passer cette auto.	Ne la laissez pas passer.
7. Faisons traduire cette lettre.	Faisons-la traduire.
8. Ne faites pas couper le gaz.	Ne le faites pas couper.
9. Envoyons chercher les enfants.	Envoyons-les chercher.
10. Ne laissons pas partir les employés.	Ne les laissons pas partir.

Practice A-6

Tutor : Demandez à votre ami de téléphoner.
Student: Demandez-lui de téléphoner.

1. Dites à vos amis de passer.	Dites-leur de passer.
2. Essayez de voir vos amis.	Essayez de les voir.
3. Essayons de traduire la lettre.	Essayons de la traduire.
4. Veuillez signer cette lettre, s'il vous plaît.	Veuillez la signer, s'il vous plaît.
5. Commencez à compter les fiches.	Commencez à les compter.
6. N'essayez pas de faire ce travail tout seul.	N'essayez pas de le faire tout seul.
7. Montons chercher nos bagages.	Montons les chercher.

8. N'allez pas trouver le gérant.   N'allez pas le trouver.
9. Venez parler à notre locataire.   Venez lui parler
10. N'oubliez pas de réparer   N'oubliez pas de le réparer.
    l'aspirateur.

Practice A-7

Tutor   : Ne laissez pas sortir les enfants.
Student: Ne les laissez pas sortir.

Tutor   : N'allez pas chercher les enfants.
Student: N'allez pas les chercher.

Tutor   : Nous laissons sortir les enfants.
Student: Nous les laissons sortir.

Tutor   : Nous voulons voir les enfants.
Student: Nous voulons les voir.

1. Je ne veux pas savoir la raison. Je ne veux pas la savoir.
2. Veuillez passer au bureau à   Veuillez y passer à 3 heures.
   3 heures.
3. Ne laissez pas partir le client. Ne le laissez pas partir.
4. Faites monter la malle.   Faites-la monter.
5. N'allez pas chercher les   N'allez pas les chercher.
   valises.
6. Je voudrais acheter des billets. Je voudrais en acheter.
7. Je ne vais pas compter la   Je ne vais pas la compter.
   monnaie.
8. Essayez de fermer les fenêtres. Essayez de les fermer.
9. Je passe prendre les billets.   Je passe les prendre.
10. Nous envoyons chercher la   Nous l'envoyons chercher.
    concierge.
11. Laissez passer les autos.   Laissez-les passer.
12. Je viens de voir Janine.   Je viens de la voir.
13. Ne faites pas réparer le   Ne le faites pas réparer.
    fauteuil.
14. Venez parler à mes parents.   Venez leur parler.
15. Je fais faire un costume.   J'en fais faire un.
16. Ne laissez pas entrer les   Ne les laissez pas entrer.
    étudiants.
17. Nous comptons être à Paris en   Nous comptons y être en automne.
    automne.
18. J'envoie chercher l'étudiant.   Je l'envoie chercher.
19. Il vient d'acheter une auto.   Il vient d'en acheter une.
20. Je ne sais pas conduire votre   Je ne sais pas la conduire.
    auto.
21. Elle n'a pas peur de prendre   Elle n'a pas peur d'en prendre.
    de l'aspirine.

Practice A-8

Tutor   : Je peux vous conduire à la gare.
Student: Je peux vous y conduire.

1. Ils veulent me présenter leurs amis.	Ils veulent me les présenter.
2. Je tiens à vous présenter mes amis.	Je tiens à vous les présenter.
3. On vient de me traduire la lettre.	On vient de me la traduire.
4. Ils vont nous apporter des couvertures.	Ils vont nous en apporter.
5. On doit vous parler de la conférence.	On doit vous en parler.
6. On nous fait visiter la maison.	On nous la fait visiter.
7. On commence à m'envoyer les textes.	On commence à me les envoyer.
8. J'espère vous retrouver au café.	J'espère vous y retrouver.
9. Je vais vous donner des renseignements.	Je vais vous en donner.
10. Je dois conduire mes amis à la gare.	Je dois les y conduire.

Practice A-9

Tutor : A quelle heure m'avez-vous dit d'être à la gare?
Student: Je vous ai dit d'y être à 8 heures.

1. A quelle heure faut-il aller chercher les enfants?	Il faut aller les chercher à 8 heures.
2. A quelle heure comptez-vous passer au bureau?	Je compte y passer à 8 heures.
3. A quelle heure vous a-t-on dit de prendre le train?	On m'a dit de le prendre à 8 heures.
4. A quelle heure vous a-t-on demandé d'être au bureau?	On m'a demandé d'y être à 8 heures.
5. A quelle heure la dactylo a-t-elle commencé à taper les lettres?	Elle a commencé à les taper à 8 heures.
6. A quelle heure avez-vous essayé de me téléphoner?	J'ai essayé de vous téléphoner à 8 heures.
7. A quelle heure vos amis sont-ils venus vous voir?	Ils sont venus me voir à 8 heures.
8. A quelle heure m'avez-vous dit de vous retrouver?	Je vous ai dit de me retrouver à 8 heures.
9. A quelle heure pouvez-vous prendre l'avion?	Je peux le prendre à 8 heures.
10. A quelle heure espérez-vous être à Paris?	J'espère y être à 8 heures.
11. A quelle heure a-t-on laissé partir les étudiants?	On les a laissé partir à 8 heures.

Practice A-10

Tutor : J'ai le livre.
Student: Quand allez-vous me l'apporter?

1. Elle a le livre.   Quand va-t-elle me l'apporter?
2. J'ai votre livre.   Quand allez-vous me l'apporter?
3. Ils ont le livre.   Quand vont-ils me l'apporter?
4. J'ai les livres.   Quand allez-vous me les apporter?
5. Il a le livre.   Quand va-t-il me l'apporter?
6. Elles ont le livre.   Quand vont-elles me l'apporter?
7. Elle a les billets.   Quand va-t-elle me les apporter?
8. Nous avons les billets.   Quand allez-vous me les apporter?

Practice A-11

1. Si vous voulez y aller, allez-y.
2. Si vous voulez le faire, faites-le.
3. Si vous voulez les apporter, apportez-les.
4. Si vous voulez y rester, restez-y.
5. Si vous voulez m'en envoyer, envoyez-m'en.
6. Si vous voulez les retrouver, retrouvez-les.
7. Si vous voulez la remercier, remerciez-la.
8. Si vous voulez les jeter, jetez-les.
9. Si vous voulez la taper, tapez-la.
10. Si vous voulez l'envoyer, envoyez-la.
11. Si vous voulez les acheter, achetez-les.
12. Si vous voulez y répondre, répondez-y.

Practice A-12

1. Si vous ne tenez pas à y aller, n'y allez pas.
2. Si vous ne tenez pas à le faire, ne le faites pas.
3. Si vous ne tenez pas à m'en envoyer, ne m'en envoyez pas.
4. Si vous ne tenez pas à le lire, ne le lisez pas.
5. Si vous ne tenez pas à les apporter, ne les apportez pas.
6. Si vous ne tenez pas à me le dire, ne me le dites pas.
7. Si vous ne tenez pas à nous en parler, ne nous en parlez pas.
8. Si vous ne tenez pas à le lui donner, ne le lui donnez pas.
9. Si vous ne tenez pas à les écouter, ne les écoutez pas.
10. Si vous ne tenez pas à en emporter, n'en emportez pas.

Practice A-13

1. Si vous voulez les faire assurer, faites-les assurer maintenant.
2. Si vous voulez en envoyer, envoyez-en maintenant.
3. Si vous voulez le lui dire, dites-le lui tout de suite.
4. Si vous voulez y aller, allez-y maintenant.
5. Si vous voulez leur parler, parlez-leur demain.
6. Si vous voulez les faire nettoyer, faites-les nettoyer aujourd'hui.
7. Si vous voulez l'acheter, achetez-le ce soir.
8. Si vous voulez nous les envoyer, envoyez-les nous la semaine prochaine.
9. Si vous voulez le détruire, détruisez-le maintenant.
10. Si vous voulez les faire venir, faites-les venir demain.

Practice A-14

1. J'ai laissé mes amis à l'hôtel; je vais les chercher.
2. Il a laissé son livre à l'hôtel; il va le chercher.
3. Nous avons laissé nos amis à la gare; nous allons les chercher.
4. J'ai laissé ma soeur en bas; je vais la chercher.
5. Il a laissé son auto tout près d'ici; il va la chercher.
6. Elle a laissé des bagages à la gare; elle va les chercher.
7. J'ai oublié ma lettre au bureau; je vais la chercher.
8. Elle a besoin de la machine à écrire; elle va la chercher.
9. Il a oublié son dictionnaire; il va le chercher.
10. J'ai déposé mon courrier sur mon bureau; je vais le chercher.
11. Il me faut des crayons; je vais en chercher.
12. Elle a oublié ses cigarettes; elle va les chercher.

Practice A-15

Tutor : Je fais enregistrer mes bagages.
Student: Je les fais enregistrer.

1. J'ai fait enregistrer mes   Je les ai fait enregistrer.
   bagages.
2. Je laisse entrer les enfants.   Je les laisse entrer.
3. Je dois faire nettoyer mon   Je dois le faire nettoyer.
   costume.
4. Je fais assurer ma valise.   Je la fais assurer.
5. J'ai laissé entrer les enfants.   Je les ai laissé entrer.
6. Je compte aller voir mes amis.   Je compte aller les voir.
7. J'ai demandé à mes amis   Je leur ai demandé d'écrire souvent.
   d'écrire souvent.
8. On a envoyé chercher la   On l'a envoyé chercher.
   secrétaire.
9. J'ai fait fermer la fenêtre.   Je l'ai fait fermer.
10. Je fais faire un costume.   J'en fais faire un.
11. Je fais faire les rideaux.   Je les fais faire.
12. J'ai fait faire les rideaux.   Je les ai fait faire.
13. J'ai essayé de traduire le   J'ai essayé de le traduire.
    texte.
14. Je voudrais prendre un apéritif. Je voudrais en prendre un.
15. Je n'ai pas pu essayer le   Je n'ai pas pu l'essayer.
    costume.
16. Je vais essayer de taper la   Je vais essayer de la taper.
    lettre.
17. Il ne faut pas faire attendre   Il ne faut pas les faire attendre.
    les clients.
18. On a oublié de servir le   On a oublié de le servir.
    client.
19. J'ai oublié de fermer le gaz.   J'ai oublié de le fermer.
20. Je n'ai pas besoin de parler   Je n'ai pas besoin de leur en parler.
    de cette affaire à mes amis.

*Practice B-1

Tutor : Avez-vous fait installer le téléphone?
Student: Oui, je l'ai fait installer.

1. Avez-vous oublié de téléphoner à vos amis? — Oui, j'ai oublié de leur téléphoner.
2. A-t-on commencé à traduire le discours? — Oui, on a commencé à le traduire.
3. Avez-vous essayé de me téléphoner? — Oui, j'ai essayé de vous téléphoner
4. Avez-vous envoyé chercher la dactylo? — Oui, je l'ai envoyé chercher.
5. Avez-vous pu finir votre travail à temps? — Oui, j'ai pu le finir à temps.
6. A-t-il fallu retenir les places? — Oui, il a fallu les retenir.
7. Avez-vous fait assurer vos bagages? — Oui, je les ai fait assurer.
8. Etes-vous passé voir vos amis? — Oui, je suis passé les voir.
9. Avez-vous laissé partir les employés? — Oui, je les ai laissé partir.
10. Avez-vous réussi à parler à vos amis? — Oui, j'ai réussi à leur parler.

*Practice B-2

Tutor : Avez-vous retenu les places?
Student: Oui, je les ai retenues.

Tutor : Avez-vous fait retenir les places?
Student: Oui, je les ai fait retenir.

1. Avez-vous fait venir des textes? — Oui, j'en ai fait venir.
2. Avez-vous lu les textes? — Oui, je les ai lus.
3. Vous a-t-on montré le bureau? — Oui, on me l'a montré.
4. Va-t-on me montrer le bureau? — Oui, on va vous le montrer.
5. A-t-on laissé entrer les enfants? — Oui, on les a laissé entrer.
6. Va-t-on me laisser entrer? — Oui, on va vous laisser entrer.
7. M'avez-vous apporté les billets? — Oui, je vous les ai apportés.
8. Avez-vous oublié de fermer le gaz? — Oui, j'ai oublié de le fermer.
9. Avez-vous pu traduire le discours? — Oui, j'ai pu le traduire.
10. A-t-on fait couper l'eau? — Oui, on l'a fait couper.
11. Allez-vous faire les bagages? — Oui, je vais les faire.
12. Avez-vous fait enregistrer les bagages? — Oui, je les ai fait enregistrer.

*Practice B-3

Tutor : M'avez-vous dit d'apporter le livre?
Student: Non, je ne vous ai pas dit de l'apporter.

1. Avez-vous dit à vos amis   Non, je ne leur ai pas dit d'en apporter.
   d'apporter des couvertures?
2. Est-ce que je vous ai demandé   Non, vous ne m'avez pas demandé de les
   de prendre les billets?   prendre.
3. Vous a-t-on dit de me conduire   Non, on ne m'a pas dit de vous y conduire.
   à la gare?
4. M'avez-vous demandé de vous   Non, je ne vous ai pas demandé de me les
   retenir les places?   retenir.
5. Avez-vous dit à votre ami de   Non, je ne lui ai pas dit de la signer.
   signer la lettre?
6. M'avez-vous demandé de vous   Non, je ne vous ai pas demandé de me
   réveiller plus tôt?   réveiller plus tôt.
7. Avez-vous dit à vos amis   Non, je ne leur ai pas dit d'y aller.
   d'aller au café?
8. Avez-vous dit à vos amis de   Non, je ne leur ai pas dit de vous y
   me retrouver au café?   retrouver.

Grammar 3: Essential Object Pronouns

Grammar Note

Certain frequently occurring verbs in French are always preceded by object
pronouns when not followed by nouns; such is not always the case with the
corresponding English verbs:

aller	Y allez-vous?	'Are you going?'
	Oui, j'y vais.	'Yes, I'm going.'
avoir	En avez-vous?	'Have you any?'
	Oui, j'en ai.	'Yes, I have.'
avoir besoin de	En avez-vous besoin?	'Do you need any?'
	Oui, j'en ai besoin.	'Yes, I do.'
être	Etes-vous américain?	'Are you an American?'
	Oui, je le suis.	'Yes, I am.'
dire	Dites-vous qu'il arrive?	'Are you saying he's arriving?'
	Oui, je le dis.	'Yes, I'm saying so.'
falloir	Faut-il partir?	'Is it necessary to leave?'
	Oui, il le faut.	'Yes, it is.'
faire	Faites-vous des gâteaux?	'Do you make cakes?'
	Oui, j'en fais.	'Yes, I do.'

Learning Drills

Learning 1

1. C'est tout près d'ici; est-ce qu'on y va?
2. C'est tout près d'ici; est-ce que nous y allons?
3. C'est tout près d'ici; est-ce que j'y vais?
4. C'est tout près d'ici; est-ce qu'elle y va?
5. C'est tout près d'ici; est-ce qu'ils y vont?
6. C'est tout près d'ici; est-ce que vous y allez?
7. C'est tout près d'ici; est-ce qu'elles y vont?

Learning 2

1. Il est en retard; j'espère que vous ne l'êtes pas.
2. Il est en retard; j'espère qu'ils ne le sont pas.
3. Il est en retard; j'espère qu'elle ne l'est pas.
4. Il est en retard; j'espère qu'elles ne le sont pas.
5. Il est en retard; j'espère que nous ne le sommes pas.
6. Il est en retard; j'espère que vous ne l'êtes pas.
7. Il est en retard; j'espère qu'il ne l'est pas.

Learning 3

1. De vrais amis? Je n'en ai pas.
2. De vrais amis? Il n'en a pas.
3. De vrais amis? Nous n'en avons pas.
4. De vrais amis? Ils n'en ont pas.
5. De vrais amis? On n'en a pas.
6. De vrais amis? Vous n'en avez pas.
7. De vrais amis? Ils n'en ont pas.
8. De vrais amis? Elle n'en a pas.

Learning 4

1. Il va pleuvoir demain; est-ce qu'on vous l'a dit?
2. Il va pleuvoir demain; est-ce que vous le lui avez dit?
3. Il va pleuvoir demain; est-ce qu'ils vous l'ont dit?
4. Il va pleuvoir demain; est-ce qu'on le leur a dit?
5. Il va pleuvoir demain; est-ce qu'il vous l'a dit?
6. Il va pleuvoir demain; est-ce qu'elles le lui ont dit?
7. Il va pleuvoir demain; est-ce que vous le leur avez dit?
8. Il va pleuvoir demain; est-ce qu'on le lui a dit?

Practice Drills

Practice A-1

Tutor : Va-t-il faire l'addition?
Student: Oui, il va la faire.

1. Font-ils des affaires?   Oui, ils en font.
2. Fait-elle des conférences?   Oui, elle en fait.
3. Va-t-il faire ses valises?   Oui, il va les faire.

4. Allez-vous faire du vin?   Oui, je vais en faire.
5. Va-t-elle faire l'escalier?   Oui, elle va le faire.
6. Font-ils des gâteaux?   Oui, ils en font.
7. Vont-elles faire des courses?   Oui, elles vont en faire.
8. Allez-vous faire de la monnaie?   Oui, je vais en faire.
9. Faites-vous les bagages?   Oui, je les fais.

Practice A-2

Tutor   : Quand vont-ils partir?
Student: Ils vont partir demain.

Tutor   : Quand vont-ils au restaurant?
Student: Ils y vont demain.

1. Quand vont-ils au bureau?   Ils y vont demain.
2. Quand allez-vous téléphoner?   Je vais téléphoner demain.
3. Quand votre amie va-t-elle   Elle va partir demain.
    partir?
4. Quand vos amis vont-ils venir?   Ils vont venir demain.
5. Quand votre ami va-t-il au   Il y va demain.
    bureau?
6. Quand allez-vous visiter la   Je vais la visiter demain.
    villa?
7. Quand vos amis vont-ils   Ils vont revenir demain.
    revenir?
8. Quand la propriétaire va-t-elle   Elle va venir demain.
    venir?

Practice A-3

Tutor   : Votre ami est-il français?
Student: Je crois qu'il l'est.

1. Etes-vous en retard?   Je crois que je le suis.
2. Les employés sont-ils   Je crois qu'ils le sont.
    français?
3. Est-ce que je suis en retard?   Je crois que vous l'êtes.
4. Les trains sont-ils à l'heure?   Je crois qu'ils le sont.
5. Les appartements sont-ils   Je crois qu'ils le sont.
    modernes?
6. Les chambres sont-elles com-   Je crois qu'elles le sont.
    municantes?
7. Etes-vous assuré?   Je crois que je le suis.
8. Les routes sont-elles glissan-   Je crois qu'elles le sont.
    tes?

Practice A-4

Tutor   : Y a-t-il des chambres?
Student: Oui, il y en a.

1. Y a-t-il du courrier?   Oui, il y en a.
2. Avez-vous des cigarettes?   Oui, j'en ai.
3. Ont-ils les billets?   Oui, ils les ont.

4. Avez-vous le billet?   Oui, je l'ai.
5. Avez-vous l'addition?   Oui, je l'ai.
6. Ont-ils des couchettes?   Oui, ils en ont.
7. A-t-elle l'adresse?   Oui, elle l'a.
8. Avez-vous la date?   Oui, je l'ai.
9. Y a-t-il des fenêtres?   Oui, il y en a.

Practice A-5

Tutor   : Vos amis savent-ils que vous partez?
Student: Oui, je le leur ai dit.

1. Savez-vous que je pars?   Oui, vous me l'avez dit.
2. Votre amie sait-elle que vous   Oui, je le lui ai dit.
   partez?
3. Les employés savent-ils que   Oui, nous le leur avons dit.
   nous fermons?
4. Savez-vous que la propriétaire   Oui, elle me l'a dit.
   est française?
5. Votre ami sait-il que vous   Oui, je le lui ai dit.
   êtes ici?
6. Savez-vous que les proprié-   Oui, ils me l'ont dit.
   taires vont partir?
7. Vos amis savent-ils que vous   Oui, je le leur ai dit.
   venez?
8. Savez-vous que j'ai quitté le   Oui, vous me l'avez dit.
   bureau?

Practice A-6

Tutor   : Sont-ils heureux?
Student: Non, ils ne le sont pas.

Tutor   : Ont-ils des bagages?
Student: Non, ils n'en ont pas.

Tutor   : Vont-ils faire du vin?
Student: Non, ils ne vont pas en faire.

1. Allez-vous voir vos amis?   Non, je ne vais pas les voir.
2. Vos amis sont-ils heureux?   Non, ils ne le sont pas.
3. Avez-vous dit à vos amis qu'on   Non, je ne le leur ai pas dit.
   pouvait partir?
4. Votre amie va-t-elle partir?   Non, elle ne va pas partir.
5. A-t-elle des bagages?   Non, elle n'en a pas.
6. Votre ami va-t-il venir?   Non, il ne va pas venir.
7. Vos amies font-elles des   Non, elles n'en font pas.
   affaires?
8. Est-ce que je suis en retard?   Non, vous ne l'êtes pas.
9. Les chambres sont-elles   Non, elles ne le sont pas.
   communicantes?
10. Allez-vous au bord de la mer?   Non, je n'y vais pas.
11. Vos amis vont-ils comprendre?   Non, ils ne vont pas comprendre.

12. Vous a-t-on dit que la route   Non, on ne me l'a pas dit.
    était glissante?
13. Avez-vous fait vos bagages?   Non, je ne les ai pas faits.
14. Votre valise est-elle assurée?   Non, elle ne l'est pas.

Grammar 4: Expanded Noun Phrases

Grammar Note

When more than one noun-marker or pre-nominal adjective occurs in a noun phrase, the order is as follows:

tout	le, la ... ce ... mon ... quel ...	(Cardinal Numbers)	même	autre (Ordinal Numbers)	beau bon faux grand gros jeune joli mauvais nouveau petit vieux vrai
	un ...				
chaque quelques plusieurs					

+ Noun

Although the table shows many possibilities, French speakers do not usually cluster more than two of these forms before a noun. When they do, the order is fixed, which is not the case in English:

Les premiers beaux jours du   'The first beautiful days of spring.'
printemps.   or   'The beautiful first days of spring.'

Les deux autres bureaux.   'The two other offices.'
                              or   'The other two offices.'

Learning Drills

Learning 1

1. Il y a plusieurs petits restaurants dans cette ville.
2. Il y a deux grands restaurants dans cette ville.
3. Il y a quelques bons restaurants dans cette ville.
4. Il y a trois mauvais restaurants dans cette ville.
5. Il y a deux nouveaux restaurants dans cette ville.
6. Il y a quelques vieux restaurants dans cette ville.
7. Il y a deux bons restaurants dans cette ville.

8. Il y a <u>plusieurs autres</u> restaurants dans cette ville.
9. Il y a <u>un seul</u> restaurant dans cette ville.
10. Il y a <u>plusieurs petits</u> restaurants dans cette ville.

Learning 2

1. Quand avez-vous reçu les trois premiers?
2. Quand avez-vous reçu <u>les deux derniers</u>?
3. Quand avez-vous reçu <u>les six premiers</u>?
4. Quand avez-vous reçu <u>les trois autres</u>?
5. Quand avez-vous reçu <u>les trois derniers</u>?
6. Quand avez-vous reçu <u>les deux premiers</u>?
7. Quand avez-vous reçu <u>les cinq autres</u>?
8. Quand avez-vous reçu <u>les trois premiers</u>?

Learning 3

1. Les deux premiers jours, il était à Paris.
2. <u>Les deux premières semaines</u>, il était à Paris.
3. <u>Les trois premiers mois</u>, il était à Paris.
4. <u>Les trois premières années</u>, il était à Paris.
5. <u>Les deux derniers jours</u>, il était à Paris.
6. <u>Les deux dernières semaines</u>, il était à Paris.
7. <u>Les six derniers mois</u>, il était à Paris.
8. <u>Les deux premiers week-ends</u>, il était à Paris.
9. <u>Les trois dernières années</u>, il était à Paris.

Learning 4

1. J'ai trouvé un bon petit café.
2. J'ai trouvé <u>une jolie petite auto</u>.
3. J'ai trouvé <u>un bon petit dictionnaire</u>.
4. J'ai trouvé <u>un beau petit magasin</u>.
5. J'ai trouvé <u>un seul petit magasin</u>.
6. J'ai trouvé <u>un charmant petit magasin</u>.
7. J'ai trouvé <u>une jolie petite chambre</u>.
8. J'ai trouvé <u>un beau petit appartement</u>.
9. J'ai trouvé <u>une belle petite maison</u>.

Practice Drills

Practice A-1

1. Il y a un autre petit restaurant.
2. Il y a un autre petit <u>hôtel</u>.
3. Il y a une autre petite <u>auto</u>.
4. Il y a un autre petit <u>café</u>.
5. Il y a une autre petite <u>valise</u>.
6. Il y a un autre petit <u>magasin</u>.
7. Il y a une autre petite <u>épicerie</u>.
8. Il y a un autre petit <u>parc</u>.
9. Il y a un autre petit <u>appartement</u>.
10. Il y a un autre petit <u>paquet</u>.

11. Il y a une autre petite pâtisserie.
12. Il y a un autre petit restaurant.

Practice A-2

Tutor : Il reste deux jours.
Student: Les deux derniers jours sont les plus longs.

1. Il reste trois heures.	Les trois dernières heures sont les plus longues.
2. Il reste deux semaines.	Les deux dernières semaines sont les plus longues.
3. Il reste deux week-ends.	Les deux derniers week-ends sont les plus longs.
4. Il reste trois mois.	Les trois derniers mois sont les plus longs.
5. Il reste dix minutes.	Les dix dernières minutes sont les plus longues.
6. Il reste deux jours.	Les deux derniers jours sont les plus longs.
7. Il reste cinq minutes.	Les cinq dernières minutes sont les plus longues.
8. Il reste deux heures.	Les deux dernières heures sont les plus longues.
9. Il reste deux mois.	Les deux derniers mois sont les plus longs.

Practice A-3

Tutor : Voilà deux livres; ils sont bons.
Student: Voilà deux bons livres.

1. Voilà une petite auto; elle est jolie.	Voilà une jolie petite auto.
2. Voilà trois paquets; ils sont gros.	Voilà trois gros paquets.
3. Voilà les derniers livres; il y en a deux.	Voilà les deux derniers livres.
4. Voilà la même valise; elle est petite.	Voilà la même petite valise.
5. Voilà quelques livres; ils sont nouveaux.	Voilà quelques nouveaux livres.
6. Voilà une petite vendeuse; elle est charmante.	Voilà une charmante petite vendeuse.
7. Voilà un bon restaurant; il est petit.	Voilà un bon petit restaurant.
8. Voilà une petite maison; elle est belle.	Voilà une belle petite maison.
9. Voilà plusieurs restaurants; ils sont mauvais.	Voilà plusieurs mauvais restaurants.
10. Voilà les premiers étudiants; il y en a deux.	Voilà les deux premiers étudiants.

Grammar 5: Verbs like _venir_

Grammar Note

Oui, Monsieur. Si vous voulez venir par ici.
Et je viens seulement de rentrer.
Vous venez visiter?

The verb _venir_:

venir	je viens	'I am coming'
⌐to come'	il vient	'he is coming'
	ils viennent	'they are coming'
	nous venons	'we are coming'
	vous venez	'you are coming'

Past participle: (être) venu

Similarly:

venir de	Nous venons d'arriver. 'We've just arrived.'
convenir	Elle me convient tout à fait. 'It suits me fine.'
devenir	Que devenez-vous? 'What's been happening to you?'
maintenir	Il maintient que c'est vrai. 'He maintains that it's true.'
obtenir	Il obtient toujours ce qu'il veut. 'He always gets what he wants.'
prévenir	Je l'ai prévenu à temps. 'I let him know in time.'
retenir	Où puis-je retenir mes places? 'Where can I reserve my seats?'
revenir	Ils reviennent de la campagne. 'They're coming back from the country.'
se souvenir (de)	Vous souvenez-vous de la dernière commande de M. Pelletier? 'Do you remember Mr. Pelletier's last order?'
tenir	Elle tient un livre. 'She's holding a book.'

Learning Drills

Learning 1

1. A quelle heure vient-il?
2. A quelle heure viennent-ils?
3. A quelle heure revient-il?
4. A quelle heure reviennent-ils?

5. A quelle heure <u>vient-elle</u>?
6. A quelle heure <u>revient-elle</u>?
7. A quelle heure <u>reviennent-elles</u>?

Learning 2

1. Il revient vous voir à 2 heures.
2. <u>Elle revient</u> vous voir à 2 heures.
3. <u>On vient</u> vous voir à 2 heures.
4. <u>Je viens</u> vous voir à 2 heures.
5. <u>Je reviens</u> vous voir à 2 heures.
6. <u>On revient</u> vous voir à 2 heures.
7. <u>Elle vient</u> vous voir à 2 heures.
8. <u>Il vient</u> vous voir à 2 heures.

Learning 3

1. Est-ce que vous venez à 6 heures?
2. Est-ce que <u>nous revenons</u> à 6 heures?
3. <u>Est-ce que vous revenez</u> à 6 heures?
4. <u>Est-ce que nous venons</u> à 6 heures?
5. <u>Est-ce qu'il vient</u> à 6 heures?
6. <u>Est-ce qu'ils viennent</u> à 6 heures?
7. <u>Est-ce qu'on vient</u> à 6 heures?

Learning 4

1. Je tiens à être à l'heure.
2. <u>Vous tenez</u> à être à l'heure.
3. <u>La secrétaire tient</u> à être à l'heure.
4. <u>Nous tenons</u> à être à l'heure.
5. <u>Mes amis tiennent</u> à être à l'heure.
6. <u>On tient</u> à être à l'heure.
7. <u>Il tient</u> à être à l'heure.
8. <u>Mon ami tient</u> à être à l'heure.
9. <u>Je tiens</u> à être à l'heure.

Learning 5

1. Vous venez de lui parler.
2. <u>Mon ami vient</u> de lui parler.
3. <u>Nous venons</u> de lui parler.
4. <u>La concierge vient</u> de lui parler.
5. <u>Mes amis viennent</u> de lui parler.
6. <u>Je viens</u> de lui parler.
7. <u>On vient</u> de lui parler.
8. <u>Les locataires viennent</u> de lui parler.
9. <u>Il vient</u> de lui parler.

Learning 6

1. Est-ce que je ne retiens pas les places?
2. <u>Est-ce qu'elles ne retiennent pas</u> les places?
3. <u>Est-ce qu'on ne retient</u> pas les places?

4. Est-ce que vous ne retenez pas les places?
5. Est-ce qu'il ne retient pas les places?
6. Est-ce que nous ne retenons pas les places?
7. Est-ce qu'ils ne retiennent pas les places?
8. Est-ce qu'elle ne retient pas les places?

Learning 7

1. Comment obtient-on les places?
2. Comment retenez-vous les places?
3. Comment obtenons-nous les places?
4. Comment retient-on les places?
5. Comment obtenez-vous les places?
6. Comment retiennent-elles les places?
7. Comment obtient-il les places?

Learning 8

1. Janine maintient que c'est vrai.
2. Vous maintenez que c'est vrai.
3. Ma femme maintient que c'est vrai.
4. Elle maintient que c'est vrai.
5. Mes amis maintiennent que c'est vrai.
6. Nous maintenons que c'est vrai.
7. On maintient que c'est vrai.
8. Je maintiens que c'est vrai.
9. Il maintient que c'est vrai.

Learning 9

1. Vous n'avez pas prévenu Roger.
2. Elle n'a pas prévenu Roger.
3. Ils n'ont pas prévenu Roger.
4. Nous n'avons pas prévenu Roger.
5. Je n'ai pas prévenu Roger.
6. Il n'a pas prévenu Roger.
7. On n'a pas prévenu Roger.
8. Elles n'ont pas prévenu Roger.

Learning 10

1. Ils sont revenus hier après-midi.
2. Elle est venue hier après-midi.
3. On est venu hier après-midi.
4. Nous sommes venus hier après-midi.
5. Il est revenu hier après-midi.
6. Je suis venu hier après-midi.
7. Vous êtes venu hier après-midi.
8. Elles sont revenues hier après-midi.
9. Elle est venue hier après-midi.

Practice Drills

Practice A-1

Tutor : Elles viennent de téléphoner.
Student: Elle vient de téléphoner.

1. Ils viennent de partir.
2. Ils reviennent en septembre.
3. Elles tiennent à vous voir.
4. Ils deviennent difficiles.
5. Ils nous conviennent tout à fait.

Il vient de partir.
Il revient en septembre.
Elle tient à vous voir.
Il devient difficile.
Il nous convient tout à fait.

6. Elles viennent la semaine   Elle vient la semaine prochaine.
    prochaine.
7. Ils retiennent des places.   Il retient des places.
8. Ils le préviennent à temps.   Il le prévient à temps.
9. Elles viennent de sortir.   Elle vient de sortir.
10. Elles obtiennent toujours tout.   Elle obtient toujours tout.
11. Ils maintiennent que c'est   Il maintient que c'est commode.
    commode.
12. Ils entretiennent mal les   Il entretient mal les appareils.
    appareils.

Practice A-2

1. J'obtiens toujours ce que je veux.
2. Elle obtient toujours ce qu'elle veut.
3. Ils obtiennent toujours ce qu'ils veulent.
4. Nous obtenons toujours ce que nous voulons.
5. On obtient toujours ce qu'on veut.
6. J'obtiens toujours ce que je veux.
7. Elle obtient toujours ce qu'elle veut.
8. Vous obtenez toujours ce que vous voulez.
9. Elles obtiennent toujours ce qu'elles veulent.

Practice A-3

1. Je ne vais pas dire que j'y tiens.
2. Il ne va pas dire qu'il y tient.
3. Nous n'allons pas dire que nous y tenons.
4. Je ne vais pas dire que j'y tiens.
5. On ne va pas dire qu'on y tient.
6. Ils ne vont pas dire qu'ils y tiennent.
7. Elle ne va pas dire qu'elle y tient.
8. Vous n'allez pas dire que vous y tenez.
9. Elles ne vont pas dire qu'elles y tiennent.
10. Il ne va pas dire qu'il y tient.
11. Nous n'allons pas dire que nous y tenons.

Practice A-4

1. Nous n'avons pas encore déjeuné; nous venons d'arriver.
2. Ils n'ont pas encore déjeuné; ils viennent d'arriver.
3. Je n'ai pas lu le courrier; je viens d'arriver.
4. Elle n'a pas encore lu le courrier; elle vient d'arriver.
5. Il n'a pas encore déjeuné; il vient d'arriver.
6. Elles n'ont pas encore déjeuné; elles viennent d'arriver.
7. Nous n'avons pas encore lu le courrier; nous venons d'arriver.
8. Je n'ai pas encore déjeuné; je viens d'arriver.

Practice A-5

1. Plus vous vieillissez, plus vous devenez difficile.
2. Plus on vieillit, plus on devient difficile.
3. Plus les enfants grandissent, plus ils deviennent difficiles.

4. Plus elle vieillit, plus elle devient difficile.
5. Plus elles vieillissent, plus elles deviennent difficiles.
6. Plus cet enfant grandit, plus il devient difficile.
7. Plus nous vieillissons, plus nous devenons difficiles.
8. Plus il vieillit, plus il devient difficile.
9. Plus je vieillis, plus je deviens difficile.
10. Plus vous vieillissez, plus vous devenez difficile.

Practice A-6

1. Je n'ai pas toujours raison, j'en conviens.
2. Il n'a pas toujours raison, il en convient.
3. Nous n'avons pas toujours raison, nous en convenons.
4. Je n'ai pas toujours raison, j'en conviens.
5. Elle n'a pas toujours raison, elle en convient.
6. Vous n'avez pas toujours raison, vous en convenez.
7. On n'a pas toujours raison, on en convient.
8. Ils n'ont pas toujours raison, ils en conviennent.
9. Elles n'ont pas toujours raison, elles en conviennent.

Practice A-7

1. Je finis cette lettre et je viens.
2. Nous finissons cela et nous venons.
3. Elle finit sa lettre et elle vient.
4. Ils finissent leur travail et ils viennent.
5. On finit la lettre et on vient.
6. Il finit sa lettre et il vient.
7. Elles finissent leur repas et elles viennent.
8. Je finis mon repas et je viens.
9. Nous finissons notre repas et nous venons.
10. Elle finit de déjeuner et elle vient.
11. Ils finissent de déjeuner et ils viennent.

Practice A-8

1. J'ai mon billet, mais je n'ai pas retenu ma place.
2. Elle a son billet, mais elle n'a pas retenu sa place.
3. Ils ont leurs billets, mais ils n'ont pas retenu leurs places.
4. Nous avons nos billets, mais nous n'avons pas retenu nos places.
5. Il a son billet, mais il n'a pas retenu sa place.
6. Vous avez vos billets, mais vous n'avez pas retenu vos places.
7. Elles ont leurs billets, mais elles n'ont pas retenu leurs places.
8. Roger a son billet, mais il n'a pas retenu sa place.
9. J'ai mon billet, mais je n'ai pas retenu ma place.

Practice A-9

Tutor : Avez-vous retenu des places?
Student: Oui, j'en ai retenu.

1. Avez-vous retenu la place? Oui, je l'ai retenue.
2. Votre nouveau bureau vous Oui, il me convient.
   convient-il?

3. Vous venez visiter la maison?	Oui, je viens la visiter.
4. Vos amis vous ont-ils prévenu?	Oui, ils m'ont prévenu.
5. Tenez-vous beaucoup à votre bibliothèque?	Oui, j'y tiens beaucoup.
6. Vos amies ont-elles retenu les places?	Oui, elles les ont retenues.
7. Avez-vous prévenu votre concierge?	Oui, je l'ai prévenue.
8. On est venu visiter la maison?	Oui, on est venu la visiter.
9. Vous a-t-on prévenu?	Oui, on m'a prévenu.
10. Avez-vous obtenu les renseignements?	Oui, je les ai obtenus.
11. Prévenez-vous les employés?	Oui, je les préviens.
12. A-t-on obtenu d'autres commandes?	Oui, on en a obtenu d'autres.

Practice A-10

Tutor : Que devient-il?
Student: Qu'est-il devenu?

1. Il prévient ses amis.	Il a prévenu ses amis.
2. Nous retenons trois places.	Nous avons retenu trois places.
3. Que deviennent-ils?	Que sont-ils devenus?
4. Ils reviennent à 8 heures.	Ils sont revenus à 8 heures.
5. Les locataires deviennent difficiles.	Les locataires sont devenus difficiles.
6. La secrétaire ne vient pas aujourd'hui.	La secrétaire n'est pas venue aujourd'hui.
7. On nous prévient trop tard.	On nous a prévenu trop tard.
8. Nous maintenons la même vitesse.	Nous avons maintenu la même vitesse.
9. Elle retient sa place.	Elle a retenu sa place.
10. Elle tient à travailler.	Elle a tenu à travailler.
11. Que devient-elle?	Qu'est-elle devenue?

* Practice A-11

1. Ils sont partis.
2. Ils sont revenus.
3. Ils ont déjeuné.
4. Ils ont vieilli.
5. Ils sont sortis.
6. Ils sont venus.
7. Ils ont signé.
8. Ils ont marché.
9. Ils sont descendus.
10. Ils ont marché.
11. Ils sont descendus.
12. Ils ont téléphoné.
13. Ils ont fini.
14. Ils ont ralenti.

15. Ils sont <u>montés</u>.
16. Ils sont <u>entrés</u>.
17. Ils ont <u>changé</u>.

*SITUATION I

D. Ma femme vient de voir de très jolis fauteuils. Elle aimerait bien les acheter.
L. Où les a-t-elle vus?
D. Dans un petit magasin en face du bureau.
L. Est-ce qu'ils sont très chers?
D. Elle ne sait pas. Le magasin était fermé.
L. Nous pourrions y passer après le déjeuner.
D. Si vous voulez. Ma femme aimerait les avoir pour le salon. Elle dit qu'ils vont très bien avec le sofa.

La femme de M. Durand a vu de jolis fauteuils qu'elle aimerait bien acheter. Elle les a vus dans un petit magasin, mais elle ne sait pas s'ils sont chers car le magasin était fermé. M. Durand et M. Lelong vont y passer après déjeuner. La femme de M. Durand les voudrait pour le salon, pour aller avec le sofa.

*SITUATION II

P. Il est urgent que je trouve une maison.
S. Pourquoi? La <u>vôtre</u> est très bien.
P. Oui, mais la propriétaire veut la reprendre pour elle. Elle accepte de nous laisser rester jusqu'en mars, c'est tout.
S. J'ai entendu parler d'une grande maison à louer. Je sais qu'elle est neuve et qu'il y a un grand jardin.
P. Est-ce qu'elle est dans votre quartier?
S. Oui, je crois qu'elle n'est pas loin de chez moi. Je vais demander à ma femme de vous y conduire.
P. Merci beaucoup.

M. Perrier doit trouver une maison, car sa propriétaire veut <u>reprendre</u> celle qu'il habite. Il peut seulement y rester jusqu'en mars. M. Santerre a entendu parler d'une grande maison dans son quartier. Il ne sait pas exactement où elle est, mais sa femme va y conduire M. Perrier.

'take back'
'yours'

*SITUATION III

P. Quel beau jardin! Vous avez des fleurs toute l'année?
R. Oh! Non. En automne le vent les fait tomber et en hiver, elles ne poussent pas.
P. Prenez-vous vos repas sur la terrasse en été?

Pierre demande à Roger s'il a des fleurs toute l'année. Roger dit qu'en automne, elles <u>tombent</u> et qu'en hiver elles ne poussent pas. Roger et sa famille <u>prennent</u> quelquefois des repas froids sur la terrasse. Pierre ne peut pas faire ça, mais Roger trouve qu'il est plus commode

R. Quelquefois seulement, pendant   d'habiter en ville.
le week-end, quand nous faisons
un déjeuner froid.   'fall'
P. Voilà quelque chose que nous ne   'take'
pouvons pas faire.
R. Bien sûr, mais il est plus
commode d'habiter en ville.

*Question Drill

1. Habitez-vous loin ou près de votre bureau?
2. Avez-vous une maison ou un appartement?
3. Où le facteur met-il les lettres? Dans la boîte ou sous votre porte?
4. A quelle heure passe-t-il?
5. Combien de distributions par jour y a-t-il?
6. Toutes les maisons ont-elles une cour ou une terrasse?
7. Comment sont les appareils de votre cuisine?
8. Combien de fois par mois passe-t-on l'aspirateur chez vous?
9. Votre appartement est-il ensoleillé?
10. Combien de pièces y a-t-il chez vous?
11. Avez-vous des chaises ou des fauteuils dans votre salle à manger?
12. Sur quoi votre salon donne-t-il?
13. Y a-t-il plusieurs appartements dans l'immeuble où vous habitez?
14. Est-ce un immeuble ancien ou moderne?
15. Allez-vous en ville cette semaine?
16. Pouvez-vous m'y conduire?
17. Où faites-vous nettoyer vos costumes?
18. Votre cuisine est-elle grande?
19. Où faites-vous peser vos lettres?
20. Avez-vous essayé de taper vos lettres à la machine?
21. Lundi et mardi sont les deux premiers jours de la semaine; que sont samedi et dimanche?
22. Vient-on vous chercher le soir à 4 heures?
23. Savez-vous s'il va faire froid demain?
24. Où pensez-vous être dans trois mois?
25. Qu'avez-vous fait pendant le week-end?
26. Combien de téléphones y a-t-il chez vous?
27. Allez-vous en faire installer un autre?
28. Vous reste-t-il des vacances?
29. Combien de jours de vacances vous reste-t-il?
30. Où allez-vous les passer?
31. Est-ce que le travail que vous faites vous plaît?
32. Que comptez-vous faire le week-end prochain?
33. Pourquoi détruit-on les vieux immeubles?

*Response Drill

1. Demandez à ... s'il sait taper à la machine.
2. Demandez-lui s'il tape vite ou lentement.
3. Demandez à ... ce qu'il va faire les deux dernières semaines.
4. Demandez à ... s'il pense être ici l'été prochain.
5. Demandez à ... s'il sait où on peut trouver un taxi.

6. Demandez à ... s'il sait à quelle heure partent les deux derniers trains pour Paris.
7. Demandez à ... s'il sait combien de temps il faut pour faire installer le téléphone?
8. Dites à ... que vous allez essayer d'obtenir l'adresse de vos amis.
9. Dites à ... que vous voudriez savoir à quelle heure vous arrivez à Paris.
10. Dites à ... que vous n'avez pas le temps de passer le chercher.
11. Demandez à ... s'il compte passer à la bibliothèque pour chercher des livres.
12. Demandez à ... combien de pourboire on doit laisser quand on va au restaurant.
13. Demandez à ... s'il aime marcher sous la pluie.
14. Demandez à ... si le restaurant d'en face n'est pas meilleur que celui du coin.
15. Dites à ... que l'appartement que vous avez en ce moment ne vous convient pas.
16. Demandez à ... s'il y a des livres intéressants à la bibliothèque de son quartier.
17. Demandez à ... s'il sait comment on peut envoyer un télégramme de chez soi.
18. Dites à ... que vous êtes parti après l'avoir attendu pendant 1 heure.
19. Demandez à ... s'il a pu obtenir les renseignements que vous lui avez demandés.
20. Demandez à ... s'il peut vous déposer en ville ce soir.
21. Demandez à ... pourquoi il ne fait pas taper ses lettres d'affaires.
22. Demandez à ... s'il fait toujours autant d'affaires que l'année dernière.
23. Demandez à ... s'il a plus ou moins de vacances que l'année dernière.
24. Demandez à ... s'il est allé aux deux meilleurs restaurants de la ville.
25. Demandez à ... s'il aime mieux les vieilles maisons que les maisons modernes.
26. Demandez à ... si ses amis savent que vous les attendez.
27. Dites à ... que vous n'avez pas eu le temps de lire le journal ce matin.
28. Demandez à ... s'il sait où on a mis l'annuaire.
29. Dites à ... que vous allez essayer d'arriver un peu plus tôt demain.
30. Dites qu'à cause de la neige, vous comptez quitter le bureau plus tôt aujourd'hui.
31. Dites que vous venez de lire la lettre que vous avez reçue ce matin.
32. Demandez à ... s'il a plus de travail aujourd'hui qu'hier.
33. Demandez à ... si son ami l'a prévenu de l'heure de son arrivée.
34. Dites à ... que ses amis arrivent par le train de 20 heures et demandez-lui s'il va les chercher.

Review Drills (not recorded)

Review 1

1. Elle le sait, on l'a prévenue.
2. Je le sais, on m'a prévenu.
3. Ils le savent, on les a prévenus.
4. Nous le savons, on nous a prévenus.
5. Il le sait, on l'a prévenu.
6. Vous le savez, on vous a prévenu.

7. <u>Elles le savent</u>, on les a prévenues.
8. <u>Je le sais</u>, on m'a prévenu.

Review 2

Tutor : Ils n'ont pas voulu y aller.
Student: Ils ne veulent pas y aller.

1. Ils sont venus dans la soirée.   Ils viennent dans la soirée.
2. Ils n'ont pas obéi à leurs   Ils n'obéissent pas à leurs parents.
   parents.
3. Ils n'ont pas servi de vin.   Ils ne servent pas de vin.
4. Ils n'ont pas pu y aller.   Ils ne peuvent pas y aller.
5. Nous n'avons pas voulu leur en   Nous ne voulons pas leur en parler.
   parler.
6. Elles n'ont pas su la leçon.   Elles ne savent pas la leçon.
7. Nous avons atterri à Paris.   Nous atterrissons à Paris.
8. Ils ont oublié de laisser un   Ils oublient de laisser un pourboire.
   pourboire.
9. Il a tenu à y aller.   Il tient à y aller.
10. Nous n'en avons pas fait   Nous n'en faisons pas installer.
    installer.

Review 3

Tutor : Il n'a pas bien dormi.
Student: Il ne dort pas bien.

1. Nous avons très bien déjeuné.   Nous déjeunons très bien.
2. Elle n'a pas bien compris.   Elle ne comprend pas bien.
3. Nous n'avons pas trop travaillé.   Nous ne travaillons pas trop.
4. Ils ne sont pas encore partis.   Ils ne partent pas encore.
5. Nous les avons toujours obtenus   Nous les obtenons toujours à temps.
   à temps.
6. Ils ont très mal dormi.   Ils dorment très mal.
7. Il n'est pas toujours rentré   Il ne rentre pas toujours à la même
   à la même heure.   heure.
8. Il n'a pas encore fait ses   Il ne fait pas encore ses valises.
   valises.
9. Nous avons trop marché.   Nous marchons trop.
10. Ils ne nous ont pas toujours   Ils ne nous préviennent pas toujours à
    prévenus à temps.   temps.

Review 4

Tutor : Avez-vous oublié de prévenir vos amis?
Student: Oui, j'ai oublié de les prévenir.

1. Avez-vous fait monter le   Oui, je l'ai fait monter.
   courrier?
2. Etes-vous allé voir vos amis?   Oui, je suis allé les voir.
3. Avez-vous pu traduire le   Oui, j'ai pu le traduire.
   discours?

4. Comptez-vous passer à la poste?   Oui, je compte y passer.
5. Avez-vous essayé de traduire le discours?   Oui, j'ai essayé de le traduire.
6. Avez-vous fait nettoyer le costume?   Oui, je l'ai fait nettoyer.
7. Avez-vous envoyé chercher le gérant?   Oui, je l'ai envoyé chercher.
8. Avez-vous peur d'oublier la date?   Oui, j'ai peur de l'oublier.
9. Espérez-vous retrouver vos amis?   Oui, j'espère les retrouver.
10. Avez-vous eu le temps de répondre à la lettre?   Oui, j'ai eu le temps d'y répondre.

*Narration: M. Smith et M. Durand

Quelle différence y a-t-il entre M. Smith et M. Durand? Vous ne savez pas? Eh bien! Je vais vous le dire: L'Américain travaille toute sa vie pour payer une maison qu'il a commencé par acheter. Le Français, lui, travaille toute sa vie en pensant à la maison que, pour finir, il ne peut pas acheter.

A vingt-cinq ans, M. Durand la voit très bien, sa maison, dans un joli quartier, avec un grand jardin, six pièces au moins et bien ensoleillée, une cuisine tout à fait moderne, une grande terrasse, etc ... Si tout va bien, elle est à lui. Mais voilà, tout ne va pas bien, il y a la politique. Ah! Cette politique! Il y a les dévaluations. M. Durand gagne beaucoup d'argent, mais plus il en gagne et plus la maison risque, elle, d'être petite.

A quarante ans, il n'est plus question de jardin, peut-être aussi qu'il va changer de quartier. Non, vraiment, il n'a pas besoin de six pièces, et la salle de bains n'est pas utile.

A cinquante ans, M. Durand s'inquiète beaucoup. Va-t-il acheter ou louer? Il demande à tous ses amis, il ne sait plus que faire et, dans le doute, il va louer. Je vous avais bien dit: "Si tout va bien". Et voilà que M. Durand a travaillé toute sa vie pour une maison qu'il n'achète pas.

Oui, vraiment, il y a une grande différence entre M. Smith et M. Durand.

entre	'between'
vie	'life'
en pensant à	'while thinking of'
gagner	'to earn'
argent	'money'
il n'est plus question de jardin	'a garden is out of the question'
doute	'doubt'

Written Exercises (not recorded)

Exercise 1

Traduisez en français.

1. It rained the first three days. _____

2. I saw several new books. _____

3. We stayed in a hotel for the last ten days. _____
4. Buy this shirt, the other two are too expensive. _____
5. They still have the same two employees. _____
6. Our two best friends have left. _____
7. Didn't you buy two small cars? _____
8. She made several big cakes. _____
9. I sent him three big packages. _____
10. We ate in the same little restaurant. _____

Exercise 2

Répondez affirmativement.

Exemple: Faites-vous réparer vos   Oui, je les fais réparer.
        chaussures?

1. Allez-vous acheter des chaus-sures? _____
2. Pouvez-vous me donner le numéro? _____
3. Voulez-vous prendre l'auto cet après-midi? _____
4. Fait-elle laver son linge en face? _____
5. Envoyez-vous chercher les enfants? _____
6. Laissez-vous conduire votre fils? _____
7. Savez-vous remplir ces fiches? _____
8. Avez-vous laissé entrer le gérant? _____
9. Vient-on d'apporter le courrier? _____
10. Avez-vous fait assurer le paquet? _____

Exercise 3

Traduisez.

1. Did you go to New York last week? Yes, I did. _____
2. Do you have today's newspaper? Yes, I do. _____
3. Is it necessary to tell him? Yes, it is. _____
4. Are you in a hurry? Yes, I am. _____

5. Do they need the car? Yes, they
   do.
   _____

6. Does she make her dresses? Yes,
   she does.
   _____

7. Did you tell him? Yes, I did.
   _____

8. Don't go. I am going to go
   myself.
   _____

9. Are they happy to leave? Yes,
   they are.
   _____

10. Is he going to make a speech?
    Yes, he is.
    _____

Exercise 4

Put the following sentences in the present tense.

1. Avez-vous retenu vos places?
   _____

2. J'ai retenu mes places pour le
   mois de juin.
   _____

3. Que sont-ils devenus?
   _____

4. Elle est revenue de Paris cette
   semaine.
   _____

5. Il m'a prévenu quand il est
   parti.
   _____

6. Quand êtes-vous venu nous voir?
   _____

7. Nous avons tenu à partir tôt.
   _____

8. Ils ont maintenu qu'ils avaient
   raison.
   _____

9. Est-il venu vous parler de
   cette affaire?
   _____

10. Comment avez-vous obtenu des
    places?
    _____

(Answers on page 276)

Unit 12

REVIEW (not recorded)

Basic Sentences and Useful Words

Review 1

1.	Isn't there a restaurant in this neighborhood?	N'y a-t-il pas de restaurant dans ce quartier?
2.	Yes, I think there's one at the corner of the street.	Si, je crois qu'il y en a un au coin de la rue.
3.	It doesn't look bad.	Il n'a pas l'air mal.
4.	All the customers say the same thing.	Tous les clients disent la même chose.
5.	You'll pay next time.	Vous paierez la prochaine fois.
6.	I read only the sport section.	Je n'ai lu que la rubrique sportive.
7.	While you call her, I'm going to the post office.	Pendant que vous l'appelez, je vais à la poste.
8.	It's too crowded at the window.	Il y a trop de monde au guichet.
9.	I didn't know it could be done from home.	Je ne savais pas qu'on pouvait le faire de chez soi.
10.	Where do we meet this evening?	Où nous retrouvons-nous ce soir?

Review 2

1.	Hold the line, Sir.	Ne quittez pas, Monsieur.
2.	I was away.	Je me suis absenté.
3.	She had to stay because of the children.	Elle a dû rester à cause des enfants.
4.	I'm very hungry after having walked so much.	J'ai très faim après avoir tant marché.
5.	It's not far from the building.	Il n'est pas loin de l'immeuble.
6.	Will you take the letter in shorthand?	Voulez-vous prendre la lettre en sténo?
7.	I think I'm a little early.	Je crois que je suis un peu en avance.
8.	There's no reason to worry.	Il n'y a pas lieu de s'inquiéter.
9.	Is the house still available?	La maison est-elle toujours libre?
10.	I have several prospective tenants.	J'ai plusieurs locataires en vue.

Review 3

1.	You'll find the concierge upstairs.	Vous trouverez la concierge en haut.
2.	Vacuum under the beds.	Passez l'aspirateur sous les lits.
3.	It's a useful job.	C'est un travail utile.
4.	Please sit down, Sir.	Veuillez vous asseoir, Monsieur.
5.	We sent it out about a week ago.	Nous l'avons expédié il y a huit jours environ.
6.	He has almost finished and asks you to wait for him.	Il a presque terminé et vous prie de l'attendre.
7.	I forgot the tip.	J'ai oublié le pourboire.

8. Do you know that German author?   Connaissez-vous cet auteur allemand?
9. Take away the glasses.   Emportez les verres.
10. I'm not going to risk an accident for you.   Je ne vais pas risquer d'accident pour vous.

Review 4

1. Did you read the President's speech?   Avez-vous lu le discours du Président?
2. As short as usual?   Aussi courts que d'habitude?
3. I wasn't thinking about it.   Je n'y pensais pas.
4. He has brown hair.   Il a les cheveux bruns.
5. I don't need the brush.   Je n'ai pas besoin de la brosse.
6. There are three mail collections a day.   Il y a trois levées par jour.
7. You must dial the number.   Vous devez composer le numéro.
8. I wanted also to send a telegram.   Je voulais aussi envoyer un télégramme.
9. What are you going to start with?   Par quoi allez-vous commencer?
10. We'll see later.   Nous verrons plus tard.

Review 5

1. I'd like a pack of Gauloises and some matches.   Je voudrais un paquet de Gauloises et des allumettes.
2. Take away the knives.   Emportez les couteaux.
3. I took care of it myself.   Je m'en suis occupé moi-même.
4. Not more than one franc. Service is included.   Pas plus d'un franc. Le service est compris.
5. Do you remember the last order from Mr. Pelletier?   Vous souvenez-vous de la dernière commande de M. Pelletier?
6. Will he be long?   En a-t-il pour longtemps?
7. Are we going to answer him, Sir?   Allons-nous lui répondre, Monsieur?
8. The key is in the right-hand drawer.   La clef se trouve dans le tiroir de droite.
9. It's much sunnier than ours.   Il est beaucoup plus ensoleillé que le nôtre.
10. How convenient!   Comme c'est commode!

Review 6

1. Could we also see the bedrooms?   Pourrions-nous aussi voir les chambres?
2. You'll find the concierge downstairs.   Vous trouverez la concierge en bas.
3. Put the blankets on that shelf.   Rangez les couvertures sur ce rayon.
4. We'll give you the answer in the evening.   Nous vous donnerons la réponse dans la soirée.
5. Why don't you send it from your home?   Pourquoi ne l'envoyez-vous pas de chez vous?
6. See you later.   A tout à l'heure.
7. Where is the mailbox?   Où est la boîte aux lettres?
8. You must take the receiver off the hook.   Vous devez décrocher le récepteur.

9. It's the last game of the season. C'est le dernier match de la saison.
10. She's wearing a yellow dress.   Elle porte une robe jaune.

Review 7

1. That's all that's left.   C'est tout ce qui reste.
2. Do you know that Italian author? Connaissez-vous cet auteur italien?
3. That's exactly what I need.   C'est exactement ce qu'il me faut.
4. You'll see that it's completely Vous verrez qu'elle est tout à fait
   modern.   moderne.
5. These are on sale.   Celles-ci sont en solde.
6. Be careful! The steps are waxed. Attention! Les marches sont cirées.
7. It's warm and dry there.   Il y fait chaud et sec.
8. Could we also have a look at the Pouvons-nous aussi jeter un coup d'oeil
   kitchen?   à la cuisine?
9. It's an interesting job.   C'est un travail intéressant.
10. I intend to stay in Paris until Je compte rester à Paris jusqu'en janvier.
    January.

Review 8

1. Do you work on Saturdays?   Travaillez-vous le samedi?
2. In spite of the rain, it wasn't Malgré la pluie, elle n'était pas glis-
   slippery at all.   sante du tout.
3. A hair cut. Nothing more.   Une coupe de cheveux. Rien de plus.
4. I'd like you to meet Mr. Lelong. Permettez-moi de vous présenter M. Lelong.
5. I never drink anything before   Je ne bois jamais rien avant les repas.
   meals.
6. Did you hear from your brother? Avez-vous des nouvelles de votre frère?
7. What does that word mean?   Que veut dire ce mot?
8. Are we going to answer him, Sir? Allons-nous lui répondre, Monsieur?
9. We saw your ad in the paper.   Nous avons vu votre annonce dans le
                                    journal.
10. I could easily put my desk in   Je pourrais très bien y installer mon
    here.   bureau.

Review 9

Tutor   : Cette villa est belle.
Student : C'est une belle villa.

1. Ce climat est mauvais.   C'est un mauvais climat.
2. Cette femme est petite.   C'est une petite femme.
3. Ce billet est bon.   C'est un bon billet.
4. Ce restaurant est mauvais.   C'est un mauvais restaurant.
5. Cet employé est nouveau.   C'est un nouvel employé.
6. Ce quartier est vieux.   C'est un vieux quartier.
7. Cette auto est bonne.   C'est une bonne auto.
8. Cet immeuble est vieux.   C'est un vieil immeuble.
9. Cet auteur est bon.   C'est un bon auteur.
10. Cette dactylo est jolie.   C'est une jolie dactylo.
11. Cet immeuble est beau.   C'est un bel immeuble.
12. Cette route est vieille.   C'est une vieille route.

Review 10

Tutor   : Ces livres sont vieux.
Student: Ce sont de vieux livres.

1.	Ces hôtels sont vieux.	Ce sont de vieux hôtels.
2.	Ces paquets sont gros.	Ce sont de gros paquets.
3.	Ces enfants sont beaux.	Ce sont de beaux enfants.
4.	Ces hors-d'oeuvre sont bons.	Ce sont de bons hors d'oeuvre.
5.	Ces forêts sont belles.	Ce sont de belles forêts.
6.	Ces compartiments sont petits.	Ce sont de petits compartiments.
7.	Ces autos sont petites.	Ce sont de petites autos.
8.	Ces avions sont nouveaux.	Ce sont de nouveaux avions.
9.	Ces discours sont mauvais.	Ce sont de mauvais discours.
10.	Ces fenêtres sont grandes.	Ce sont de grandes fenêtres.

Review 11

Tutor   : C'est une grande femme. Difficile.
Student: C'est une femme difficile.

1.	Grande.	C'est une grande femme.
2.	Difficile.	C'est une femme difficile.
3.	Jolie.	C'est une jolie femme.
4.	Petite.	C'est une petite femme.
5.	Moderne.	C'est une femme moderne.
6.	Vieille.	C'est une vieille femme.
7.	Sportive.	C'est une femme sportive.
8.	Blonde.	C'est une femme blonde.
9.	Petite.	C'est une petite femme.
10.	Intéressante.	C'est une femme intéressante.
11.	Brune.	C'est une femme brune.

Review 12

Tutor   : Ils ont une belle villa. Blanche.
Student: Ils ont une villa blanche.

1.	Belle.	Ils ont une belle villa.
2.	Blanche.	Ils ont une villa blanche.
3.	Moderne.	Ils ont une villa moderne.
4.	Grande.	Ils ont une grande villa.
5.	Jolie.	Ils ont une jolie villa.
6.	Grosse.	Ils ont une grosse villa.
7.	Grise.	Ils ont une villa grise.
8.	Petite.	Ils ont une petite villa.
9.	Ensoleillée.	Ils ont une villa ensoleillée.
10.	Vieille.	Ils ont une vieille villa.

Review 13

Tutor   : La grosse valise est à moi. Grise.
Student: La valise grise est à moi.

1.	Petite.	La petite valise est à moi.

2. Autre.	L'autre valise est à moi.
3. Claire.	La valise claire est à moi.
4. Verte.	La valise verte est à moi.
5. Foncée.	La valise foncée est à moi.
6. Vieille.	La vieille valise est à moi.
7. Marron.	La valise marron est à moi.
8. Blanche.	La valise blanche est à moi.
9. Grosse.	La grosse valise est à moi.
10. Neuve.	La valise neuve est à moi.

Review 14

Tutor : C'est un bon climat. Sec.
Student: C'est un climat sec.

1. Bon.	C'est un bon climat.
2. Sec.	C'est un climat sec.
3. Humide.	C'est un climat humide.
4. Mauvais.	C'est un mauvais climat.
5. Froid.	C'est un climat froid.
6. Chaud.	C'est un climat chaud.
7. Beau.	C'est un beau climat.
8. Frais.	C'est un climat frais.

Review 15

Tutor : C'est un beau garçon. Petit.
Student: C'est un petit garçon.

1. Beau.	C'est un beau garçon.
2. Petit.	C'est un petit garçon.
3. Sportif.	C'est un garçon sportif.
4. Vieux.	C'est un vieux garçon.
5. Moderne.	C'est un garçon moderne.
6. Brun.	C'est un garçon brun.
7. Bon.	C'est un bon garçon.
8. Heureux.	C'est un garçon heureux.
9. Blond.	C'est un garçon blond.
10. Autre.	C'est un autre garçon.
11. Intéressant.	C'est un garçon intéressant.
12. Américain.	C'est un garçon américain.

Review 16

1. Aujourd'hui, je vais en ville à 1 heure; hier, j'y suis allé plus tard.
2. Aujourd'hui, ils partent à 6 heures; hier, ils sont partis plus tard.
3. Aujourd'hui, je quitte le bureau à 5 heures; hier, je l'ai quitté plus tard.
4. Aujourd'hui, il descend de sa chambre à 8 heures; hier, il en est descendu plus tard.
5. Aujourd'hui, le gérant arrive à 3 heures; hier, il est arrivé plus tard.
6. Aujourd'hui, on monte le courrier à 9 heures; hier, on l'a monté plus tard.
7. Aujourd'hui, on nous sert à midi; hier, on nous a servi plus tard.
8. Aujourd'hui, je passe au magasin à 9 heures; hier, j'y suis passé plus tard.

9. Aujourd'hui, <u>la bonne passe l'aspirateur à 10 heures</u>; hier, elle l'a passé plus tard.
10. Aujourd'hui, <u>nous rentrons à 9 heures</u>; hier, nous sommes rentrés plus tard.
11. Aujourd'hui, <u>on rentre les chaises à 11 heures</u>; hier, on les a rentrées plus tard.
12. Aujourd'hui, <u>elles descendent en ville à 6 heures</u>; hier, elles y sont descendues plus tard.

Review 17

Tutor   : Nous allons déjeuner.
Student: Nous sommes allés déjeuner.

1. Ils viennent nous voir.   Ils sont venus nous voir.
2. Nous y obéissons.   Nous y avons obéi.
3. Ils atterrissent près d'ici.   Ils ont atterri près d'ici.
4. Elle revient à 8 heures.   Elle est revenue à 8 heures.
5. Il faut partir.   Il a fallu partir.
6. La secrétaire rentre lundi.   La secrétaire est rentrée lundi.
7. Je marche pendant 1 heure tous   J'ai marché pendant 1 heure tous les jours.
   les jours.
8. Il dort jusqu'à 9 heures.   Il a dormi jusqu'à 9 heures.
9. Je fais enregistrer les bagages. J'ai fait enregistrer les bagages.
10. Elle sort jeudi soir.   Elle est sortie jeudi soir.
11. Ils partent par le train de   Ils sont partis par le train de 21 heures.
    21 heures.
12. Je passe voir vos amis à 2   Je suis passé voir vos amis à 2 heures.
    heures.

Review 18

1. Ils ont <u>téléphoné</u> à une heure.
2. Ils sont <u>arrivés</u> à une heure.
3. Ils ont <u>déjeuné</u> à une heure.
4. Ils sont <u>sortis</u> à une heure.
5. Ils sont <u>entrés</u> à une heure.
6. Ils ont <u>atterri</u> à une heure.
7. Ils ont <u>répondu</u> à une heure.
8. Ils sont <u>partis</u> à une heure.
9. Ils ont <u>terminé</u> à une heure.
10. Ils sont <u>descendus</u> à une heure.
11. Ils sont <u>montés</u> à une heure.
12. Ils sont <u>venus</u> à une heure.
13. Ils ont <u>fini</u> à une heure.
14. Ils sont <u>rentrés</u> à une heure.

Review 19

Tutor   : Elle ne sait pas conduire.
Student: Elles ne savent pas conduire.

1. Il ne peut pas partir.   Ils ne peuvent pas partir.
2. Elle veut partir.   Elles veulent partir.

3. Il sait la leçon.   Ils savent la leçon.
4. Elle fait les bagages.   Elles font les bagages.
5. Il conduit mal.   Ils conduisent mal.
6. Elle ne tient pas à nous voir.   Elles ne tiennent pas à nous voir.
7. Il lit bien.   Ils lisent bien.
8. Il grandit vite.   Ils grandissent vite.
9. Elle dort depuis 10 heures.   Elles dorment depuis 10 heures.
10. Il va à la campagne.   Ils vont à la campagne.
11. Il revient ce soir.   Ils reviennent ce soir.
12. Il a beaucoup de travail.   Ils ont beaucoup de travail.
13. Il ne sert pas d'apéritif.   Ils ne servent pas d'apéritif.
14. Elle part bientôt.   Elles partent bientôt.
15. Il revient à 8 heures.   Ils reviennent à 8 heures.
16. Il remplit les fiches.   Ils remplissent les fiches.
17. Il détruit tout.   Ils détruisent tout.
18. Il vient d'arriver.   Ils viennent d'arriver.
19. Il n'entretient pas les machines.   Ils n'entretiennent pas les machines.
20. Il ne ralentit pas assez.   Ils ne ralentissent pas assez.
21. Elle n'est pas ici.   Elles ne sont pas ici.
22. Il ne ment pas.   Ils ne mentent pas.

Review 20

Tutor : Je vais remplir les fiches.
Student: Je vais les remplir.

Tutor : J'ai rempli les fiches.
Student: Je les ai remplies.

Tutor : Je remplis les fiches.
Student: Je les remplis.

1. Je vais faire les bagages.   Je vais les faire.
2. Je fais les bagages.   Je les fais.
3. J'ai fait les bagages.   Je les ai faits.
4. J'ai expédié les paquets.   Je les ai expédiés.
5. Je vais expédier les paquets.   Je vais les expédier.
6. J'expédie les paquets.   Je les expédie.
7. Nous avons détruit les textes.   Nous les avons détruits.
8. Nous allons détruire les textes.   Nous allons les détruire.
9. Nous détruisons les textes.   Nous les détruisons.
10. Ils vont servir du vin.   Ils vont en servir.
11. Ils servent du vin.   Ils en servent.
12. Ils ont servi du vin.   Ils en ont servi.
13. Elle va téléphoner à ses amis.   Elle va leur téléphoner.
14. Elle téléphone à ses amis.   Elle leur téléphone.
15. Elle a téléphoné à ses amis.   Elle leur a téléphoné.
16. On emporte des couvertures.   On en emporte.
17. On a emporté des couvertures.   On en a emporté.
18. On va emporter des couvertures.   On va en emporter.

Review 21

Tutor   : Vous avez le numéro?
Student: Oui, je l'ai.

1. Vous avez écouté le match de   Oui, je l'ai écouté.
   football?
2. Vous avez la réponse?   Oui, je l'ai.
3. Vous m'apportez les verres?   Oui, je vous les apporte.
4. Vous avez oublié la lettre?   Oui, je l'ai oubliée.
5. Vous écoutez le discours du   Oui, je l'écoute.
   Président?
6. Vous allez écouter le discours?   Oui, je vais l'écouter.
7. Vous allez m'apporter le livre?   Oui, je vais vous l'apporter.
8. Vous m'avez envoyé les livres?   Oui, je vous les ai envoyés.
9. Vous emportez la machine?   Oui, je l'emporte.
10. Vous avez acheté l'aspirateur?   Oui, je l'ai acheté.
11. Vous allez appeler les enfants?   Oui, je vais les appeler.

Review 22

Tutor   : Avez-vous acheté les livres?
Student: Oui, je les ai achetés.

Tutor   : Avez-vous acheté des livres?
Student: Oui, j'en ai acheté.

Tutor   : Allez-vous acheter les livres?
Student: Oui, je vais les acheter.

1. Avez-vous acheté des livres?   Oui, j'en ai acheté.
2. Avez-vous trouvé les places?   Oui, je les ai trouvées.
3. Avez-vous laissé les renseigne-   Oui, je les ai laissés.
   ments?
4. Allez-vous nettoyer les chambres?Oui, je vais les nettoyer.
5. Allez-vous emporter les papiers?   Oui, je vais les emporter.
6. Allez-vous chercher des verres?   Oui, je vais en chercher.
7. Avez-vous expédié les paquets?   Oui, je les ai expédiés.
8. Avez-vous emporté des allumettes?Oui, j'en ai emporté.
9. Allez-vous apporter les   Oui, je vais les apporter.
   journaux?
10. Avez-vous oublié les assiettes?   Oui, je les ai oubliées.
11. Avez-vous coupé les fleurs?   Oui, je les ai coupées.
12. Avez-vous installé les appareils?Oui, je les ai installés.
13. Avez-vous demandé des renseigne-   Oui, j'en ai demandé.
    ments?
14. Avez-vous retrouvé les bagages?   Oui, je les ai retrouvés.
15. Allez-vous acheter des couvre-   Oui, je vais en acheter.
    lits?
16. Avez-vous jeté les vieux   Oui, je les ai jetés.
    journaux?
17. Avez-vous trouvé des places?   Oui, j'en ai trouvé.
18. Avez-vous réparé les chaises?   Oui, je les ai réparées.

19.	Avez-vous reçu les commandes?	Oui, je les ai reçues.
20.	Allez-vous monter les bagages?	Oui, je vais les monter.
21.	Avez-vous obtenu des renseignements?	Oui, j'en ai obtenu.
22.	Avez-vous tapé les lettres?	Oui, je les ai tapées.
23.	Avez-vous rempli les fiches?	Oui, je les ai remplies.
24.	Avez-vous retenu des places?	Oui, j'en ai retenu.
25.	Allez-vous prévenir les étudiants?	Oui, je vais les prévenir.

Review 23

Tutor : Il a écrit à ses amis.
Student: Il leur a écrit.

1.	J'ai trouvé des allumettes.	J'en ai trouvé.
2.	Elle a parlé à l'auteur.	Elle lui a parlé.
3.	Ils n'ont pas aimé le dessert.	Ils ne l'ont pas aimé.
4.	Je coupe des fleurs.	J'en coupe.
5.	Nous avons donné des fleurs à la concierge.	Nous lui en avons donné.
6.	Ils sont allés à Paris.	Ils y sont allés.
7.	Je dois accompagner ma soeur.	Je dois l'accompagner.
8.	Il doit être au café.	Il doit y être.
9.	Ils n'ont pas laissé de pourboire.	Ils n'en ont pas laissé.
10.	Voulez-vous donner le numéro à la secrétaire?	Voulez-vous le lui donner?
11.	Dites à la dactylo de taper la lettre.	Dites-lui de la taper.
12.	Donnez les livres aux étudiants.	Donnez-les leur.
13.	Nous avons fait installer le téléphone.	Nous l'avons fait installer.
14.	Je n'ai pas pu prévenir mes amis.	Je n'ai pas pu les prévenir.
15.	Ils n'ont pas visité la villa.	Ils ne l'ont pas visitée.
16.	Nous n'avons pas répondu à la lettre.	Nous n'y avons pas répondu.
17.	Je ne veux pas habiter à la campagne.	Je ne veux pas y habiter.
18.	Il me reste du vin.	Il m'en reste.
19.	Je n'ai pas signé le courrier.	Je ne l'ai pas signé.
20.	Ne dérangez pas les étudiants.	Ne les dérangez pas.
21.	Nous n'emportons pas de livres.	Nous n'en emportons pas.

Review 24

Tutor : J'ai fini ma lettre.
Student: Je l'ai finie.

Tutor : Je finis ma lettre.
Student: Je la finis.

1.	Je finis mes lettres.	Je les finis.

```
 2.  J'ai fini ma lettre.            Je l'ai finie.
 3.  Je finis mes lettres.           Je les finis.
 4.  Je remplis ma fiche.            Je la remplis.
 5.  Je fais ma valise.              Je la fais.
 6.  J'ai fait mes bagages.          Je les ai faits.
 7.  Je fais mes valises.            Je les fais.
 8.  J'ai rempli ma fiche.           Je l'ai remplie.
 9.  Je remplis mes fiches.          Je les remplis.
10.  Je fais mes bagages.            Je les fais.
11.  Je lis les journaux.            Je les lis.
12.  Je conduis mes amis à la gare.  Je les y conduis.
13.  J'ai traduit le texte.          Je l'ai traduit.
14.  J'ai conduit mes amis à la gare. Je les y ai conduits.
15.  Je traduis le discours.         Je le traduis.
16.  J'ai vu la réponse.             Je l'ai vue.
17.  Je veux la réponse.             Je la veux.
```

Review 25

Tutor   : La nouvelle route est-elle aussi bonne que l'autre?
Student: Elle est meilleure.

Tutor   : Le nouveau restaurant est-il aussi mauvais que l'autre?
Student: Il est plus mauvais.

1. La nouvelle auto est-elle aussi   Elle est meilleure.
   bonne que l'autre?
2. La nouvelle auto marche-t-elle   Elle marche mieux.
   aussi bien que l'autre?
3. Le nouveau chauffeur conduit-il   Il conduit mieux.
   aussi bien que l'autre?
4. Le nouveau restaurant est-il   Il est plus mauvais.
   aussi mauvais que l'autre?
5. La nouvelle dactylo tape-t-elle   Elle tape plus mal.
   aussi mal que l'autre?
6. Les nouveaux avions sont-ils   Ils sont meilleurs.
   aussi bons que les autres?
7. Le nouvel hôtel est-il aussi   Il est plus mauvais.
   mauvais que les autres?
8. Ces nouveaux couteaux coupent-   Ils coupent mieux.
   ils aussi bien que les autres?
9. Le nouvel aspirateur marche-t-   Il marche plus mal.
   il aussi mal que l'autre?
10. Le nouveau garçon travaille-t-   Il travaille mieux.
    il aussi bien que l'autre?

Review 26

1. Il a peur de prendre l'avion.
2. Je ne veux pas prendre l'avion.
3. Il faut prendre l'avion.
4. Nous comptons prendre l'avion.
5. Nous tenons à prendre l'avion.

6. Je suis heureux de prendre l'avion.
7. Elles espèrent prendre l'avion.
8. Il a dit de prendre l'avion.
9. Elle a dû prendre l'avion.
10. Nous allons prendre l'avion.
11. Ils ont peur de prendre l'avion.

Review 27

1. J'ai oublié d'en parler.
2. Je voudrais en parler.
3. Il faut en parler.
4. Je n'ai pas pu en parler.
5. Nous ne voulons pas en parler.
6. On doit en parler.
7. Je n'aime pas en parler.
8. Elle a peur d'en parler.
9. Ils vont en parler.
10. On a commencé à en parler.
11. Nous avons oublié d'en parler.
12. Je ne tiens pas à en parler.

Review 28

Tutor   : Elle ne me le dit pas.
Student: Elle ne me l'a pas dit.

1. Je ne l'envoie pas.   Je ne l'ai pas envoyé.
2. Ils ne la finissent pas.   Ils ne l'ont pas finie.
3. Je ne l'aime pas.   Je ne l'ai pas aimé.
4. Il ne la sait pas.   Il ne l'a pas sue.
5. Ils n'en veulent pas.   Ils n'en ont pas voulu.
6. Vous ne me dérangez pas.   Vous ne m'avez pas dérangé.
7. Elle ne le veut pas.   Elle ne l'a pas voulu.
8. Je ne vous le dis pas.   Je ne vous l'ai pas dit.
9. Elles ne me le disent pas.   Elles ne me l'ont pas dit.
10. Nous n'en faisons pas.   Nous n'en avons pas fait.
11. Ça ne me plaît pas.   Ça ne m'a pas plu.

Review 29

Tutor   : Avez-vous trouvé du travail?
Student: Non, je n'en ai pas trouvé.

1. Avez-vous lu la rubrique   Non, je ne l'ai pas lue.
    sportive?
2. L'appartement vous a-t-il plu?   Non, il ne m'a pas plu.
3. Le courrier est-il arrivé?   Non, il n'est pas arrivé.
4. Etes-vous retourné dans le Midi? Non, je n'y suis pas retourné.
5. Les enfants obéissent-ils à   Non, ils ne leur obéissent pas.
    leurs parents?
6. Avez-vous prévenu votre ami?   Non, je ne l'ai pas prévenu.
7. Mes amis vous ont-ils remercié? Non, ils ne m'ont pas remercié.

8. Avez-vous oublié votre rendez-vous? — Non, je ne l'ai pas oublié.
9. Etes-vous allé en Normandie? — Non, je n'y suis pas allé.
10. Avez-vous retrouvé votre clef? — Non, je ne l'ai pas retrouvée.
11. Allez-vous écouter le discours du Président? — Non, je ne vais pas l'écouter.

Review 30

1. We'll give them the answer in the evening. — Nous leur donnerons la réponse dans la soirée.
2. Did you vacuum under the bed? — Avez-vous passé l'aspirateur sous le lit?
3. It's not convenient at all. — Ce n'est pas commode du tout.
4. I know I could do it. — Je sais que je pourrais le faire.
5. My room overlooks the street. — Ma chambre donne sur la rue.
6. We saw them a month ago. — Nous les avons vus il y a un mois.
7. Will you find some? — En trouverez-vous?
8. Don't forget to vacuum. — N'oubliez pas de passer l'aspirateur.
9. Why is he complaining? — Pourquoi se plaint-il?
10. It's exactly the same thing. — C'est exactement la même chose.

Review 31

1. I took care of it about a week ago. — Je m'en suis occupé il y a une semaine environ.
2. I've just seen them. — Je viens de les voir.
3. She wasn't with me. — Elle n'était pas avec moi.
4. I was away Monday and Tuesday. — Je me suis absenté lundi et mardi.
5. They've been here for a long time. — Ils sont ici depuis longtemps.
6. I don't want anything more. — Je ne veux rien de plus.
7. The speech was very interesting. — Le discours était très intéressant.
8. I signed only one letter. — Je n'ai signé qu'une lettre.
9. Are we meeting at the café? — Nous retrouvons-nous au café?
10. At what time are you coming to pick me up? — A quelle heure venez-vous me chercher?

Review 32

1. Can I send you something? — Puis-je vous envoyer quelque chose?
2. Where does the mailman put the mail? — Où le facteur met-il le courrier?
3. I saw only one football game. — Je n'ai vu qu'un match de football.
4. Do you want me to drop you off in front of the building? — Voulez-vous que je vous dépose en face de l'immeuble?
5. I'm going to see if it's finished. — Je vais voir si c'est fini.
6. I think I'm going to weigh them. — Je crois que je vais les peser.
7. There are two mail distributions a day. — Il y a deux distributions par jour.
8. It's as good as usual. — C'est aussi bon que d'habitude.
9. You're walking too fast. — Vous marchez trop vite.
10. Where would you like to go? — Où voudriez-vous aller?

Review 33

1.	It's not very good.	Ce n'est pas très bon.
2.	What a beautiful building!	Quel bel immeuble!
3.	Let's work fast; we don't have much time.	Travaillons vite; nous n'avons pas beaucoup de temps.
4.	The first game was better than the second one.	Le premier match était meilleur que le deuxième.
5.	She had to go downtown.	Elle a dû aller en ville.
6.	How many blades do you need?	De combien de lames avez-vous besoin?
7.	Their apartment is much bigger than ours.	Leur appartement est beaucoup plus grand que le nôtre.
8.	I'd like to have a look at the basement.	Je voudrais jeter un coup d'oeil au sous-sol.
9.	Where did you put the keys?	Où avez-vous mis les clefs?
10.	I found three.	J'en ai trouvé trois.

Review 34

1.	I'm going to bring you several.	Je vais vous en apporter plusieurs.
2.	Will you bring me the letter?	M'apporterez-vous la lettre?
3.	He has just written it.	Il vient de l'écrire.
4.	What a beautiful store!	Quel beau magasin!
5.	There's no reason to be afraid.	Il n'y a pas lieu d'avoir peur.
6.	Do you remember that weekend by the sea?	Vous souvenez-vous de ce week-end au bord de la mer?
7.	A week ago, I wasn't thinking about it.	Il y a huit jours, je n'y pensais pas.
8.	We've been here since Wednesday.	Nous sommes ici depuis mercredi.
9.	They bought it two years ago.	Ils l'ont acheté il y a deux ans.
10.	It's the best hotel in town.	C'est le meilleur hôtel de la ville.

Review 35

1.	Does she know how to take shorthand?	Sait-elle prendre les lettres en sténo?
2.	It's a very good restaurant, but not the best in the area.	C'est un très bon restaurant, mais pas le meilleur de la région.
3.	Where did you have it washed?	Où l'avez-vous fait laver?
4.	I didn't have the time to warn him.	Je n'ai pas eu le temps de le prévenir.
5.	I don't know how many they ordered.	Je ne sais pas combien ils en ont commandé.
6.	I didn't work for the first two weeks.	Je n'ai pas travaillé pendant les deux premières semaines.
7.	I think there are others.	Je crois qu'il y en a d'autres.
8.	Did you answer it right away?	Y avez-vous répondu tout de suite?
9.	She didn't tell me.	Elle ne me l'a pas dit.
10.	We didn't think about it.	Nous n'y avons pas pensé.

Review 36

1.	Did you talk to the director?	Avez-vous parlé au directeur?

2. Don't forget they are the last two games of the season. — N'oubliez pas que ce sont les deux derniers matches de la saison.
3. I don't need the car; why don't you take it? — Je n'ai pas besoin de l'auto; pourquoi ne la prenez-vous pas?
4. If you don't slow down, you're going to have an accident. — Si vous ne ralentissez pas, vous allez avoir un accident.
5. We had to stay because of the rain. — Nous avons dû rester à cause de la pluie.
6. I never drink any. — Je n'en bois jamais.
7. I never do anything on Sundays. — Je ne fais jamais rien le dimanche.
8. They won't be long. — Ils n'en ont pas pour longtemps.
9. What did you start with? — Par quoi avez-vous commencé?
10. He went downtown; are you going too? — Il est allé en ville; vous y allez aussi?

Review 37

1. Ils veulent en parler.
2. Elle essaie d'en parler.
3. Je voudrais en parler.
4. Ils ont peur d'en parler.
5. Ils n'ont pas l'air d'en parler.
6. On commence à en parler.
7. Je n'ai pas le temps d'en parler.
8. Il faut en parler.
9. Vous avez raison d'en parler.
10. Nous n'allons pas en parler.
11. Je ne peux pas en parler.
12. Vous devez en parler.
13. Je vous ai entendu en parler.
14. On risque d'en parler.
15. Il ne fallait pas en parler.
16. Vous n'avez pas besoin d'en parler.
17. On m'a dit d'en parler.
18. J'aimerais en parler.
19. Il n'y a pas lieu d'en parler.
20. Je ne tiens pas à en parler.
21. Je pourrais en parler.
22. Nous pourrions en parler.
23. Permettez-moi d'en parler.
24. Ce n'est pas la peine d'en parler.
25. Je dois en parler.
26. Nous acceptons d'en parler.
27. Je ne compte pas en parler.
28. J'ai oublié d'en parler.

Review 38

Tutor : He wants to talk about it.
Student: Il veut en parler.

1. It's no use talking about it. — Ce n'est pas la peine d'en parler.

2. There is no reason to worry.   Il n'y a pas lieu de s'inquiéter.
3. I was told to be there at 9.   On m'a dit d'y être à 9 heures.
4. I don't know how to drive.   Je ne sais pas conduire.
5. I didn't see them leave.   Je ne les ai pas vus partir.
6. I forgot to give them my address.   J'ai oublié de leur donner mon adresse.
7. They don't look as though they were working.   Ils n'ont pas l'air de travailler.
8. I'm afraid I'll miss the plane.   J'ai peur de manquer l'avion.
9. I wouldn't want to bother you.   Je ne voudrais pas vous déranger.
10. When did you have it done?   Quand l'avez-vous fait faire?

Review 39

1. They want to tell you something.   Ils veulent vous dire quelque chose.
2. He complains about working too much.   Il se plaint de trop travailler.
3. Thank you for having answered my letter.   Je vous remercie d'avoir répondu à ma lettre.
4. I'm happy I found you.   Je suis heureux de vous avoir retrouvé.
5. Let him repair them.   Laissez-le les réparer.
6. Don't be afraid to tell me.   N'ayez pas peur de me le dire.
7. We sent for them.   Nous les avons envoyé chercher.
8. It's started to rain.   Il a commencé à pleuvoir.
9. I hope I'll arrive on time.   J'espère arriver à l'heure.
10. I asked them to send us some.   Je leur ai demandé de nous en envoyer.

Review 40

Tutor : Il ne veut pas venir.
Student: He doesn't want to come.

1. Ils ne peuvent pas nous le dire.   They can't tell us.
2. Il part par le train de 2h.   He leaves by the 2 o'clock train.
3. Je crois qu'il revient l'année prochaine.   I think he's coming back next year.
4. Ils ne mentent pas toujours.   They don't always lie.
5. Elles viennent d'arriver.   They've just arrived.
6. Ils font fermer le magasin.   They're having the store closed.
7. Je crois qu'ils en ont très peur.   I think they're very afraid of it.
8. Je n'aime pas cette fiche.   I don't like that form.
9. Est-ce qu'ils partent cette semaine ou la semaine prochaine?   Are they leaving this week or next week?
10. Je crois qu'ils servent le dessert maintenant.   I think they're serving dessert now.

Review 41

1. Que vont-ils faire?   What are they going to do?
2. Que veut-elle faire?   What does she want to do?
3. Ils ont très peu de soleil.   They have very little sunshine.
4. Ça ne paye pas beaucoup.   It doesn't pay much.
5. Ils ne veulent pas me le dire.   They don't want to tell me.

6.	Il conduit trop vite.	He drives too fast.
7.	Je crois qu'il y en a.	I think there are some.
8.	Nous avons autre chose.	We have something else.
9.	Je fais réparer l'auto.	I'm having the car repaired.
10.	Ils n'en veulent pas.	They don't want any.

Review 42

1.	Il ne m'en a pas parlé.	He didn't tell me about it.
2.	Je crois qu'elle l'a lu.	I think she read it.
3.	J'ai rempli les fiches.	I filled out the forms.
4.	Je la vois ce soir.	I'll see her this evening.
5.	Je crois qu'il les lit.	I think he reads them.
6.	J'emporte le dessert.	I am taking away the dessert.
7.	Je l'envoie la semaine prochaine.	I'm sending it next week.
8.	Je ralentis trop tôt.	I'm slowing down too soon.
9.	Il ne veut pas y aller.	He doesn't want to go there.
10.	Il ne va pas le dire.	He's not going to say it.

Review 43

1.	Ils mentent toujours.	They always lie.
2.	Ils dorment mal.	They sleep badly. (They don't sleep well.)
3.	Il veut l'auto.	He wants the car.
4.	Elles sortent tous les soirs.	They go out every evening.
5.	Elles rougissent souvent.	They blush often.
6.	Est-ce qu'il peut venir me voir?	Can he come and see me?
7.	Est-ce que vous le lavez?	Do you wash it?
8.	Elle veut le lui dire.	She wants to tell him.
9.	Ils peuvent vous parler dans une demi-heure.	They can talk to you in half an hour.
10.	Ils aiment m'en envoyer une fois par mois.	They like to send me some once a month.

Review 44

1.	Elle est remontée il y a cinq minutes.	She went back upstairs five minutes ago.
2.	Je crois qu'ils sont repartis.	I think they left again.
3.	Comptez-vous partir cette année?	Are you planning to leave this year?
4.	Je sais qu'ils sont descendus.	I know they went downstairs.
5.	A quelle heure comptez-vous ressortir?	At what time are you planning to go out again?
6.	Ils ne sont pas encore revenus.	They didn't come back yet.
7.	Avez-vous retrouvé vos amis?	Did you find your friends?
8.	Je suis monté leur dire bonjour.	I went upstairs to say hello to them.
9.	A quelle heure allez-vous sortir?	At what time are you going out?
10.	Il ne revient pas seul.	He's not coming back alone.

Review 45

| 1. | Il ne sait pas où elle est. | He doesn't know where she is. |

2.	Allez-vous travailler?	Are you going to work?
3.	Avez-vous accepté?	Did you accept?
4.	Quand allez-vous les voir?	When are you going to see them?
5.	Ils ne les ont pas emportés.	They didn't take them along.
6.	Ils ne veulent pas me laisser les voir.	They don't want to let me see them.
7.	Est-ce qu'elle est redescendue?	Did she go down again?
8.	Pourquoi n'en envoyez-vous pas chez vous?	Why don't you send any home?
9.	Qu'essaie-t-il de faire?	What is he trying to do?
10.	Où allez-vous les retrouver?	Where are you going to meet them?

Review 46

Se servir d'un magnétophone pour les trois exercices suivants. Example:

	Il ne m'attend pas./ Il ne m'attend pas.	S
	Il ne m'attend pas./ Il ne m'entend pas.	D
1.	Il ne m'attend pas./ Il ne m'attend pas.	S
2.	Il ne m'attend pas./ Il ne m'attend pas.	S
3.	Il ne m'entend pas./ Il ne m'entend pas.	S
4.	Il ne m'attend pas./ Il ne m'attend pas.	S
5.	Il ne m'attend pas./ Il ne m'entend pas.	D
6.	Il ne la voit pas./ Il ne les voit pas.	D
7.	Il ne l'envoie pas./ Il ne la voit pas.	D
8.	Il ne les voit pas./ Il ne les voit pas.	S
9.	Il ne la voit pas./ Il ne l'envoie pas.	D
10.	Il ne l'envoie pas./ Il ne l'envoie pas.	S
11.	Il leur parle./ Il le parle.	D
12.	Il le parle./ Il leur parle.	D
13.	Il leur parle./ Il le parle.	D
14.	Il le parle./ Il leur parle.	D
15.	Il le sait./ Il la sait.	D
16.	Il les sait./ Il le sait.	D
17.	Il le sait./ Il le sait.	S
18.	Ils vont faire une maison./ Ils vont faire une maison.	S
19.	Ils font faire une maison./ Ils vont faire une maison.	D
20.	Ils vont faire une maison./ Ils font faire une maison.	D

Review 47

1.	Comment conduisent-ils?/ Comment conduit-il?	D
2.	Comment conduit-il?/ Comment conduisent-ils?	D
3.	Comment conduisent-ils?/ Comment conduisent-ils?	S
4.	N'est-il pas redescendu?/ N'est-il pas redescendu?	S
5.	N'est-il pas descendu?/ N'est-il pas descendu?	S
6.	N'est-il pas redescendu?/ N'est-il pas descendu?	D
7.	N'est-il pas descendu?/ N'est-il pas redescendu?	D
8.	Ont-ils le livre?/ Ont-ils les livres?	D
9.	Ont-ils leurs livres?/ Ont-ils leurs livres?	S
10.	Ont-ils le livre?/ Ont-ils leurs livres?	D
11.	Ont-ils les livres?/ Ont-ils leurs livres?	D

12.	Allez-vous les monter?/ Allez-vous les montrer?	D
13.	Allez-vous les monter?/ Allez-vous les monter?	S
14.	Allez-vous les montrer?/ Allez-vous les monter?	D
15.	Allez-vous la montrer?/ Allez-vous les montrer?	D
16.	Ils sont finis./ Ils ont fini.	D
17.	Ils ont fini./Ils sont finis.	D
18.	Ils sont finis./ Ils sont finis.	S

Review 48

1.	Il vient de partir./ Ils viennent de partir.	D
2.	Ils viennent d'arriver./ Il vient d'arriver.	D
3.	Il vient déjeuner./ Ils viennent déjeuner.	D
4.	Ils viennent déjeuner./ Il vient de déjeuner.	D
5.	Ils viennent déjeuner./ Ils viennent déjeuner.	S
6.	Ils viennent les voir./ Il vient de les voir.	D
7.	Il vient de leur parler./ Ils viennent leur parler.	D
8.	Ils viennent lui parler./ Il vient de lui parler.	D
9.	Ils viennent nous chercher./ Ils viennent nous chercher.	S
10.	Ils viennent nous parler./ Il vient de nous parler.	D
11.	Il sort très tôt./ Elle sort trop tôt.	D
12.	Elles sortent très tôt./ Elle sort très tôt.	D
13.	Il sort trop tôt./ Il sort trop tôt.	S
14.	Elles sortent très tôt./ Elles sortent trop tôt.	D
15.	Il sort trop tôt./ Ils sortent très tôt.	D
16.	Elles sortent trop tôt./ Elles sortent trop tôt.	S
17.	Ils sortent très tôt./ Elles sortent très tôt.	D
18.	Elles sortent trop tôt./ Elle sort trop tôt.	D
19.	Il veut les voir./ Il veut les voir.	S
20.	Ils veulent le voir./ Ils veulent les voir.	D
21.	Ils veulent la voir./ Il veut la voir.	D
22.	Il veut la voir./ Ils veulent le voir.	D

Review 49

1. Qu'avez-vous fait pendant le week-end?
2. Qu'allez-vous faire ce soir après la classe?
3. Combien de fois par mois allez-vous chez le coiffeur?
4. Avez-vous une maison ou un appartement?
5. Est-il facile de conduire le soir après le travail?
6. Depuis quand êtes-vous ici?
7. Combien de temps vous faut-il pour aller d'ici chez vous?
8. Allez-vous étudier pendant longtemps?
9. Depuis combien de temps étudiez-vous?
10. Quel jour sommes-nous aujourd'hui?
11. Quel temps fait-il?
12. Savez-vous quel temps il va faire demain?
13. Aimez-vous faire des courses?
14. Pourquoi étudiez-vous le français?
15. Aimez-vous parler français?
16. Quel jour êtes-vous arrivé ici?
17. Qu'aimez-vous faire quand vous ne travaillez pas?

18. Habitez-vous loin d'ici?
19. Quelle est votre adresse?
20. A quelle heure êtes-vous arrivé ce matin?
21. Avez-vous le temps d'aller déjeuner chez vous à une heure?
22. Vers quelle heure le facteur passe-t-il chez vous?
23. Aimez-vous avoir du courrier?
24. Où peut-on acheter des timbres?
25. Les lettres par avion sont-elles chères à envoyer?
26. Si vous avez du courrier urgent, comment l'envoyez-vous?
27. Quand vous allez quelque part, prenez-vous l'avion ou le train?
28. Le train coûte-t-il plus cher que l'avion?
29. Si vous allez loin, n'est-il pas plus commode de prendre l'avion?
30. Etes-vous heureux de partir bientôt?
31. Où vous envoie-t-on?
32. Combien de temps allez-vous y rester?
33. Tenez-vous vraiment à y aller?
34. Allez-vous parler anglais ou français là-bas?
35. Avec qui allez-vous parler français?
36. Avez-vous déjà trouvé un appartement là-bas?
37. Les appartements sont-ils faciles ou difficiles à trouver?
38. Combien doit-on payer pour un bon appartement?
39. Qu'est-ce qui va vous manquer le plus là-bas?
40. Pourquoi les maisons sont-elles plus difficiles à entretenir que certains appartements?

Review 50

1. Demandez à ... à quelle heure il compte sortir.
2. Dites que vous ne savez pas pourquoi vous êtes arrivé en retard.
3. Dites à ... de ne pas avoir peur de prendre l'avion.
4. Demandez à ... où il a fait faire son costume.
5. Dites qu'il vous reste assez de temps pour déjeuner.
6. Dites que vous n'avez pas le temps de déjeuner.
7. Demandez à ... s'il compte aller voir le match de football.
8. Dites que ce n'est pas la première fois que vous prenez l'avion.
9. Dites que vous êtes ici depuis pas mal de temps.
10. Dites à ... qu'il ne vous dérange pas et qu'il peut entrer.
11. Dites à ... de s'asseoir.
12. Demandez à ... s'il en a pour longtemps.
13. Dites à ... de ne pas oublier de vous téléphoner.
14. Demandez à ... par quel train il part.
15. Dites à ... qu'il y a une belle maison à louer dans votre quartier et que vous pouvez l'y conduire dans la soirée.
16. Demandez à ... si son nouvel appartement est aussi ensoleillé que l'ancien.
17. Demandez à ... combien de jours de vacances il lui reste.
18. Dites que vous ne savez pas combien de temps vous allez rester ici.
19. Demandez à ... s'il n'a pas besoin d'une nouvelle auto.
20. Demandez à ... pourquoi on doit ralentir quand on conduit en ville.
21. Demandez à ... s'il conduit aussi vite en ville qu'à la campagne.
22. Demandez à ... si on doit toujours laisser un pourboire quand on va au restaurant.
23. Demandez à ... comment il va à son bureau.

24. Dites que quand vous êtes pressé vous prenez un taxi.
25. Demandez à ... s'il a une maison ou un appartement.
26. Demandez à ... combien il en a visité quand il est arrivé à ... (Washington, Paris ... etc ...).
27. Dites à ... de ne pas tomber.
28. Demandez à ... s'il a jeté un coup d'oeil aux annonces.
29. Demandez à ... si son propriétaire habite l'immeuble.
30. Demandez à ... s'il aime mieux l'automne que le printemps.
31. Dites à ... de ne pas aller sur la terrasse car il fait froid.
32. Demandez à ... combien de timbres vous devez acheter.
33. Dites à ... que vous n'en avez pas pour longtemps.
34. Demandez à ... s'il va écouter le discours du Président ce soir.
35. Dites à ... que vous êtes heureux de l'avoir retrouvé.
36. Demandez à ... par quoi il va commencer.
37. Dites que vous ne prenez jamais rien avant les repas.
38. Dites que vous n'aimez pas les Gauloises parce qu'elles sont trop fortes.
39. Demandez à ... si les cigarettes américaines sont plus fortes que les cigarettes françaises.
40. Dites à ... de ne pas oublier de laisser un bon pourboire.

Narration

En refermant la porte de la villa où il vient de passer deux mois, Henri pense à M. Moreau. Celui-ci répète à tout le monde qu'il ne faut pas aller en Normandie. Heureusement qu'Henri ne l'a pas écouté. C'est grâce à M. Perrier, qui vient souvent pour affaires dans la région, qu'il a décidé d'y passer ses vacances. M. Perrier est d'ailleurs venu passer un week-end chez Henri et a trouvé la maison si bien installée, si commode, qu'il pense la louer pour l'année prochaine si Henri ne la reprend pas.

Celui-ci avait peur de s'ennuyer, mais il n'en a pas eu le temps. Il a presque toujours eu des invités. Roger et Pierre, ses meilleurs amis, ont passé tout le mois d'août avec lui. Ils ont longuement parlé des derniers livres lus, de la politique, des nouvelles revues ... et des jeunes filles avec lesquelles ils sortent; l'une d'elles, Christiane, devait venir les voir avant de rentrer à Paris; elle passait ses vacances dans le Midi avec Janine Courtois. Malheureusement, celle-ci est tombée un jour dans l'escalier et n'a pas pu marcher pendant plusieurs jours. Christiane a dû rester avec elle.

Henri doit maintenant se dépêcher car il ne veut pas manquer le train. Il doit dîner ce soir chez ses parents, M. et Mme Chevron, dans la maison qu'ils viennent de louer. Henri ne l'a pas encore vue. Il va d'ailleurs y faire la connaissance de la secrétaire de M. Morin qui est aussi invitée, et dont il a beaucoup entendu parler.

en refermant	'closing again'
grâce à	'thanks to'
décidé	'decided'
s'ennuyer	'to become bored'
invités	'guests'
longuement	'at length'
politique	'was supposed to'
devait	'heard'
entendu parler	'politics'

ANSWERS TO WRITTEN EXERCISES

UNIT 7

Exercise 1

1. Cette robe n'est pas chère.
2. C'est une saison humide.
3. Voilà la nouvelle route.
4. Il est libre la première semaine.
5. Elle a une robe neuve.
6. Elle est heureuse de partir.
7. C'est une vieille auto.
8. Ils ont deux petites filles.
9. C'est une belle chambre.
10. Voilà la dernière revue.

Exercise 2

1. Oui, on me critique souvent.
2. Non, Pierre ne vous cherche pas.
3. Oui, il essaie le costume.
4. Non, il ne repasse pas ses chemises.
5. Oui, le vendeur montre la paire de chaussures marron.
6. Non, je n'aime pas ces gâteaux.
7. Oui, j'ai la fiche.
8. Non, il ne vous retrouve pas à cinq heures.
9. Oui, il prend l'avion.
10. Non, nous ne voulons pas les chambres 13 et 14.

Exercise 3

1. Il est boulanger.
2. C'est une bonne auto.
3. Elle est anglaise.
4. C'est vous.
5. C'est une très belle ville.
6. C'est exactement ce qu'il dit.
7. Il est en vacances.
8. Elle est mauvaise.
9. C'est une vieille amie.
10. C'est une mauvaise route.

Exercise 4

1. Où est-il?
2. Comment va-t-elle?
3. Quand arrivent-ils?
4. Qui est Pierre?
5. Com bien d'enfants ont-ils?
6. Quelle heure est-il?
7. Où est le restaurant?
8. Pourquoi va-t-il en Normandie?
9. A quelle heure les magasins ferment-ils?
10. Quand va-t-il téléphoner?

Exercise 5

1. Je vais la faire plus tard.
2. Je les nettoie moi-même.
3. Je le retrouve à six heures.
4. Oui, je l'envoie par avion.
5. Non, je l'achète le soir.
6. Ma mère les repasse.
7. Il l'apporte à six heures.
8. Non, je les étudie de temps en temps.
9. Oui, il la monte.
10. Non, je ne les aime pas.

Exercise 6

1. Nous pouvons vous donner son numéro.
2. Ils veulent déjeuner ensemble.
3. Nous ne savons pas.
4. Vous pouvez les envoyer par avion.
5. Je les veux tout de suite.
6. Nous ne voulons pas vous déranger.
7. Savez-vous ce qu'il veut?
8. Ils peuvent partir maintenant s'ils veulent.
9. Je sais que c'est près d'ici.
10. Puis-je acheter les billets?

UNIT 8

Exercise 1
1. Oui, ils en parlent.
2. Oui, j'y vais bientôt.
3. Oui, nous y allons pendant le week-end.
4. Oui, on lui répond.
5. Oui, il lui téléphone ce soir.
6. Oui, ils y sont.
7. Oui, il y en a.
8. Si, j'y pense.
9. Si, je leur parle le lundi.
10. Oui, nous en demandons.

Exercise 2
1. Téléphonez-lui.
2. Regardez-les.
3. Demandez-en.
4. Obéissez-lui.
5. Pensez-y.
6. Parlez-nous.
7. Ne l'écoutez pas.
8. Répondez-lui.
9. Soyez à la gare à 7 heures.
10. Essayez-les.
11. Parlons-en.
12. Ne nous téléphonez pas.
13. Sachez votre leçon.
14. Soyez à l'heure.
15. Ayez de la monnaie.

Exercise 3
1. Elle va acheter une robe bleue.
2. Je travaille avec une jolie fille française.
3. Je voudrais acheter une très petite auto.
4. L'ancien président parle ce soir.
5. Il fait toujours beau dans le Midi.
6. La bonne repasse ses chemises neuves.
7. Elle a les cheveux roux.
8. Elle est anglaise.
9. Il porte une chemise marron.
10. Ses chaussures neuves sont jolies.

Exercise 4
1. Ma grandmère vieillit.
2. Remplissez les verres.
3. L'avion atterrnit à 7 heures.
4. Les enfants grandissent trop vite.
5. Nous finissons le travail à 5 heures et demie.

UNIT 9

Exercise 1
1. Oui, je la lui ai donnée.
2. Oui, ils les ont achetés.
3. Oui, elle me l'a dit.
4. Oui, elle leur a écrit.
5. Oui, nous en avons reçus trois.
6. Je le lis à neuf heures.
7. Oui, je leur en ai envoyé.
8. Oui, il le lui a montré.
9. Oui, on l'y a envoyé.
10. Oui, on m'en a apporté.

Exercise 2
1. Conduisent-ils pendant les heures d'affluence?
2. Traduisez-vous ma lettre?
3. On détruit les vieilles fiches.
4. Ils construisent une jolie villa.
5. Vous lisez le discours du président?
6. Que dites-vous?
7. Nous traduisons deux pages chaque jour.
8. Je lis ce livre en anglais.
9. Conduisez-vous vos amis à la gare?
10. Disent-ils oui ou non?

Exercise 3

1. Il a pu partir tout de suite.
2. J'ai ouvert le livre à la page 25.
3. Avez-vous fini cette lettre?
4. Elle n'est pas allée en France cette année.
5. Il a été heureux de déjeuner avec vous.
6. Ils ont eu des nouvelles de leur fils.
7. Il a plu tous les jours en novembre.
8. A-t-il su sa leçon ce matin?
9. Il a dit quelque chose.
10. A-t-on détruit ces vieilles autos?

Exercise 4

1. Avez-vous reçu de bonnes nouvelles de votre famille?
2. Le complet bleu, est-il moins cher que le marron?
3. Ma fille a acheté de très jolies robes.
4. Pourquoi ne prenez-vous pas le train? C'est moins cher que l'avion.
5. La dernière leçon est la plus importante.
6. Le premier n'est pas aussi joli que le second.
7. Février est le mois le plus court de l'année.
8. Ils ont détruit de vieux immeubles.
9. Les Etats-Unis produisent du bon vin.
10. Cette phrase est aussi difficile que la précédente.

UNIT 10

Exercise 1

1. Nous sommes sortis cet après-midi.
2. Il est passé vers 7 heures.
3. Ils sont venus nous voir pendant les vacances.
4. Elle est partie par le train de midi quinze.
5. Ils sont descendus immédiatement.
6. Êtes-vous resté longtemps à la campagne?
7. Il est rentré tard.
8. Quand êtes-vous revenu?
9. Il est monté voir le gérant.
10. Un client est entré dans le bureau.

Exercise 2

1. S'ils disent cela, ils mentent.
2. Nous sortons vers 6 heures.
3. Je dors jusqu'à midi.
4. Ils servent beaucoup de hors d'œuvre.
5. Le train part à l'heure.
6. Il ne ment pas.
7. Aujourd'hui je ne sors pas.
8. Nous partons avant eux.
9. Dormez-vous dans l'avion?
10. Elle ne sert pas d'alcool.

Exercise 3

1. Vous avez trop de paquets; donnez-m'en quelques-uns.
2. Ne prenez pas autant de fromage que de pain.
3. Si vous sortez, voudriez-vous acheter du lait?
4. Avez-vous des enveloppes? J'en voudrais quelques-unes.
5. Les Lelongs ont plusieurs enfants.
6. Il ne peut pas sortir; il a trop de travail.
7. Il y a autant de bureaux que d'employés.
8. Donnez-m'en douze, s'il vous plaît.
9. Combien en voulez-vous?
10. J'en voudrais un peu moins.

Exercise 4

1. Maintenant il dort mieux qu'avant.
2. Il n'a fait aucun effort.
3. Avez-vous le temps de le faire?
4. A quelle heure sont-ils partis?
5. Y avez-vous pensé?
6. Nous avons été très heureux de les voir.
7. Je suis allé à New York la semaine dernière.
8. A-t-il pu vous répondre?
9. Ils ne sont pas encore partis.
10. L'avez-vous lu?

UNIT 11

Exercise 1

1. Il a plu pendant les trois premiers jours.
2. J'ai vu plusieurs nouveaux livres.
3. Les dix derniers jours, nous sommes restés dans un hôtel.
4. Achetez cette chemise, les deux autres sont trop chères.
5. Ils ont encore les mêmes deux employés.
6. Nos deux meilleurs amis sont partis.
7. N'avez-vous pas acheté deux petites autos?
8. Elle a fait plusieurs gros gâteaux.
9. Je lui ai envoyé trois gros paquets.
10. Nous avons mangé dans le même petit restaurant.

Exercise 2

1. Oui, je vais en acheter.
2. Oui, je peux vous le donner.
3. Oui, je veux la prendre cet après-midi.
4. Oui, elle l'y fait laver.
5. Oui, je les envoie chercher.
6. Oui, je le laisse conduire.
7. Oui, je sais les remplir.
8. Oui, je l'ai laissé entrer.
9. Oui, on vient de l'apporter.
10. Oui, je l'ai fait assurer.

Exercise 3

1. Êtes-vous allé à New York la semaine dernièrè? Oui, j'y suis allé.
2. Avez-vous le journal d'aujourd'hui? Oui, je l'ai.
3. Faut-il le lui dire? Oui, il le faut.
4. Êtes-vous pressé? Oui, je le suis.
5. Ont-ils besoin de l'auto? Oui, ils en ont besoin.
6. Fait-elle ses propres robes? Oui, elle les fait.
7. Vous lui avez dit? Oui, je lui ai dit.
8. N'y allez pas. Je vais y aller moi-même.
9. Sont-ils heureux de partir? Oui, ils le sont.
10. Va-t-il faire un discours? Oui, il va en faire un.

Exercise 4

1. Retenez-vous vos places?
2. Je retiens mes places pour le mois de juin.
3. Que deviennent-ils?
4. Elle revient de Paris cette semaine.
5. Il me prévient quand il part.
6. Quand venez-vous nous voir?
7. Nous tenons à partir tôt.
8. Ils maintiennent qu'ils ont raison.
9. Vient-il vous parler de cette affaire?
10. Comment obtenez-vous des places?

VOCABULARY
French - English

(A)

à	- to, in, at
abord, d'-	- first
accepter	- to accept
accident m.	- accident
accord, d'-	- agreed
acheter	- to buy
addition f.	- check
affaire f.	- business
affluence f.	- rush hours
heures d'-	
agence	- real estate
immobilière f.	
agréable	- pleasant
aimer	- to like, to love
air m.	- appearance
avoir l'-	to appear
ajouter	- to add
allemand	- German
aller	- to go
aller m.	one-way ticket
allo	- hello
allumette f.	- match
alors	- then
américain	- American
Amérique f.	- America
ami m.	- friend
an m.	- year
ancien	- old, former
anglais	- English
année f.	- year
annonce f.	- advertisement
annuaire m.	- directory
août m.	- August
apéritif m.	- appetizer (drink)
appareil m.	- appliance
appartement m.	- apartment
appeler	- to call
apporter	- to bring
après	- after
après-midi m.f.	- afternoon
argent m.	- money
armoire f.	- wardrobe
arrivée f.	- arrival
arriver	- to arrive, to happen

aspirateur m.	- vacuum cleaner
aspirine f.	- aspirin
asseoir, s'-	- to sit down
assez	- enough
assiette f.	- plate
assister à	- attend
assurer	- to insure
Atlantique m.	- Atlantic
attendre	- wait
attention f.	- attention
atterrir	- to land
aujourd'hui	- today
au revoir	- goodby
aussi	- also, too
autant	- as many, as much
auteur m.	- author
auto f.	- car
automne m.	- autumn
autre	- other
avance, en -	- early
avant	- before
avec	- with
avenue f.	- avenue
avion m.	- airplane
par -	- airmail
avoir	- to have
il y a	there is, there are
avril m.	- April

(B)

bagages m.	- luggage
bain m.	- bath
salle de bains	bathroom
bas, en -	- downstairs
beau	- beautiful
beaucoup	- much, many
besoin m.	- need
avoir besoin	- to need
beurre m.	- butter
bibliothèque f.	- library
bien	- well
eh -	in that case
bientôt	- soon

bijou m.	- jewel
bijouterie f.	- jewelry store
bijoutier m.	- jeweler
billet m.	- ticket
blanc	- white
blanchisserie f.	- laundry
blanchisseur m.	- laundryman
bleu	- blue
block m.	- notebook
blond	- blond
boire	- to drink
boîte f.	- box
- aux lettres	mailbox
bon	- good
bonjour	- hello
bonne f.	- maid
bord m.	- edge
- de la mer	seashore
boucher m.	- butcher
boucherie f.	- butcher shop
bouillabaisse f.	- seafood soup
boulanger m.	- baker
boulangerie f.	- bakery
bout m.	- end
brosse f.	- brush
brun	- brown
bureau m.	- desk, office
buvard m.	- blotter
(C)	
ça	- that
c'est -	fine
café m.	- coffee, cafe
caisse f.	- cash register
campagne f.	- countryside
car	- because
carafe f.	- carafe
carte f.	- menu
carte postale f.	- postcard
cas m.	- case
cause, à - de	- because
ce (c')	- this, that, it
cet	
cette	
ces	
celui, celle	- the one
celles-ci	these
cent	- hundred
certain	- certain
certainement	- certainly
chaise f.	- chair

chaleur f.	- heat
chambre f.	- bedroom
changer (de)	- to change
chaque	- each
charmant	- charming
chateaubriand m.	- chateaubriand steak
chaud	- warm, hot
avoir -	to be hot
chauffeur m.	- driver
chausser	- to wear (shoe size)
chaussure f.	- shoe
chemise f.	- shirt
cher	- expensive, dear
chercher	- to look for
aller -	to go get
venir -	to come get
envoyer -	to send for
cheveu m.	- hair
chez	- to, at
chinois	- Chinese
choisir	- to choose
chose f.	- thing
quelque chose	something
cigare m.	- cigar
cinq	- five
cinquante	- fifty
ciré	- waxed
clair	- light (colored)
classe f.	- class, classroom
clef f.	- key
client m.	- customer
climat m.	- climate
coiffeur m.	- barber, hairdresser
coin m.	- corner
coin fenêtre	window seat
colis m.	- parcel
combien	- how much, how many
commande f.	- order
comme	- like, as, how
- c'est commode	how convenient
commencer	- to begin, to start
comment	- how
commode	- convenient
commode f.	- dresser
communicant	- connecting
compartiment m.	- compartment
composer	- to dial
comprendre	- to understand, to include
compter	- to intend, to count
concierge m.f.	- janitor, manager

condition de, à -	- provided	déposer	- to deposit, to drop off
conduire	- to take to, to drive	depuis	- since, for
		déranger	- to disturb
conférence f.	- conference	dernier	- last, latter
connaissance f.	- acquaintance	des	- some, any
connaître	- to know	descendre	- to go down, to stay at
construire	- to build	re-	to go down again
content	- pleased, happy	désirer	- to desire, to wish
convenir (à)	- to suit	dessert m.	- dessert
conversation f.	- conversation	détruire	- to destroy
cordonnier m.	- shoemaker	deux	- two
costume m.	- suit	dévaluation f.	- devaluation
côté, à -	- next to	devenir	- to become
de ce -	on this side	devoir	- to have to, to owe
couchette f.	- berth	dialogue m.	- dialogue
couloir m.	- corridor	dicter	- to dictate
coupe f.	- cut	dictionnaire m.	- dictionary
couper	- to cut	différence f.	- difference
cour f.	- courtyard	difficile	- difficult
courrier m.	- mail	dimanche m.	- Sunday
course f.	- errand	dîner m.	- dinner
court	- short	dîner	to have dinner
couteau m.	- knife	dire	- to say
coûter	- to cost	vouloir dire	- to mean
couverture f.	- blanket	discours m.	- speech
couvre-lit m.	- bedspread	distribution f.	- distribution
crayon m.	- pencil	dix	- ten
crème f.	- cream	dix-huit	- eighteen
crémerie f.	- dairy	dix-neuf	- nineteen
crémier m.	- dairyman	dix-sept	- seventeen
critiquer	- to criticize	dommage, c'est -	- that's too bad
croire	- to believe	donc	- then, therefore
cuiller f.	- spoon	donner	- to give
cuisine f.	- kitchen	dont	- of which, for which
		dormir	- to sleep
(D)		doute m.	- doubt
dactylo f.	- typist	douze	- twelve
dans	- in, on	drap m.	- sheet
date f.	- date	droit m.	- right
de	- to, from, of	avoir - à	have a right to
décembre m.	- December	droite f.	- right
décrocher	- to unhook, to take off the hook	de -	right hand side
		à -	on the right
déjà	- already	du	- some
déjeuner m.	- lunch		
déjeuner	- to have lunch	**(E)**	
demain	- tomorrow	écouter	- to listen
demander	- to ask	efficace	- effective
demi	- half	effort m.	- effort
départ m.	- departure	électrique	- electric
dépêcher, se -	- to hurry	elle, elles	- she, it, they

employé m.	- employee
emporter	- to take away, to take along
en	- in, on, to, at, some, of it, of them, from there
encolure f.	- neck size
encore	- again, still
pas -	not yet
encre f.	- ink
enfant m.	- child
enfin	- at last
enregistrement m.	- baggage room
enregistrer	- to register
ensemble	- together
ensoleillé	- sunny
ensuite	- then, afterwards
entendre	- to hear
entendu	alright
entre	- between
entrée f.	- entrance
entrer	- to go in, to come in
entretenir	- to maintain, to care for
enveloppe f.	- envelope
environ	- about, around
envoyer	- to send
épicerie f.	- grocery store
épicier	- grocer
escalier m.	- stairway
espagnol	- Spanish
espérer	- to hope
essayer	- to try
et	- and
étage m.	- floor
au premier -	on the second -
été m.	- summer
être	- to be
étudiant m.	- student
eux	- them
exactement	- exactly
exagérer	- to exaggerate
excuser	- to excuse
s'-	to apologize
exemplaire m.	- copy
expédier	- to send

(F)

face, en -	- in front, across
facile	- easy
-ment	easily

facteur m.	- mailman
faim f.	- hunger
avoir -	to be hungry
faire	- to do, to make
falloir	- to be necessary, to need, to have to
familier	- familiar
famille f.	- family
fauteuil m.	- armchair
faux	- false
femme f.	- woman, wife
- de chambre	chambermaid
fenêtre f.	- window
coin - m.	window seat
fermer	- to close
février m.	- February
fiche f.	- form
fille f.	- daughter
fils m.	- son
fleur f.	- flower
fois f.	- time
une -	once
deux -	twice
foncé	- dark (color)
football m.	- soccer
forêt f.	- forest
fort	- loud, strong, quite
fourchette f.	- fork
frais	- fresh, cool
franc m.	- franc
français	- French
frère m.	- brother
frit	- fried
froid	- cold
avoir -	to be cold
fromage m.	- cheese
fruit m.	- fruit
fumeur m.	- smoker

(G)

gagner	- earn
garçon m.	- boy, waiter
gare f.	- station
gâteau m.	- cake
gauche f.	- left
gauloise f.	- cigarette brand
gaz m.	- gas
geler	- to freeze
général, en -	- generally
gens	- people
gérant m.	- manager

gigot m.	- leg of lamb	jaune	- yellow
glissant	- slippery	je, j'	- I
gomme f.	- eraser	jeter	- to throw
grand	- large, big	jeudi m.	- Thursday
grand magasin	- department store	jeune	- young
grandir	- to grow up	joli	- pretty
gris	- gray	jour m.	- day
gros	- big, heavy	journée f.	- day
grossir	- to gain weight	journal m.	- newspaper
guichet m.	- ticket window	juillet m.	- July
		juin m.	- June
(H)		jusque	- until
habiller	- to dress	justement	- precisely, anyway
habiter	- to live		
habitude, d'-	- usually	**(L)**	
comme d'-	as usual	l', la,	- the, it
habituel	- regular	là	- there
haricot m.	- bean	là-bas	over there
haut	- haut, high	laisser	- to leave, to let
en -	upstairs	lait m.	- milk
heure f.	- hour	lame f.	- blade
à l'-	on time	laver	- to wash
à tout à l'heure	- see you later	le, l'	- the, it
heureux	- happy	leçon f.	- lesson
hiver m.	- winter	légume m.	- vegetable
homme m.	- man	les	- the, them
hors-d'oeuvre m.	- hors-d'oeuvre	lettre f.	- letter
hôtel m.	- hotel	leur	- their, to them
huit	- eight	levée f.	- mail collection
humide	- damp	libre	- vacant, free
		lieu m.	- place
(I)		y avoir - de	to have reason to
ici	- here	linge m.	- linen
par -	- this way	lire	- to read
il	- he, it	lit m.	- bed
ils	- they	wagon-lit m.	sleeping car
immédiatement	- immediately	livre m.	- book
immeuble m.	- building	locataire m.f.	- tenant
important	- important	location f.	- reservation window
inquiéter, s'-	- to worry	loin	- far
installer	- to install	long	- long
intéressant	- interesting	longtemps	- long, for a long time
introduire	- to introduce	en avoir pour -	to be long
inviter	- to invite	louer	- to reserve, to rent
Italie f.	- Italy	lundi m.	- Monday
italien	- Italian	lui	- to him, to her
(J)		**(M)**	
jamais, ne ...-	- never	m'	- me, to me
janvier m.	- January	ma	- my
jardin m.	- garden (flower)	machine f.	- machine
		- à écrire f.	typewriter

madame f.	- Mrs., madam	mieux	- better
mademoiselle f.	- Miss	mille m.	- thousand
magasin m.	- store	milliard m.	- billion
mai m.	- May	million m.	- million
maigre	- thin	minuit m.	- midnight
maigrir	- to lose weight	minute f.	- minute
maintenant	- now	modèle m.	- style
maintenir	- to maintain	moderne	- modern
mais	- but	moi	- me
maison f.	- house	moindre	- smaller, lesser
mal	- bad	le -	the smallest,
pas - de	quite a bit		the least
malgré	- in spite of	moins	- less
malle f.	- trunk	mois m.	- month
mandat m.	- money order	moment m.	- moment
manger	- to eat	mon	- my
salle à - f.	diningroom	monde m.	- world
manquer	- to fail, to miss	trop de -	too many people
je n'y manquerai	I certainly	monnaie f.	- change
pas	will	monsieur m.	- Mr., Sir, gentleman
manteau m.	- coat	messieurs	gentlemen
marchand m.	- merchant	monter	- to go up, to take up
marche f.	- step	re-	to go up again
marcher	- to walk	montrer	- to show
mardi m.	- Tuesday	morceau m.	- piece
mari m.	- husband	mot m.	- word
marron	- brown	mourir	- to die
mars m.	- March		
match m.	- game	(N)	
matin m.	- morning	naître	- to be born
matinée f.	- morning	nappe f.	- tablecloth
mauvais	- bad	narration f.	- narration
me, m'	- me, to me	naturellement	- naturally
médicament m.	- medicine	ne, n', ne...pas	- adverb. conjunctive
meilleur	- best, better		particle mainly used
meilleur que	better than		in negative
même	- same		constructions
ici même	right here	nécessaire	- necessary
moi-même	myself	neiger	- to snow
tout de même	nevertheless	ne...que	- only
mentir	- to lie	nettoyer	- to clean
mer f.	- sea	neuf	- nine
bord de la -	seashore	neuf	- new
merci	- thank you	noir	- black
mercredi m.	- Wednesday	nom m.	- name
mère f.	- mother	non	- no
mes	- my	Normandie f.	- Normandy
mettre	- to put	nos	- our
midi m.	- noon	notre	- our
le Midi	south of	nôtre	- ours
	France	nous	- we

nouveau	- new
nouvelle f.	- news
novembre m.	- November
numéro m.	- number

(O)

obéir	- to obey
obtenir	- to get, to obtain
occuper de, s'-	- to take care of
octobre m.	- October
oeil m.	- eye
coup d'- m.	- glance
oeuf m.	- egg
on	- one, someone, they, we
onze	- eleven
ou	- or
où	- where
oublier	- to forget
oui	- yes
ouvrir	- open

(P)

page f.	- page
pain m.	- bread
paire f.	- pair
pâlir	- to get pale
papier m.	- paper
- à lettre m.	- stationary
paquet m.	- package
par	- by
- ici	this way
parc m.	- park
parce que	- because
pardon	- excuse me
parent m.	- parent
parfait	- perfect
parisien	- Parisian
parler	- to speak
part f.	- behalf
c'est de la - de qui?	who is calling?
partir	- to leave
re-	to leave again
pas, ne...pas	- not
passer	- to go by, to come by, to pass
pâté m.	- pâté
pâtisserie f.	- pastry shop
pâtissier m.	- pastry (maker)

patron m.	- owner, boss
pauvre	- poor
payer	- to pay
peigne m.	- comb
peine f.	- trouble
ce n'est pas la -	it's not worth the trouble
pendant	- during, for
penderie f.	- clothes closet
penser	- to think
père m.	- father
permettre	- to permit
personne, ne -	- no one, nobody
peser	- to weigh
petit	- small
peu	- little, few
peur f.	- fear
avoir peur	to be afraid
pharmacie f.	- pharmacy
pharmacien m.	- pharmacist
phrase f.	- sentence
pièce f.	- room
pied m.	- foot
à pied	on foot
pire, le -	- worse, the worst
pis, le -	- worse, the worst
place f.	- seat
plaindre, se -	- complain
plaire	- to please
s'il vous plaît	please
plat m.	- dish
- du jour m.	daily special
pleuvoir	- to rain
pluie f.	- rain
plus	- more
pointure f.	- shoe size
politique f.	- politics
pomme de terre f.	- potato
- frite	fried potato
porte f.	- door
porter	- to wear, to carry
postal	- postal
poste f.	- post office
pour	- for, in order to
pourboire m.	- tip
pourquoi	- why
pousser	- to grow
pouvoir	- to be able to
peut-être	maybe, perhaps
premier	- first
prendre	- to take

près	– near	ralentir	– to slow down
présenter	– to present	ranger	– to put away, in order
	to introduce	rappeler	– to recall
président m.	– president	rapporter	– to bring back
presque	– almost	rayon m.	– shelf, department
pressé	– in a hurry	razoir m.	– razor
prêt	– ready	récepteur m.	– receiver
prêter	– to lend	recevoir	– to receive
prétexte m.	– pretext	recommandé	– registered
sous –	pretending	recommencer	– to begin again
prévenir	– to inform, warn	redescendre	– to go down again
prier	– to pray	regarder	– to look
je vous en prie	you're welcome	région f.	– region
prince m.	– prince	remercier	– to thank
printemps m.	– spring	remonter	– to go up again
prochain	– next	remplir	– to fill
produire	– to produce	rencontrer	– to meet
proposer	– to propose	se –	to meet one another
propriétaire m.f.	– landlord, -lady	rendez-vous m.	– date, appointment
(Q)		prendre –	to make a date
quai m.	– platform, quay	renseignement m.	– information
quand	– when	rentrer	– to come back, to go
quarante	– forty		home, to return
quart m.	– quarter	réparer	– to repair
midi et –	quarter past	repartir	– to leave again
	noon	repas m.	– meal
quartier m.	– district,	repasser	– to iron
	neighborhood	répéter	– to repeat
quatorze	– fourteen	répondre	– to answer, to reply
quatre	– four	réponse f.	– answer
quatre-vingt	– eighty	reprendre	– to take back
quatre-vingt-dix	– ninety	ressortir	– to go out again
que, qu'	– that, what, than	restaurant m.	– restaurant
	as	rester	– to be left, to stay
quel	– which, what	retard, en –	– late
quelquefois	– sometimes	retenir	– to reserve
quelques	– a few	retomber	– to fall again
quelqu'un m.	– someone	retour m.	– return
question f.	– question	retourner	– to return
être – de	to be a matter	retrouver	– to meet
	of	se –	to meet one another
qui	– who, whom	réussir	– to succeed
quinze	– fifteen	réveiller	– to wake
quitter	– to leave	revenir	– to come back
ne quittez pas	– hold the line	revue f.	– magazine
quoi	– what	rez-de-chaussée m.	– street floor
(R)		rideau m.	– curtain
raccrocher	– to hang up	rien	– nothing
raison	– reason	risquer	– to run a risk
avoir –	to be right	robe f.	– dress
		rouge	– red
		rougir	– to blush

route f.	– road	sortir	– to go out
roux	– red	sous	– under
rubrique f.	– column, section	sous-sol m.	– basement
rue f.	– street	souvenir m.	– regards, souvenir
russe	– Russian	se –	to remember
		souvent	– often
(S)		spécialité f.	– specialty
sa	– his, her, its,	sportif	– athletic
	one's	sténo f.	– shorthand
saison f.	– season	sucre m.	– sugar
salade f.	– lettuce	suite, tout de –	– right away
salle f.	– room	suivre	– to follow
– de bains	bathroom	suivant	next
salon m.	– livingroom	sur	– on
samedi m.	– Saturday	sûr	– sure
sans	– without	bien –	of course
satisfait	– satisfied		
savoir	– to know	(T)	
savon m.	– soap	table f.	– table
sec	– dry	tant	– so much
secrétaire f.	– secretary	taper	– to type
seize	– sixteen	tard	– late
semaine f.	– week	taxi m.	– taxi
semelle f.	– sole	teinturerie f.	– dry cleaner's
sentir	– to feel, to	teinturier m.	– dry cleaner
	smell	télégramme m.	– telegram
sept	– seven	téléphone m.	– telephone
septembre m.	– September	téléphoner	– to telephone
service m.	– service	temps m.	– time, weather
serviette f.	– napkin	à temps	in time
servir	– to serve	tenir	– hold
ses	– his, her, its,	tenir à	– to insist upon, to be
	one's		fond of
seul	– alone	terminer	– to finish
seulement	– only	terrasse f.	– terrace
si, s'	– if, yes, so	texte m.	– text
signer	– to sign	ticket m.	– ticket
sinon	– otherwise	tiens!	– well!
six	– six	timbre m.	– stamp
soeur f.	– sister	tiroir m.	– drawer
sofa m.	– sofa	tomber	– to fall
soi, chez –	– one's home	tôt	– early
soir m.	– evening	toujours	– always, still
soirée f.	– evening	tout	– all, whole, everything
soixante	– sixty	pas du –	not at all
soixante-dix	– seventy	– de suite	right away
solde m.	– sale	– à fait	completely, quite
en solde	on sale	traduire	– to translate
soleil m.	– sun	train m.	– train
son	– his, her, its,	être en – de	– to be in the process
	one's		of

tranche f.	- slice
transmettre	- to send, to transmit
transport m.	- transportation
travail m.	- work
travailler	- to work
traverser	- to cross, to go through
treize	- thirteen
trente	- thirty
très	- very
trois	- three
trombone m.	- paper clip
trop	- too much, too many
trouver	- to find
se -	to be located
un, une	- a, one
urgent	- urgent
utile	- useful

(V)

vacances f.	- vacation
valise f.	- suitcase
varié	- varied, assorted
vendeur m.	- salesman
vendeuse f.	- salesgirl
vendre	- to sell
vendredi m.	- Friday
venir	- to come
- de	to have just
vent m.	- wind
verre m.	- glass
vers	- toward, around
vert	- green
vêtement m.	- clothes
viande f.	- meat
vie f.	- life
vieillir	- to grow old
villa f.	- villa
ville f.	- town, city
en -	downtown
vin m.	- wine
vingt	- twenty
visiter	- to visit, to inspect
vite	- fast
vitesse f.	- speed
à toute -	as fast as you can

voici	- here is
voilà	- there is
voir	- to see
volontiers	- willingly
vos	- your
votre	- your
vôtre	- yours
vouloir	- to want
- dire	to mean
vous	- you
voyager	- to travel
vrai	- true, real
vraiment	- really
vue f.	- view, sight

(W)

wagon m.	- car, coach
- restaurant m.	dining car
- lit m.	sleeping car
week-end m.	- weekend

(Y)

y	- there, to it, to them
je n'y manquerai pas	I certainly will

English - French

(A)

a	- un, une
about	- environ
to be about	être question de
absent, to be -	- s'absenter
accept, to -	- accepter
accident	- accident m.
acquaintance	- connaissance f.
across	- en face
add, to -	- ajouter
advertisement	- annonce f.
after	- après
afternoon	- après-midi m.f.
afterwards	- ensuite
again	- encore
agreed	- d'accord, entendu
airplane	- avion m.
all	- tous, tout
not at all	pas du tout
all right	entendu
almost	- presque
alone	- seul
already	- déjà
also	- aussi
always	- toujours
America	- Amérique f.
American	- américain
and	- et
answer, to -	- répondre
answer	- réponse f.
apartment	- appartement m.
apologize, to -	- s'excuser
appear, to -	- avoir l'air
appetizer (drink)	- apéritif m.
appliance	- appareil m.
appointment	- rendez-vous m.
April	- avril m.
armchair	- fauteuil m.
around	- vers
arrival	- arrivée f.
arrive, to -	- arriver
as	- comme
as...as	- aussi...que
ask, to -	- demander
aspirin	- aspirine f.
assorted	- varié
at	- en, à, chez
Atlantic	- Atlantique
attend, to -	- assister

attention	- attention f.
August	- août m.
author	- auteur m.
auto	- auto f.
autumn	- automne m.
avenue	- avenue f.

(B)

bad	- mal
too bad	dommage
baker	- boulanger m.
bakery	- boulangerie f.
barber	- coiffeur m.
basement	- sous-sol m.
bathroom	- salle de bains f.
be, to -	- être
bean	- haricot m.
beautiful	- beau
because	- parce que, car
- of	à cause de
become, to -	- devenir
bed	- lit m.
bedroom	- chambre f.
bedspread	- couvre-lit m.
before	- avant
begin, to -	- commencer
- again	recommencer
behalf, on - of	- de la part de
believe, to -	- croire
berth	- couchette f.
best	- meilleur
better than	- meilleur que
between	- entre
big	- gros
billion	- milliard m.
bit	- un peu de
quite a -	pas mal de
black	- noir
blade	- lame f.
blanket	- couverture f.
blond	- blond
blotter	- buvard m.
blue	- bleu
blush, to -	- rougir
book	- livre m.
born, to be -	- naître
boss	- patron m.
bother, to -	- déranger
don't bother	ce n'est pas la peine

box	– boîte f.	dry cleaner's	– teinturerie f.
boy	– garçon m.	climate	– climat m.
bread	– pain m.	close, to –	– fermer
brother	– frère m.	closet, clothes –	– penderie f.
brown	– brun, marron	clothes	– vêtements m.
brush	– brosse f.	coat	– manteau m.
build, to –	– construire	coffee	– café m.
building	– immeuble m.	cold, to be –	– avoir froid
business	– affaire f.	column	– rubrique f.
but	– mais	comb	– peigne m.
butcher	– boucher m.	come, to –	– venir
– shop	boucherie f.	come by, to –	passer
butter	– beurre m.	come back, to –	revenir
buy, to –	– acheter	compartment	– compartiment m.
by	– par	complain, to –	– se plaindre
		concierge	– concierge m.f.
(C)		conference	– conférence f.
cafe	– café m.	connecting	– communicant
cake	– gâteau m.	convenient	– commode
call, to –	– appeler	conversation	– conversation f.
who is calling?	c'est de la	copy	– exemplaire m.
	part de qui?	corner	– coin m.
can	– pouvoir	corridor	– couloir m.
car	– auto f.	cost, to –	– coûter
sleeping –	wagon-lit m.	countryside	– campagne f.
dining –	wagon-restau-	course, of –	– bien sûr
	rant m.	courtyard	– cour f.
carafe	– carafe f.	cream	– crème f.
care, to take – of	– s'occuper de	criticize, to –	– critiquer
carry, to –	– porter	curtain	– rideau m.
case	– cas m.	customer	– client m.
cash register	– caisse f.	cut, to –	– couper
certain	– certain	cut	– coupe f.
certainly	– certainement		
chair	– chaise f.	**(D)**	
chambermaid	– femme de chambre	dairy	– crémerie f.
change, to –	– changer /f.	(man)	crémier m.
change	– monnaie f.	damp	– humide
charming	– charmant	dark (color)	– foncé
check	– addition f.	date	– date f.,
check, to – in	– enregistrer		rendez-vous m.
cheese	– fromage m.	daughter	– fille f.
child	– enfant m.	day	– jour m., journée f.
Chinese	– chinois	dear	– cher
choose, to –	– choisir	December	– décembre m.
cigar	– cigare m.	department	– rayon m.
city	– ville f.	department store	grand magasin m.
class	– classe f.	departure	– départ m.
classroom	– classe f.	deposit, to –	– déposer
clean, to –	– nettoyer	desk	– bureau m.
cleaner, dry –	– teinturier m.	dessert	– dessert m.

destroy, to -	- détruire	envelope	- enveloppe f.
devaluation	- dévaluation f.	eraser	- gomme f.
dial, to -	- composer	errand	- course f.
dialogue	- dialogue m.	evening	- soir m., soirée f.
dictate, to -	- dicter	every	- tous les
dictionary	- dictionnaire m.	exactly	- exactement
die, to -	- mourir	exaggerate, to -	- exagérer
difference	- différence f.	excuse, to -	- excuser
difficult	- difficile	excuse-me	pardon
dine, to -	- dîner	expensive	- cher
dinner	- dîner m.	eye	- oeil m.
directory	- annuaire m.		
distribution	- distribution f.	(F)	
district	- quartier m.	fail, to -	- manquer
disturb, to -	- déranger	fall, to -	- tomber
do, to -	- faire	- again	retomber
door	- porte f.	false	- faux
doubt	- doute m.	familiar	- familier
downstairs	- en bas	family	- famille f.
drawer	- tiroir m.	far	- loin
dress, to -	- habiller	fast	- vite
dress	robe f.	father	- père m.
dresser	- commode f.	fear	- peur f.
drink, to -	- boire	February	- février m.
drive, to -	- conduire	feel, to -	- sentir
driver	- chauffeur m.	few, a -	- quelques
drop, to - off	- déposer	fifteen	- quinze
dry	- sec	fill, to -	- remplir
during	- pendant	find, to -	- trouver
		fine	- bien
(E)		finish, to -	- terminer
each	- chaque	first	- premier, d'abord
early	- tôt, en avance	fit, to -	- aller
earn, to -	- gagner	five	- cinq
easily	- facilement	floor	- étage m.
easy	- facile	street floor	rez-de-chaussée m.
edge	- bord m.	flower	- fleur f.
effective	- efficace	follow, to -	- suivre
effort	- effort m.	foot	- pied m.
egg	- oeuf m.	for	- pour, depuis, pendant
eight	- huit	- rent	à louer
eighteen	- dix-huit	forest	- forêt f.
eighty	- quatre-vingts	forget, to -	- oublier
electric	- électrique	fork	- fourchette f.
eleven	- onze	form	- fiche f.
employee	- employé m.	former	- ancien
end	- bout m.	forty	- quarante
English	- anglais	four	- quatre
enough	- assez	fourteen	- quatorze
enter, to -	- entrer	franc	- franc m.
entrance	- entrée f.	free, vacant	- libre

freeze	- geler	hello	- allo, bonjour
French	- français	help, to	- aider
fresh	- frais	may I - you	que désirez-vous?
Friday	- vendredi m.	her	- son, sa, ses
fried	- frit	to -	lui
friend	- ami	here	- ici
from	- de	- it is	voilà
front, in -	- en face	high	- haut
fruit	- fruit m.	him	- lui
		his	- son, sa, ses

(G)

		hold, to -	- tenir
gain weight, to	- grossir	- the line	ne quittez pas
game	- match m.	home, one's -	- chez soi
garden (flower -)	- jardin m.	hope, to -	- espérer
gas (not gasoline)	- gaz m.	hors-d'oeuvre	- hors-d'oeuvre m.
generally	- en général	hot	- chaud
gentleman	- monsieur	to be -	avoir chaud
-men	messieurs	hotel	- hôtel m.
German	- allemand	hour	- heure f.
get, to	- obtenir	rush hours	heures d'affluence
give, to	- donner	house	- maison f.
glass	- verre m.	how	- comment
go, to	- aller	- convenient	comme c'est commode!
- away	s'en aller	hundred	- cent
- by	passer	hunger	- faim f.
- down	descendre	hungry, to be -	- avoir faim
- home	rentrer	hurry, to -	- se dépêcher
- out	sortir	in a -	pressé
- through	traverser	husband	- mari m.
- up	monter		

(I)

good	- bon	I	- je, j'
goodby	- au revoir	if	- si
gray	- gris	immediately	- immédiatement
green	- vert	important	- important
grocer	- épicier m.	in	- en, dans, à
- store	épicerie f.	include, to -	- comprendre
grow, to	- pousser	information	- renseignement m.
- up	grandir	ink	- encre f.
		insist, to - on	- tenir à

(H)

hair	- cheveu	install, to -	- installer
half	- demi	insure, to -	- assurer
hang up, to	- raccrocher	intend, to -	- compter
happen, to	- arriver	interesting	- intéressant
happy	- heureux	introduce, to -	- introduire
have, to	- avoir	invite, to -	- inviter
- something done	faire + verb	iron, to -	- repasser
- just	venir de	it	- il, elle, ce, le, la
he	- il	Italian	- italien
hear, to	- entendre	Italy	- Italie f.
heat	- chaleur f.	its	- son, sa, ses

(J)

January	- janvier m.
jewel	- bijou m.
jeweler	- bijoutier m.
jewelry store	- bijouterie f.
July	- juillet m.
June	- juin m.

(K)

key	- clef f.
kitchen	- cuisine f.
knife	- couteau m.
know, to -	- savoir, connaître

(L)

lamb, leg of -	- gigot m.
land, to -	- atterrir
landlord, -lady	- propriétaire m.f.
large	- grand
last	- dernier
at -	enfin
late	- en retard, tard
see you -	à tout à l'heure
latter, the -	- ce dernier, celui-ci
laundry	- blanchisserie f.
-(man)	blanchisseur m.
lead, to -	- conduire
leave, to -	- partir, quitter, laisser
- again	repartir
left	- gauche f.
to be -	rester
lend, to -	- prêter
less	- moins
lesson	- leçon f.
let, to - + verb	- laisser + verb
letter	- lettre f.
lettuce	- salade f.
library	- bibliothèque f.
lie, to -	- mentir
life	- vie f.
light (colored)	- clair
like, to -	- aimer
linen, whites	- linge m.
listen, to -	- écouter
little	- petit, peu
live, to -	- habiter
livingroom	- salon m.

located, to be -	- se trouver
long	- long
- time	longtemps
look, to -	- regarder
- for	chercher
- like	avoir l'air
lot, a - of	- beaucoup de
loud	- fort
low	- bas
luggage	- bagages m.
lunch	- déjeuner m.
to have -	déjeuner

(M)

magazine	- revue f.
maid	- bonne f.
mail	- courrier m.
- box	boîte aux lettres f.
- collection	levée f.
- man	facteur m.
maintain, to -	- entretenir, maintenir
make, to -	- faire
man	- homme m.
manager	- gérant m.
many	- beaucoup
how -	combien
as -	autant
March	- mars m.
match	- allumette f.
	match m.
matter	- affaire f.
May	- mai m.
me	- moi, me, m'
meal	- repas m.
mean, to -	- vouloir dire
meat	- viande f.
medicine	- médicament m.
meet, to -	- rencontrer, se rencontrer, retrouver
menu	- carte f.
merchant	- marchand m.
midnight	- minuit m.
milk	- lait m.
million	- million m.
minute	- minute f.
miss, to -	- manquer
miss	- mademoiselle f.
mister	- monsieur m.
modern	- moderne

moment	- moment m.	(O)	
Monday	- lundi m.	obey, to -	- obéir
money	- argent m.	obtain, to -	- obtenir
month	- mois m.	o'clock	- heure f.
more	- plus	it is one -	il est une heure
morning	- matin m.	October	- octobre m.
	matinée f.	of	- de
mother	- mère f.	office	- bureau m.
Mrs.	- madame	often	- souvent
much	- beaucoup, bien	old	- vieux
how -	combien	to grow -	vieillir
- prettier	bien plus joli	on	- en, dans, sur
as -	autant	one	- un m., une f.
so -	tant	some-	on, celui, celle
must	- devoir	-'s	son, sa, ses
my	- mon, ma, mes	only	- seulement, ne ... que
		open, to -	- ouvrir
(N)		or	- ou
name	- nom m.	order	- commande f.
napkin	- serviette f.	money -	mandat m.
narration	- narration f.	in - to	pour
naturally	- naturellement	other	- autre
near	- près	otherwise	- sinon
necessary	- nécessaire	our	- notre, nos
to be -	falloir	owe, to -	- devoir
need, to -	- falloir,	owner, boss	- patron m.
	avoir besoin		
need	- besoin m.	(P)	
never	- jamais,	package	- paquet m.
	ne ... jamais	page	- page f.
nevertheless	- tout de même	pair	- paire f.
new	- nouveau, neuf	pale, to get -	- pâlir
news	- nouvelle f.	paper	- papier m.
newspaper	- journal m.	- clip	trombone m.
next	- prochain	parcel	- colis m., paquet m.
- door	à côté	parents	- parents m.
nine	- neuf	Parisian	- parisien m.
nineteen	- dix-neuf	park	- parc m.
ninety	- quatre-vingt-dix	pass, to -	- passer
no	- non	pastry shop	- pâtisserie f.
nobody, no one	- personne,	-(man)	pâtissier m.
	ne ... personne	pâté	- pâté m.
noon	- midi m.	pay, to -	- payer
Normandy	- Normandie f.	pencil	- crayon m.
not	- pas, ne ... pas	people	- gens m.
notebook	- bloc m.	perfect	- parfait
nothing	- rien,	perhaps	- peut-être
	ne ... rien	permit, to -	- permettre
November	- novembre m.	pharmacist	- pharmacien m.
now	- maintenant	pharmacy	- pharmacie f.
number	- numéro m.		

piece	- morceau m.
place	- lieu m.
plate	- assiette f.
platform	- quai m.
pleasant	- agréable
please, to -	- plaire
if you -	s'il vous plaît
pleased	content
politics	- politique f.
poor	- pauvre
postal	- postal
postcard	- carte postale f.
post office	- poste f.
potato	- pomme de terre f.
pray, to -	- prier
precisely	- justement
present, to -	- présenter
president	- président m.
pretending	- sous prétexte
pretext	- prétexte m.
prince	- prince m.
produce, to -	- produire
propose, to -	- proposer
provided	- à condition
put, to -	- mettre, ranger

(Q)

quarter	- quart m.
question	- question f.

(R)

rain, to -	- pleuvoir
rain	- pluie f.
razor	- razoir m.
read, to -	- lire
ready	- prêt
real, really	- vrai, vraiment
real estate	- agence immobi-
agency	lière f.
reason	- raison f.
to have - to	y avoir lieu de
recall, to -	- rappeler
receive, to -	- recevoir
receiver	- récepteur m.
red	- roux, rouge
regards	- souvenir m.
region	- région f.
registered	- recommandé
regular	- habituel
remain, to -	- rester

remember, to -	- se souvenir
rent, to -	- louer
for -	à louer
repair, to -	- réparer
repeat, to -	- répéter
reply, to -	- répondre
reserve, to -	- retenir, louer
restaurant	- restaurant m.
return, to -	- retourner, rentrer
return	- retour m.
right	- droit m.
- hand side	de droite
- away	tout de suite
risk, to -	- risquer
road	- route f.
room	- salle f., pièce f.
bathroom	salle de bain
dining room	salle à manger
Russian	- russe

(S)

sale	- solde m.
on -	en solde
salesgirl	vendeuse f.
same	- même
satisfied	- satisfait
Saturday	- samedi m.
say, to -	- dire
sea	- mer f.
seashore	bord de la mer m.
season	- saison f.
seat	- place f.
secretary	- secrétaire
section	- rubrique f.
see, to -	- voir
self, myself	- moi-même
sell, to -	- vendre
send, to -	- transmettre, envoyer
	expédier
- for	envoyer chercher
sentence	- phrase f.
September	- septembre m.
serve, to -	- servir
service	- service m.
seven	- sept
seventeen	- dix-sept
seventy	- soixante-dix
several	- plusieurs
she	- elle
sheet	- drap m.
shelf	- rayon m.

shirt	- chemise f.	spite of, in	- malgré
shoe	- chaussure f.	spoon	- cuiller f.
shoemaker	- cordonnier m.	spring	- printemps m.
shopping, to go -	- faire des	stairway	- escalier m.
	courses	stamp	- timbre m.
short	- court	start, to -	- commencer
shorthand	- sténo f.	station	- gare f.
show, to -	- montrer	stationary	- papier à lettre m.
side	- côté m.	stay, to -	- rester
on this -	de ce -	- at	descendre
sight	- vue f.	step	- marche f.
sign, to -	- signer	still	- toujours, encore
since	- depuis	store	- magasin m.
sir	- monsieur	street	- rue f.
sister	- soeur f.	- floor	rez-de-chaussée m.
sit down, to -	- s'asseoir	student	- étudiant m.
sit down	asseyez-vous	style	- modèle m.
six	- six	succeed, to -	- réussir
sixteen	- seize	sugar	- sucre m.
sixty	- soixante	suit, to -	- convenir
size: collar -	- encolure f.	suit	- costume m.
shoe -	pointure f.	suitcase	- valise f.
sleep, to -	- dormir	summer	- été m.
slice	- tranche f.	sun	- soleil m.
slightest, the -	- le moindre	sunny	ensoleillé
slippery	- glissant	Sunday	- dimanche m.
slow down, to -	- ralentir	sure	- sûr
small	- petit		
smaller	moindre	(T)	
smallest	le moindre	table	- table f.
smell, to -	- sentir	tablecloth	- nappe f.
snow, to -	- neiger	take, to -	- prendre
so	- si	- away	emporter
- much	tant	- to	conduire, porter
soap	- savon m.	- back	reprendre
soccer	- football m.	taxi	- taxi m.
sofa	- sofa m.	telegram	- télégramme m.
sole	- semelle f.	telephone, to -	- téléphoner
some	- des, du, de la,	telephone	- téléphone m.
	en	ten	- dix
someone	- quelqu'un m.	tenant	- locataire m.f.
sometimes	- quelquefois	terrace	- terrasse f.
somewhere	- quelque part	text	- texte m.
son	- fils m.	thank, to -	- remercier
soon	- bientôt	-you	merci
Spanish	- espagnol	that	- que, qu', ça, cela
speak, to -	- parler	the	- le, la, les, l'
special, daily -	- plat du jour m.	their	- leur
specialty	- spécialité f.	them	- eux, leur, les
speech	- discours m.	then	- alors, ensuite
speed	- vitesse f.	there	- là, y

these	- ces	understand, to -	- comprendre
they	- ils, elles	unhook, to -	- décrocher
thin	- maigre	until	- jusque
thing	- chose f.	upstairs	- en haut
some-	quelque chose	urgent	- urgent
think, to -	- penser	useful	- utile
thirteen	- treize	usually	- d'habitude
thirty	- trente		
this	- ce, cette	(V)	
those	- ces	vacant	- libre
thousand	- mille m.	vacation	- vacances f.
three	- trois	vacuum cleaner	- aspirateur m.
Thursday	- jeudi m.	vegetable	- légume m.
ticket	- billet m.,	very	- très
	ticket m.	view	- vue f.
round trip -	aller et	villa	- villa f.
	retour m. /m.	visit, to -	- visiter
platform -	ticket de quai		
time	- fois f., heure f.	(W)	
	temps m.	wait, to -	- attendre
tip	- pourboire m.	waiter	- garçon m.
to	- à, de, en, pour	wake, to	- réveiller
today	- aujourd'hui	walk, to -	- marcher
together	- ensemble	want, to -	- vouloir
tomorrow	- demain	wardrobe	- armoire f.
tonight	- ce soir	warm	- chaud
too (much, many)	- trop	warn, to -	- prévenir
toward	- vers	wash, to -	- laver
town	- ville f.	waxed	- ciré
downtown	en ville	way, this -	- par ici
train	- train m.	we	- nous
translate, to -	- traduire	wear, to -	- porter
transmit, to -	- transmettre	- shoe size	chausser
transportation	- transport m.	weather	- temps m.
travel, to -	- voyager	the - is nice	il fait beau
trouble	- peine f.	Wednesday	- mercredi m.
it is not worth	ce n'est pas	week	- semaine f.
the trouble	la peine	weekend	- week-end m.
true	- vrai	weigh, to -	- peser
trunk	- malle f.	well	- tiens, bien
try, to -	- essayer	what	- quel, quelle, que
Tuesday	- mardi m.		quoi
twelve	- douze	when	- quand
twenty	- vingt	where	- où
twice	- deux fois	which	- quel, quelle
two	- deux	white	- blanc
type, to -	- taper	who	- qui
typewriter	- machine à écrire	whole	- tout, toute
typist	- dactylo f.	whom	- qui
		why	- pourquoi
(U)		wife	- femme f.
under	- sous		

willingly	- volontiers
wind	- vent m.
window	- fenêtre f.
reservation -	guichet m., location f.
wine	- vin m.
winter	- hiver m.
wish, to -	- désirer
with	- avec
without	- sans
woman	- femme f.
word	- mot m.
work	- travail m.
work, to -	- travailler
world	- monde m.
worry, to -	- s'inquiéter
worse	- pire
worst, the	- le pire

(Y)

year	- année f.
	an m.
yellow	- jaune
yes	- oui, si
yet	- encore
you	- vous
young	- jeune
your	- votre
yours	- vôtre